Kübel, Sarven

Württembergisches Archiv fur Recht und Rechtsverwaltung

Mit Einschluss der Administrativ-Justiz

Kübel, Sarven

Württembergisches Archiv fur Recht und Rechtsverwaltung
Mit Einschluss der Administrativ-Justiz

ISBN/EAN: 9783741167850

Hergestellt in Europa, USA, Kanada, Australien, Japan

Cover: Foto ©Andreas Hilbeck / pixelio.de

Manufactured and distributed by brebook publishing software (www.brebook.com)

Kübel, Sarven

Württembergisches Archiv fur Recht und Rechtsverwaltung

Württembergisches Archiv
für
Recht und Rechtsverwaltung
mit Einschluß der Administrativ-Justiz.

Herausgegeben
von
Dr. F. Ph. F. v. Kübel
und
Dr. C. O. C. v. Sarwey.

Systematisches und alphabetisches Register
über
Band I—XV.

Stuttgart.
1874.
Druck und Verlag von Chr. Fr. Cotta's Erben.
In Kommission bei H. Lindemann.

Rec. March 7, 1905

Systematisches Register.

Systematisches Register.

(Die römischen Zahlen bezeichnen den Band, die arabischen die Zeilen.)

I. Strafrecht.
A. Allgemeine Lehren.

1. Rechtsquellen und Grundzüge des Strafrechtes in Württemberg, I, 12.
2. Zu Art. 1 des württ. Str.G.B.: Behandlung derjenigen strafbaren Handlungen, welche nicht schon nach dem Str.G.B. als Verbrechen und Vergehen anzusehen waren, aber durch spätere Gesetze unter dessen allgemeine Bestimmungen gestellt worden sind, als Verbrechen und Vergehen im Sinne des Art. 1 desselben, XIII, 41.
3. Zu Art. 3—5 des württ. Str.G.B.: Hochverrath, an einem auswärtigen Staate im Inlande verübt, IX, 276. Art. 5 des Str.G.B.; Herabgehen von Gefängniß — auf Geldstrafe, wenn letztere im ausländischen Gesetze gedroht ist, IX, 255.
4. Todesstrafe. Gang der Gesetzgebung in Württemberg über dieselbe und Frage ihrer Beibehaltung oder Abschaffung X, 289. XI, 456.
5. Freiheitsstrafen. Einführung der Zellenhaft für weibliche Zuchtpolizeihaus- und Arbeitshausgefangene, IX, 256. Ausnahmen für Festungsstrafe und jugendliche Verbrecher, IX, 257, 264. Erkennung des Dunkelarrestes durch den Recursrichter nur vor Ablauf des ersten Viertheils der Strafzeit zulässig, IX, 256. Verlegung des Kreisgefängnisses von Ulm nach Rottenburg, IX, 257. Verlegung der Militärstrafanstalt und des militärischen Festungs-(Kreis-)gefängnisses von Stuttgart nach Ulm, IX, 257. Einrechnung der Untersuchungshaft eines Strafgefangenen während der Strafzeit; Zuständigkeit für die Berechnung der Strafzeit in diesem Falle, IX, 258.
6. Stellung unter polizeiliche Aufsicht nach erstandener Strafe, IX, 261.

7. **Dienstentlassung.** Bezeichnung der Dauer der Unfähigkeit zur Bekleidung eines Amtes im Erkenntniß nur bei der Entlassung von einem nicht unmittelbar durch den König zu besetzenden Dienste, IX, 258.

8. **Verwandlung der Strafen.** Verpflichtung der Schwurgerichtshöfe zur Verwandlung einer noch nicht oder nicht vollständig vollzogenen Strafe wegen eines nicht zusammentreffenden Verbrechens, IX, 263.

9. **Versuch.** Die Beschränkung des Art. 71 des württ. Str.G.B. nicht mehr in Geltung, IX, 263.

10. **Komplott.** Mitwissenschaft rechtlich keine Mitwirkung oder Theilnahme an einem Vergehen, III, 283. Merkmal der gemeinschaftlichen Beschlußfassung, XIII, 50, 53. Mord im Komplott, XIII, 47. Versuchter Mord im Komplott, III, 367.

11. **Beihilfe.** Die Kenntniß des Gehilfen von der Thal, z. B. bei Betrug rc. vom Betrage desselben, Erforderniß seiner Stellung unter ein bestimmtes Strafgesetz, XIII., 72.

12. **Begünstigung.** Wird hiezu die Wissenschaft, in Bezug auf ein spezielles Verbrechen beförderlich zu sein, erfordert? IX, 263.

13. **Jugend.** Ort des Strafvollzuges und Strafbemessung bei einem im jugendlichen Alter verübten, erst später zum Vorschein gekommenen Verbrechen, insbesondere im Falle der Konkurrenz mit einem im erwachsenen Alter verübten, mit Zucht- oder Arbeitshausstrafe bedrohtem Verbrechen, III, 375, IX, 264. Zellenhaft auf jugendliche Verbrecher nicht anwendbar, IX, 264.

14. **Zusammenfluß von Verbrechen.** Einfluß der Konkurrenz auf die Strafbemessung, wenn Verbrechen theilweise im jugendlichen, theilweise im erwachsenen Alter verübt sind, III, 375. IX, 264.

15. **Rückfall.** Voraussetzung für die Anwendung des Abs. 9. des Art. 124 des württ. St.G.B. gegen ausländische Landstreicher, IX, 265. Das Vergehen des Art. 209 des württ. St.G.B. bildet einen Rückfall im Vergehen wider fremdes Eigenthum, IX, 273.

16. **Verjährung.** Welche Rechte fallen unter die Wiederherstellung der Ehrenrechte, insbesondere die wegen Meineids eingetretene Zeugnißunfähigkeit und die Fähigkeit Gemeinderath zu sein? IV, 373. Zeitfrist für die Wiederherstellung der Ehrenrechte bei einer auf der Festung zu erstehenden Arbeitshausstrafe, IX, 265. Bedeutung des Kontumazialurtheils des Schwurgerichtsgesetzes von 1849 Art. 235 für die Unterbrechung der Untersuchungsverjährung, VII, 431. IX, 265.

17. **Strafklage und Verzicht.** Nach erhobener Strafklage wird das Verfahren durch Verhandlungen über einen Verzicht nicht gehemmt, III, 294. Anwendung des bei der Ehrenbeleidigung für den Klageverzicht geltenden Zeitpunktes auf Körperverletzungen des Art. 261 des württ. St.G.B. IX, 266. Uebernahme der Kosten auf die Staatskasse im Falle eines Klageverzichtes, IX, 266.

B. Einzelne Verbrechen und Vergehen.

1. **Hochverrath** an einem auswärtigen Staate durch im Inland ergangene Aufforderung zur Unterstützung der im Ausland begangenen hochverrätherischen Unternehmung verübt, IX, 267.

2. **Unerlaubte Verbindungen.** Erlaubniß für den Studentenverein Indingla zur Führung des Namens „Burschenschaft", IX, 267.

3. **Verabredung zum Ungehorsam.** Bei der Aufforderung zum gemeinschaftlichen Ungehorsam Gewißheit über die Gefährdung der öffentlichen Ruhe und Sicherheit bei dem Thäter nicht erforderlich, IX, 267.

4. **Auflauf.** Die Menge muß nicht schon mit der Absicht, der Obrigkeit Ungehorsam zu bezeigen oder sie zu beleidigen, zusammengekommen sein, IX, 268.

5. **Unbotmäßigkeit.** Wer einem Polizeidiener das von Diesem einem Andern abgenommene Gewehr entreißt, begeht eine solche, IX, 268.

6. **Aufruhr.** Aufforderung zu demselben, Art. 176 Abs. 2 des württ. St.G.B., ist auch das zum Zwecke der Theilnahme erfolgte Heraustrommeln einer Bürgerwehr, IX, 269. Eine Thätlichkeit im Sinne des Art. 178 Z. 3., ist auch die Beschränkung der persönlichen Freiheit, IX, 269.

7. **Selbstbefreiung.** Verpflichtung der zur Verwahrung eines Gefangenen aufgestellten Personen als obrigkeitliche Diener nicht erforderlich, IX, 270.

8. **Vereinigung in Banden.** Begünstigung einer solchen; Merkmal der Freiwilligkeit, III, 290.

9. **Landfriedensbruch.** Direkte Absicht auf Gewalt an Personen oder Sachen bei dem widerrechtlichen Eindringen in eine fremde Wohnung nicht erforderlich, IX, 270.

10. **Landstreicherei, gefährliche.** Geladensein des mitgeführten Gewehres und Mitsichführen von Schießapparat nicht erforderlich, IX, 271. Eine mit erschwerter Landstreicherei konkurrirende Fälschung einer Privaturkunde geht in ersterer nicht auf, IX, 271.

11. **Erschwerte Bettelei.** Fällt Vorspiegelung der Stummheit unter dieselbe? IX, 271.

12. **Zweikampf.** Duell mit Schlägern und Paukapparat strafbar. Ebenso ein sog. Bestimmungsduell, IX, 271. siehe auch Ehrenkränkung.

13. **Münzverbrechen.** Das Vergehen des Art. 209 des württ. St.G.B. ein Rückfall in Vergehen wider fremdes Eigenthum, IX, 273.

14. **Fälschung öffentlicher Urkunden.** Briefmarke eine öffentliche Urkunde, IX, 273. Ebenso eine Eisenbahnfahrkarte, IX, 274. Anwendung des Art. 220 des württ. St.G.B. auf Fälschung eines Militärabschieds und eines ärztlichen Zeugnisses zum Zweck einer Bewerbung, IX, 275. Anwendung des Art. 220 auf Privaturkunden beim Zutreffen der übrigen Voraussetzungen IX, 276. Fälschungen von Urkunden, welche als Beweismittel in Privatrechtsverhältnissen dienen sollen, fallen nicht unter Art. 220. Erforderniß der böslichen Absicht bei der Fälschung öffentlicher Urkunden; in deren Ermangelung liegen vor der Obrigkeit, IX, 274. Für die intellektuelle Urheberschaft einer Fälschung genügt die Anstiftung zur Ausstellung der Urkunde mit der Absicht des Gebrauches und der Gebrauch, III, 319. 816.

15. **Meineid.** Strafbarer Meineid liegt nicht vor, wenn der Schwörende durch den Eid sich selbst einer strafrechtlichen Verfolgung entziehen wollte, IX, 276. Unbestimmter Vorsatz des Falschschwörenden, den Andern unschuldig in Strafe zu bringen, IX, 278.

16. **Mord, im Komplott verübt,** XIII, 47. Versuch eines solchen im Komplott III, 357.

17. **Todtschlag.** Versuch eines solchen vorhanden auch bei nur alternativer oder eventueller Absicht, zu tödten, XIII, 62. 66. Qualifizirter Todtschlag (Art. 245 des württ. St.G.B.) vorhanden, wenn sich der Thäter der Ergreifung über einem Jagdfrevel entziehen will, XIII, 38.

18. **Durch vorsätzliche Körperverletzung verschuldete Tödtung.** Anwendung des Art. 246 Z. 1. und Art. 247 Z. 1 des württ. St.G.B. auf den Fall, wo der Handelnde den Tod als sehr wahrscheinliche Folge hätte vorhersehen müssen, falls er die Beschaffenheit der Handlung bedacht hätte, IX, 280.

19. **Tödtung aus Fahrlässigkeit.** Durch unvorsichtiges Fahren; durch unvorsichtiges Schießen, IX, 281.

20. **Vernichtung oder Beschädigung der Leibesfrucht,** fahrlässige. Deren Strafbarkeit, IV, 87.

21. **Körperverletzung.** Zum Versuch einer solchen im Sinne der Z. 2. des Art. 260 des württ. St.G.B. die Absicht, eine Beschädigung der dort angeführten Art herbeizuführen, erforderlich, III, 360. Be

griff des hinterlistigen Anfalls, IX, 281. Anwendbarkeit des Art. 266 des württ. St.G.B., wenn auf der einen Seite nur eine, sich dem Angriff der andern Partei gegenüber passiv verhaltende Person ist? IX, 283. Körperverletzungen des Art. 261, in Raufhändeln zugefügt, nur auf Klage strafbar, IX, 283. Zulässigkeit des Klageverzichtes bei Körperverletzungen des Art. 261 bis zur Erkenntnißeröffnung, IX, 266.

22. Ehrenkränkung im Falle des Art. 205 des württ. St.G.B. von Amtswegen strafbar, IX, 272. Klagerecht des betreffenden Gesandten wegen Ehrenkränkung gegen Regenten fremder Staaten, IX, 284. Bei Art. 292 Strafausmessungsgründe aus der Person des unmittelbar Beleidigten nicht anwendbar, IX, 284. Ehrenkränkung durch die Presse nicht in Z. 3. des Art. 284 des württ. St.G.B. begriffen, XIII, 95. Anwendbarkeit des Milderungsgrundes des Absatzes nach Z. 4. des Art. 281 auf Ehrenkränkungen durch die Presse, XIII, 98.

23. Raub. Lebensgefährliche Drohung vorhanden bei der Absicht, den Bedrohten in Furcht zu versetzen, III, 308.

24. Erpressung. Ist die Bedrohung mit Anzeige der von einem Gatten verschuldeten Verletzung der ehelichen Treue bei dem andern Gatten Erpressung? IX, 285. Zeitpunkt der Vollendung der Erpressung im Fall der Ausstellung eines schriftlichen Zahlungsversprechens durch den Bedrohten, IX, 286.

25. Diebstahl. Entwendung von ungehauenem Waldholz außerhalb des Forstgrundes ist Holzfrevel, IX, 287; nicht aber die Entwendung von jungen Fichlenpflanzen aus einer umzäunten Saatschule, IX, 288. Entwendung von auf einem Frachtwagen auf der Landstraße befindlichen Gegenständen ein ausgezeichneter Diebstahl, auch wenn dem Dieb vom Fuhrmann die Leitung des Wagens überlassen war, IX, 288. Entwendung einer Reisetasche in einem Eisenbahnwagen ein ausgezeichneter Diebstahl, IX, 289. Einschleichen in ein bewohntes Schlafzimmer, um die Schlüssel zum Diebstahl zu bekommen, begründet heimliches Zurhandnehmen der Schlüssel, IX, 290. Im Falle des Wiederverlassens des Raumes, in welchen eingestiegen worden, und des darauf folgenden Eingehens auf einfache Weise liegt bei alsdann erst verübtem Diebstahl Versuch eines ausgezeichneten und Vollendung eines einfachen Diebstahls vor, IX, 291. Erbrechen durch Zerreißen eines die Thüre schließenden Strickes, IX, 292. Einsteigen von einer 2 Gebäude verbindenden Brücke aus in das eine derselben ist Einsteigen im Innern, IX, 292. Einsteigen von Außen auch vorhanden, wenn der Thäter vom Haus aus zunächst nach Außen (auf das Dach) und dann wieder in das Innere gestiegen ist, IX, 294. Absicht beim gewerbsmäßigen Stehlen, XIII, 29. 96. Auszeichnung durch Anwendung eines Hauptschlüssels vorhanden auch

ohne deſſen Fertigung oder Anſchaffung zur. Zwecke des Stehlens IX, 295. Diebſtahl in einem Kaufladen; im Gedränge einer verſammelten Menge? IX, 291. Gemeiner Diebſtahl oder Familiendiebſtahl? IX, 295. Vorausſetzung für die Annahme der Freiwilligkeit des Erſatzes, I, 277. IX, 296. Diebſtahl oder Unterſchlagung bei Dienſtboten? IX, 297.

26. Unterſchlagung. Unterſchlagung oder Diebſtahl bei Dienſtboten? IX, 297.

27. Betrug. Betrug durch falſche Angaben eines Beamten über ſeine amtlichen Ausgaben zum Zwecke höheren Erſatzes, III, 331. 336. Wenn der Getäuſchte nur den Beſitz des von ihm hingegebenen Gegenſtandes einräumen, der Täuſchende aber dieſen ſich aneignen wollte, liegt Betrug vor, IV, 317. Identität des Getäuſchten und des Benachtheiligten nicht erforderlich, IV, 324. Iſt neben Erlangung eines Vermögensvortheils auch die Hervorrufung eines Vermögensnachtheils erforderlich? IV, 381. Strafbarer Betrug bei Täuſchungen in bürgerlichen Rechtsſtreitigkeiten, IV, 391. Eigennütziger Betrug erſt vollendet mit der Erlangung des materiellen Vortheils ſelbſt, nicht mit der Erlangung der über denſelben ausgeſtellten Schuldurkunde, IX, 299. Welcher Betrag iſt zu Grund zu legen, wenn die Abſicht nur auf unverzinsliche Umtreibung des durch Vorſpiegelung verſchafften Geldes geht? IX, 297. Der Gehilfe bei einem Betruge muß, um ſtrafbar zu ſein, von deſſen Betrag Kenntniß haben, XIII. 72. Konkurrenz von Unterſchlagung und Betrug, IV, 382. Ein nach Eingehung eines Vertrages verübter Betrug iſt ein gemeiner Betrug, VII, 430. IX, 300. Betrug in Vertragsverhältniſſen nur auf Klage ſtrafbar, auch wenn mittelſt Urkundenfälſchung verübt, IX, 299.

28. Fälſchung von Privaturkunden iſt nicht blos bei Beeinträchtigung von Vermögensrechten ſtrafbar, III, 311. Ausſtellung einer falſchen Privaturkunde ohne Produktion eine ſtrafloſe Vorbereitungshandlung, III, 311. Zur intellektuellen Urheberſchaft einer Fälſchung die Anſtiftung zur Ausſtellung mit der Abſicht der Produktion und die Produktion genügend; ſpezielle Anſtiftung zu letzterer nicht erforderlich, III, 313, 316. Eine mit erſchwerter Landſtreicherei zuſammentreffende Privaturkundenfälſchung geht in erſterer nicht auf, IX, 271. Privaturkundenfälſchung zum Zwecke des beſſeren Fortkommens fällt unter Art. 220 des württ. SLG.B., IX, 276.

29. Betrug beim Schuldenweſen. Begriff des „bevorſtehenden Gantes", IX, 302.

30. Betrügeriſcher Bankerott. Durch Borg- oder Nachlaßvergleich der Thalbeſtand nicht ausgeſchloſſen, III, 369. IX, 302.

31. **Brandstiftung.** Bewußtsein, daß die andern Gegenstände menschlichen Aufenthaltsorten nach ihrer Lage das Feuer mittheilen können, erforderlich, III, 351.

32. **Anzündung.** Die leichtesten Fälle mit nur unbedeutender Beschädigung fallen nicht unter Art. 380 des w. St.G.B. III, 281. IX, 303. Unterschied von der Brandstiftung in subjektiver Beziehung, III, 351.

33. **Eigenthumsbeschädigung.** Beschädigung durch Fällung von Waldbäumen mit der Absicht der Zueignung, IX, 303.

34. **Jagdfrevel** gehört zu den unter Art. 1 des w. St.G.B. fallenden Handlungen, XIII, 44. f. auch oben Todtschlag, Nr. 17.

35. **Vergehen öffentlicher Diener überhaupt.** Postpraktikanten fallen unter §. 3 des Art. 399 des w. St.G.B. IX, 304. Postbriefträger unter §. 5. des zit. Art. IX, 304. Die gerichtliche Entscheidung in einer gegen öffentliche Diener geführten Kriminaluntersuchung die Grundlage für eine Verfügung nach Art. 47 der B.U. IX, 304. Begünstigung eines Dienstvergehens, III, 312. Strafbarkeit der delicta propria, wenn sie durch nicht mit sämmtlichen erforderlichen Eigenschaften versehene Personen verübt wurden, V, 153.

36. **Täuschung bei Amtshandlungen.** Unwahrheiten im amtlichen Vortrag eines Beamten fallen unter Art. 419 des w. St.G.B., so lange er nicht eine Verschuldung von sich abzuwenden hat; eigenes pekuniäres Interesse gleichgiltig, III, 331. IX, 305. Durch die Konkurrenz der Täuschung mit einer Fälschung Art. 31 des Ges. v. 13. Aug. 1849 nicht ausgeschlossen, IX. 305.

37. **Unerlaubte Theilnahme an Verläufen ꝛc.** Wann ist §. 1. des Art. 421 des w. St.G.B. anwendbar? IX, 306. Ersteigerung für einen Angehörigen fällt nicht unter das Gesetz, IX, 307. Zum Einstehen in den Kauf ꝛc. Einwilligung des Verkäufers nicht nothwendig, IX, 308. Art. 421 anwendbar auf Art. 4 des Gesetzes v. 23. Juni 1858, IX, 309.

38. **Unterschlagung amtlich anvertrauter Gelder.** Die Anvertrauung auch nur im vermeintlichen Glauben an die Befugniß des Beamten zur Empfangnahme und die Kenntniß dieser Absicht durch den Beamten genügt, IX, 310.

39. **Rechnungsfälschung.** Art. 421 des w. St.G.B. auch auf eine zur Verdeckung eines nur kulposen Kassenrestes vorgenommene Fälschung anwendbar, IX, 310.

40. **Vergehen der Postbeamten.** Art. 443 auch auf untergeordnete Postoffizianten anwendbar, IX, 311.

41. Untreue. Anwendung des Art. 457 des w. St.G.B. auf alle den Rechtsanwälten in ihrem Berufe anvertraute Geschäfte, IX, 311.
42. Unbefugter Verlauf von Arzneien, R.St.G.B. §. 367, Z. 3, Begriff der im Handel nicht freigegebenen Arzneien, XV, 448, 468.

II. Strafprozeß.

(Der Inhalt dieses Abschnittes bezieht sich, soweit nichts Anderes bemerkt ist, auf die Gesetzgebung vor 1868.)

1. Rechtsquellen. Quellen und Grundzüge des württemb. Strafprozesses, I, 12, 18. Die Strafprozeßordnung von 1868; deren Entstehung, XI, 303.

2. Gerichtsorganisation in Strafsachen: vor der Gesetzgebung von 1868, I, 19, nach der Gesetzgebung von 1868, XI, 304, 305, 307, 308, 327, 347, 351, 353. — Das Laienelement; dessen Bedeutung und Berechtigung in der Strafrechtspflege; dessen verschiedene Formen im Geschworenen- und Schöffengerichte, der Umfang seiner Mitwirkung, XI, 310 (341), 347, 351, 352. XII, 315, 317, 318, 326. Befähigung zum Dienste der Schöffen, XII, 319, zum Dienste der Geschworenen, X, 376, XII, 319. Wahl der Ersatzmänner für den Bezirksausschuß, IV, 18. Zuständigkeit zur Feststellung der Reisekostenentschädigung der Geschworenen, XIII, 28. — Das Einzelrichterinstitut; Nothwendigkeit seiner Einführung, XI, 308. — Staatsanwaltschaft; Organisation durch die Gesetzgebung vor 1868, XI, 330. — Abgrenzung der Gerichtsbarkeit, I, 19, XI, 327. Zuständigkeit der Schwurgerichte für die Aburtheilung des Versuches eines Verbrechens, IV, 11, f. auch unter Z. 4. Zuständigkeit der Strafkammern zur Aburtheilung von Ehrenkränkungen durch die Presse nach der St.P.O. von 1868, XIII, 11.

3. Zuständigkeit. Gerichtsstand des Zusammenhangs mehrerer Strafsachen im Falle des Zusammentreffens mehrerer von derselben Person theils im Inlande, theils im Auslande verübter Verbrechen, resp. der Landstreicherei mit einem im Inlande verübten Verbrechen nach dem Gesetze vom 19. August 1849, II, 861. Ausschluß der Prävention bei dem Zusammentreffen von schwurgerichtlichen Verbrechen mit nicht schwurgerichtlichen, III, 372.

4. Zusammentreffen von vor nicht gleichstehende Gerichte gehörigen strafbaren Handlungen. Zuständigkeit der Schwurgerichte bezüglich des Versuches und bezüglich der Mitschuldigen und Begünstiger eines vor die Schwurgerichte gehörigen Verbrechens und in Bezug auf mit einem solchen im Zusammenhang stehende Vergehen, IV, 11.

5. Entziehung der Freiheit. Voraussetzungen der Zulässigkeit der vorläufigen und der gerichtlichen Haft, V, 165.

6. Zeugenvernehmung und Zuziehung von Sachverständigen. Beeidigung Desjenigen, welcher der That selbst beschuldigt war, aber außer Verfolgung gesetzt ist, vor dem Schwurgericht als Zeuge, III, 346. Recht des Zeugen zur Ablehnung gewisser Fragen, III, 345. Einfluß der Restitution der Ehrenrechte auf die Eidesfähigkeit eines wegen Meineides Bestraften, IV, 873. Unterlassung der Vorladung der von dem Angeklagten benannten Zeugen zur Schwurgerichtsverhandlung, XIII, 84. Art. 143, §. 2, der St.P.O. von 1863 über Verpflichtung der Verleger, Drucker und Redakteure zur Zeugnißablegung auf ein Disziplinarstrafverfahren nicht anwendbar, XV, 340. Verpflichtung der Sachverständigen zur Annahme eines Auftrags bei den Schwurgerichten, IV, 27.

7. Vertheidigung des Beschuldigten. Die Vertheidigung im Falle drohender Zuchthausstrafe immer eine nothwendige, auch wenn der Vertheidiger vom Beschuldigten gewählt ist, VII, 879. Bei Nichtigkeitsklagen gegen Verweisungserkenntnisse keine Offizialvertheidigung; Voraussetzung einer solchen bei Nichtigkeitsklagen gegen schwurgerichtliche Erkenntnisse, IV, 7. Recht des Vertheidigers auf Einsicht des vom Staatsanwalt auf Grund der Voruntersuchung gestellten Antrags, IV, 5. Recht des Vertheidigers, im Interesse der Vertheidigung persönliche Erkundigungen jeder Art, auch bei Zeugen, einzuziehen, XIII, 88, 90. Verfolgung der Nichtigkeitsklage durch den Vertheidiger trotz eines Verzichtes des Angeklagten unzulässig, III, 286, XIII, 86, 89. Zuständigkeit zur Entscheidung über den Ersatz der durch freiwillige Zuziehung eines Vertheidigers erwachsenen Kosten, VI, 841. Beschwerden gegen Durchstriche von Anrechnungen; Zuständigkeit, IV, 83, XIII, 81.

8. Voruntersuchung und deren Abschluß. Der Beschluß, eine Untersuchung nicht einzuleiten, ist in schwurgerichtlichen Fällen der Kognition des Anklagesenates zu unterstellen, XIII, 71. Ueber die Nothwendigkeit der gerichtlichen Vernehmung des Angeklagten in der Voruntersuchung bei Schwurgerichtssachen, III, 288. Umfang seiner Vernehmung, III, 297. Einsendung der Akten an den Staatsanwalt in schwurgerichtlichen Sachen, III, 864. Recht des Angeklagten und seines Vertheidigers auf Einsicht des vom Staatsanwalt auf Grund der Voruntersuchung gestellten Antrags IV, 5. Einstellung einer schwurgerichtlichen Untersuchung ohne Beschuldigung einer bestimmten Person durch den Anklagesenat, VII, 365.

9. Beschlüsse des Anklagesenates. Nothwendigkeit der Anhörung des Staatsanwalts vor der Beschlußfassung, III, 367. VII, 385. — s. auch zu Z. 8. — Verweisungserkenntniß s. Richtigkeitsklage — s. auch Ziff. 13, a.

10. Verfahren vor den Schwurgerichten. a. Schwurgerichtshof. Unzulässigkeit der Enthebung eines ernannten Schwurrichters durch den Kreisgerichtsvorstand vor Beginn der öffentlichen Verhandlungen von seinen Funktionen, IV, 1. Nichtverhinderung eines Mitgliedes des Kreisgerichtshofes, welches an der Plenarsitzung wegen einer Diszlplinaruntersuchung Theil genommen, als Präsident des Schwurgerichtes oder Schwurrichter, IV, 4. — b. Umgehung der Hauptverhandlung im Falle eines Geständnisses nach der St.P.O. v. 1868 nicht mehr zulässig, XII, 319. — c. Verfahren, falls Zweifel bestehen, ob der Angeklagte zur Zeit der Hauptverhandlung zurechnungsfähig ist, VI, 320. — d. s. oben Zeugenvernehmung Z. 6. e. Resumé des Präsidenten (nach der St.P.O. von 1868), XII, 322, XIII, 88. — f. Fragestellung an die Geschworenen: Zur Lehre von der Fragestellung, insbesondere mit Rücksicht auf den württ. Entwurf einer St.P.O., IX, 1. Zeitpunkt der Fragestellung nach der St.P.O. v. 1868, XII, 320. Mitwirkung des Staatsanwalts, des Angeklagten und der Geschworenen nach der St.P.O. von 1868, XII, 322. Unterlassene Beschlußfassung über einen Antrag auf Frageänderung, XIII, 93. Unterlassung einer beantragten Fragestellung, III, 320. 321. Gegenstand der Fragestellung im Allgemeinen nach der St.P.O. v. 1868, XII, 321. Mangelhaftigkeit und Unvollständigkeit der eventuellen Fragen, XIII, 50. 53. Folgen der Nichtstellung von Aushilfsfragen, XIII, 72. Das Verweisungserkenntniß, die Grundlage der Fragestellung, III, 348, 354., VII, 395, 423. XIII, 50, 54. Aufnahme aller gesetzlichen Merkmale des Verbrechens in die Fragestellung, III, 237, 354. Fragestellung, wenn sich bei der Hauptverhandlung die That als ein schwereres Verbrechen darstellt, VII, 395. Wiederholte Fragestellung, VII, 413. Fragestellung im Falle des Zusammentreffens mehrerer Auszeichnungen bei einem Diebstahl, III, 289; über Gewerbsmäßigkeit, XIII, 29; bei dem Raub III, 299; bei Fälschung von Privaturkunden, III, 316; bei einem im Komplott verübten Mord XIII, 47; bei einem im Komplott verübten Mordversuch, III, 351; bei versuchtem Todtschlag, VII, 397. XIII, 58; bei durch Körperverletzung verschuldeter Tödtung, VII, 419; bei Körperverletzung, XIII, 58; bei Betrug, VII, 409, 423. — g. Wahrspruch der Geschworenen: Frage der Stimmenmehrheit zu einem Schuldig,

XII, 822. Schriftlichkeit und geheime Berathung des Wahrspruchs wesentlich, III, 298. Verfahren bei Zweifeln der Geschworenen, nach der St.P.O. v. 1868, XII, 323. Unvollständigkeit und Dunkelheit des Wahrspruchs, III, 283, XII, 824, XIII, 58, 72. Unzulässigkeit seiner Beanstandung durch den Schwurgerichtshof wegen vermutheten Irrthums der Geschworenen, III, 339. VII, 413. Remedur eines offenbar unrichtigen Schuldigverdiktes nach der St.P.O. v. 1868, XII, 324. Unanfechtbarkeit des Wahrspruchs aus materiellen Gründen, III, 293, 338. Derselbe bleibt unanfechtbar, auch wenn nach einer wegen eines leichteren Verbrechens erfolgten Verurtheilung später die innere Seite der That sich als ein schweres Verbrechen zeigt, IV, 19. — h. Aenderung der Anklage: wann liegt eine solche vor? III, 305. VII, 395, 429. XIII, 50, 54. Auch der Schwurgerichtshof darf nicht eine andere That, als der Verweisung zu Grund liegt, zur Entscheidung der Geschworenen bringen, III, 848. XIII, 50.

11. Erkenntniß; Strafvollzug. Abänderung resp. Verwandlung einer von einem anderen Gerichte erkannten, aber noch nicht oder nicht ganz vollzogenen Strafe durch den Schwurgerichtshof, IV, 30. Form der Eröffnung der Schwurgerichtserkenntnisse, III, 331. Einwendungen gegen die Statthaftigkeit der Vollstreckung von Erkenntnissen der Schwurgerichtshöfe in Betreff der Untersuchungskosten und der Ersatzansprüche der Civilpartei, IV, 24. Mittheilung der auf eine, in einer höheren gerichtlichen Strafanstalt zu erstehenden, Freiheitsstrafe lautenden Strafcrkenntnisse an die Ortsgeistlichen durch die Ortspolizeibehörden, IX, 256. Protokollaufnahme über die Erklärungen der Verurtheilten, betr. das Erkenntniß des Schwurgerichtshofes, III, 346.

12. Prozeßkosten. Uebernahme der Kosten auf den Staat im Falle eines Klageverzichtes, IX, 266. Zuständigkeit zur Entscheidung über den Ersatz der dem Beschädigten oder Angeklagten durch die freiwillige Zuziehung eines Rechtsanwalts erwachsenen Kosten, VI, 811, 814. Zuständigkeit des Schwurgerichtshofes zur nachträglichen Entscheidung über die Kosten, III, 825. Folge der unterlassenen Entscheidung über die in einem vernichteten Verfahren erwachsenen Kosten, III, 344. Zuständigkeit zur Entscheidung über die Prozeßkosten, wenn der Angeklagte außer Verfolgung gesetzt, dagegen wegen eines nicht schwurgerichtlichen Vergehens vor ein anderes Gericht verwiesen wird, VII, 388. Zuständigkeit zur Entscheidung von Einwendungen gegen den Vollzug eines schwurgerichtlichen Erkenntnisses bezüglich der Untersuchungskosten, IV, 24. Zuständigkeit des Kassationshofes für Beschwerden gegen Verfügungen der Schwurgerichtshöfe über Kostenanrechnungen, IV, 33.

14

13. **Rechtsmittel.** a. Beschwerden in Schwurgerichtssachen, nach Abschluß der Voruntersuchung gegen Verfügungen
des Anklagesenates, III, 363, 372. VII, 385, 388; gegen Verfügungen der Schwurgerichtshöfe oder ihrer Vorsitzenden, IV, 84. VII,
380, XIII, § 88. Unstatthaftigkeit einer einfachen Beschwerde gegen
ein mit der Nichtigkeitsklage anzufechtendes Erkenntniß des Schwurgerichtshofes, III, 330, XIII, 89. — b. Nichtigkeitsklage gegen das Verwerfungserkenntniß. Wegen Unterlassung
der gerichtlichen Vernehmung oder wegen ungenügender Vernehmung
des Angeklagten in der Voruntersuchung, III, 265. 297. Wegen
Nichtstrafbarkeit der That, III, 294, 297, 310, 331, 868. Wegen
Unvollständigkeit der gesetzlichen Merkmale eines Verbrechens, III,
313, 360, 870. XIII, 58. Folgen der Versäumung der Frist zur
Ausführung der gegen ein Verweisungserkenntniß erhobenen Nichtigkeitsklage, XIII, 67. — c. Nichtigkeitsklage gegen schwurgerichtliche Erkenntnisse: wegen unrichtiger Anwendung
des Gesetzes auf die durch den Wahrspruch festgestellten Thatsachen,
III, 231, 253, 289, 303, 304, 306, 316, 319, 321, 339, 857, 876.
VII, 409, 413, 423. XIII, 32, 38, 58, 63, 77. Wegen mangelhafter Besetzung des Schwurgerichtshofes, III, 325. Wegen Nichtbeob-
achtung wesentlicher Förmlichkeiten, III, 320, 326. VII, 408. XIII,
38, 51, 56, 79. Wegen Unterlassung des Beschlusses über gestellte
Anträge, III, 339. XIII, 33, 62, 64, 89. Wegen Nichtaufnahme
aller wesentlichen Verbrechensmerkmale in die Fragestellung, III,
237, 354. Wegen Beeidigung eines verdächtigen Zeugen, III., 346.
Wegen Aenderung der Anklage, III, 304, 348. VII, 395, 423.
XIII, 50, 54. Wegen mündlicher Erläuterung des Wahrspruchs
und unterlassener geheimer Berathung, III, 283. Unzulässigkeit der
Nichtigkeitsklage wegen Einseitigkeit des Schlußvortrags des Vorsitzenden, XIII, 68. Möglichkeit der schriftlichen Geltendmachung
der Nichtigkeitsgründe bis zu dem zur mündlichen Verhandlung vor
dem Kassationshofe bestimmten Termine, XIII, 83. Oeffentliche
Verhandlung vor dem Kassationshofe über eine Nichtigkeitsklage,
wenn keine Ausführung der Beschwerden eingekommen, XIII, 62.
Wiedereinsetzung in den vorigen Stand gegen den Ablauf der Frist
zur Anmeldung der Nichtigkeitsklage, XIII, 87. Wirkung des Verzichtes des Angeklagten auf die Nichtigkeitsklage für den Bertheidiger,
III, 286. XIII, 56. Unzulässigkeit eines eventuellen Verzichtes, III,
341. Mißbrauch der Nichtigkeitsklage, III, 298, 294. — Fall einer
Verurtheilung durch den Kassationshof, III, 375. d. Wiederaufnahme des Verfahrens in schwurgerichtlichen Fällen; Gesuch um dieselbe wegen falscher Zeugenaussagen, III, 398,

346. VII, 383, 384, 394; wegen Unvereinbarkeit zweier Erkenntnisse, VII, 399. Verfahren bei Wiederaufnahmegesuchen IV, 21. XIII, 88. — e. Abschaffung des Rekurses durch die St.P.O. v. 1868, XI, 313. XII, 928.

14. Verfahren gegen Abwesende. Beschlagnahme des Vermögens widerspenstiger Militärpflichtiger; Zuständigkeit der Verwaltungsbehörden hiezu, I, 124. VI, 422. Das Kontumazialurtheil des Schwurgerichtsgesetzes bewirkt nur die Unterbrechung der Untersuchungsverjährung, VII, 431. IX, 265. Aufhebung desselben im Falle der Verjährung durch den Schwurgerichtshof mit den weiteren Verfügungen, VII, 436.

15. Der württ. Kassationshof in Strafsachen und die Vertheidigung, insbesondere mit Bezug auf Art. 219 des Schwurgerichtsgesetzes von 1849 und die Ordnungsstrafen wegen Mißbrauchs des Beschwerderechtes, VII, 88.

16. Die württ. Strafprozeßordnung von 1868 in Vergleichung mit der Strafprozeßgesetzgebung des Königreichs Sachsens, XII, 815.

17. Das Verfahren bei Uebertretungssachen im Königreich Bayern, VII, 359.

III. Civilrecht.

Hauptstück 1.

Allgemeine Lehren.

A. Rechtsquellen, deren Giltigkeit und Anwendung.

1. Rechtsquellen für Civilrecht in Württemberg, I, 4.
2. Gewohnheitsrecht. Geltung eines in landesherrlichen Reskripten als bestehend anerkannten Gewohnheitsrechtes gleich einem Gesetze, III, 169. Begründung des Gewohnheitsrechtes durch den Gerichtsgebrauch, IV, 289. VI, 11, 133. XI, 32. XII, 222. Lokales Gewohnheitsrecht (Observanz), Unterschied gegenüber dem Herkommen, VII, 345. VIII, 112. Durch Gewohnheitsrecht darf kein bestehendes Gesetz abgeschafft werden, XI, 246. Gewohnheitsrecht in Bezug auf die Cessibilität litigiöser Forderungen, VI, 11; in Bezug auf die Theilbarkeit von Häusern nach Stockwerken und Gelassen, XII, 842. XIII, 195.
3. Autonomie des Adels II, 428; der Verkehrsanstalten in Bezug auf ihre Haftbarkeit, IV, 89.
4. Absolutes und vermittelndes Recht. Umgehung eines verbietenden Gesetzes durch Scheinverträge, XIII, 165. Die für den Exekutionsverlauf gegebenen Vorschriften keine absolut zwingende,

VI, 301. Anwendung gebietender Gesetze auch auf die im Auslande geschlossenen Verträge, XV, 199.

5. Zeitliche Grenzen der Wirksamkeit einer Rechtsnorm: Bedeutung des Satzes, daß neue Gesetze nicht zurückwirken, VIII, 191.

6. Statutenkollifion. Kollifion der Rechtsnormen bezüglich der Erbfähigkeit eines Verschollenen, VI, 141; bezüglich des elterlichen Erziehungsrechtes bei Ausländern, VI, 146; bei obligatorischen Verträgen, insbesondere bezüglich ihrer Form, IX, 864. XI, 176. XIII, 225, XV, 199. Interzession einer Württembergerin im Ausland durch Wechselaccept, IX., 368. Kollifion bezüglich der Verjährung, II, 507. III, 177, 198. XIV, 341; bezüglich der Berechnung der Provifion im Fall einer Wechselregreßklage, II, 507; bezüglich der Statthaftigkeit von Deliktsklagen bei im Auslande vorgenommenen Handlungen, insbesondere der actio paulana, XIV, 150. Zulässigkeit des Widerrufs einer Schenkung wegen nachgeborener Kinder bei im Ausland abgeschlossenen Verträgen, XV, 199.

B. Von den Rechten, ihrer Verfolgung und Sicherung.

1. Herkommen als Titel eines subjektiven Rechtes, VII, 346. VIII, 112. IX, 71, 72.

2. Selbsthilfe. Das Pfändungsinstitut nach gemeinem Rechte, verschiedenen Spezialgesetzgebungen und dem Entwurfe eines Landeskulturgesetzes für Württemberg von 1853, I, 289.

3. Präjudizialklagen. Bei solchen kann jeder Theil als Kläger auftreten, VI, 208. Klage auf Anerkennung der Existenz einer persönlichen Verbindlichkeit, IV, 149, 168, 439. VI. 258. XII, 2, 6. Klage auf Anerkennung der Legitimation zu einer Forderung, insbesondere bezüglich der Cession einer Forderung, III, 183, 192. VI, 258. XI, 143. XIII, 152. Klage auf Anerkennung eines dinglichen Rechtes, XII, 4, 9, 22. Klage auf einen Ausspruch, ob eine Last nur auf Zehnten und Gefällen oder auch auf anderem Eigenthum ruht, VI, 93. XII, 6. Klage auf einen Ausspruch, ob resp. wieweit der prinzipaliter Bauspflichtige verfügbare Mittel hat, IV, 147. XII, 6. Klage auf Rechnungsstellung III, 189, IV, 166. Unstatthaftigkeit einer Schadensersatzklage ohne gleichzeitige Liquidation des Schadens, IV, 167. Ausnahmsweise Zulässigkeit der Trennung des Liquidationsverfahrens, IV, 196. Klage auf Anerkennung eines Vertrages über die ehelichen Güterverhältnisse, XII, 368.

4. Klagenverjährung. Hemmung und Unterbrechung derselben, X, 77. Einfluß des Ganies gegen den Schuldner auf die Verjährung, insbesondere die Wechselverjährung, I, 112. II, 508,

527. III, 180. X, 77, 136, 271. Klagenverjährung bei einem Anspruch auf wiederkehrende, nicht von einer Hauptforderung abhängige Leistungen, XII, 227, insbesondere bei der Kirchenbaulast, III, 406. XII, 227. Beginn des Verjährungslaufes bei der Darlehensklage, VIII, 118. Forderungen für Verpflegung einer in die Familie aufgenommenen Person unterliegen nicht der Verjährungsfrist des Ges. v. 6. Mai 1852, XII, 232. Verjährung des Interdictum uti possidetis, IV, 157. Verjährung der Klage auf einen Offenbarungseid, XI, 267. Beginn der Verjährungsfrist der actio pauliana, XIV, 157. Abänderung der Verjährungsfrist durch Privatwillen, IV, 130. Verzicht auf die vollendete Verjährung, IV, 272. Ergänzung der Einrede der Klagenverjährung von Amtswegen? II, 507. IV, 263, f. auch Wechselverjährung, unter Wechselrecht zu Art. 77 f. 80.

5. Sicherung (Erwerb) der Rechte durch Eintrag in die öffentlichen Bücher. Zur Begriffsbestimmung eines Güterbuches I, 379. II, 172. Unzulässigkeit der Geltendmachung eines nicht im Unterpfands- oder Güterbuche vorgemerkten dinglichen Rechtes insbesondere Leibgedingsrechtes, dem Pfandgläubiger gegenüber I, 366, 373, 377, 383, 391. Ausnahme dort, wo keine Güterbücher bestehen, oder bei nur periodischen Einträgen der Besitzveränderungen in denselben, I, 378, 383. Inwiefern diese Ausnahme auf blos vorbehaltene Rechte Anwendung findet? I, 380. Unter die Ansprüche Dritter in Art. 15 des Pfandentwicklungsgesetzes sind Realservituten nicht zu stellen, IX, 423, 424; dagegen Reallasten, insbesondere Leibgedinge und Wohnungsrechte, IX, 424. Ausschluß des Art. 15 cit. gegenüber von Denjenigen, welche ihr entgegenstehendes Recht gehörig gewahrt haben, I, 390; auch wenn der Käufer das an der gekauften Sache haftende Wohnungsrecht schon vor dem Kaufe gekannt hat, I, 358, 390. Die Vorlegung des Leibgedingsvertrages zum gerichtlichen Erkenntniß noch kein Antrag auf Eintragung des Rechtes in die öffentlichen Bücher behufs seiner Wahrung, I, 376, 399. Art. 68 des Pfandgesetzes findet nur auf Eigenthumsrechte an Liegenschaften Anwendung, I, 392. Folge der Nichtaufnahme eines gewahrten dinglichen Rechtes in ein später errichtetes Güterbuch, I, 383. Nothwendigkeit des Eintrags des bedungenen Losungsrechtes in das Güterbuch, VI, 204. Eintrag desselben in das Unterpfandsbuch kann gefordert werden, XII, 376. Sicherstellung der Rechte des Cessionars durch Vormerkung der Cession im Unterpfandsbuch, IV, 160. Wahrung der Rechte der Familienfideikommißerben durch Eintrag in die öffentlichen Bücher, II, 458. XI, 129.

C. Von den Personen.

1. **Physische Personen.** Erbfähigkeit eines Verschollenen; welches Recht entscheidet über dieselbe? VI, 141. Zuständigkeit für die Aufhebung einer über das Vermögen eines Verschollenen angeordneten Kuratel, XII, 406.

2. **Juristische Personen.** Voraussetzungen der stillschweigenden Willenserklärung einer Korporation, VI, 156. IX, 42. XIV, 342. Besitz- und Eigenthumserwerb durch eine Gemeinde, IX, 3³. Recht einer Gemeinde, für ihre armen Bürger eine Ersehölzgerechtigkeit klageweise geltend zu machen, XIII, 160. Stipulation der Vertreter einer Gemeinde zu Gunsten eines Gemeindeangehörigen, I, 401. Kommunweiberrechte, s. Oeffentliches Recht, 2, r. 5, c. Kommt den Aktiengesellschaften juristische Persönlichkeit zu? XI, 181. Erwerbs- und Wirthschaftsgenossenschaften keine juristischen Personen, XII, 120. Pflicht des Fiskus, vor den württemb. Gerichten Recht zu geben und zu nehmen, I, 24. Eintrag in das Handelsregister bei Gewerben des Staates und öffentlicher Korporationen, IX, 115. Die Staatseisenbahnverwaltung Kaufmann im Sinne des H.G.B., IX, 147. Bedürfen milde und andere denselben gleichstehende Stiftungen zur Erwerbung der juristischen Persönlichkeit der Verleihung derselben durch die Staatsgewalt? XIV, 65. Die katholischen Pfarrpfründen gehören zu den milden Stiftungen; deren Pfandbrechtstitel und Vorzugsrechte gegenüber ihren Verwaltungen, XIII, 267.

D. Von den Sachen.

Res publicae. Gegen die von der betreffenden Korporation 2c. mit diesen Sachen vorgenommenen Veränderungen hat der Einzelne in der Regel kein Einspracherecht, I, 413, 418, 424, 426, 449, 451. II, 288, 296. VI, 256. XII, 308; Entschädigung auf Grund des Art. 30 der A.U. greift nicht Platz, I, 257, 460, 462, 455. Oeffentliche Sachen sind nicht Gegenstand eines civilrechtlichen Besitzes, I, 258, 266, 267, 269, 271. — **Oeffentliche Wege.** Land- und Heerstraßen, Kameralstraßen, Vicinalwege, Güterwege, Fußwege, s. Oeffentliches Recht, 2, d. G. — **Oeffentliche und Privatwasser.** Begriff des Bettes und des Ufers öffentlicher Gewässer, XV, 440. Das Bett eines öffentlichen Flusses eine öffentliche Sache, III, 386. XI, 114, 116. XII, 310. Wem fällt bei künstlicher Anlegung eines neuen Bettes das Eigenthum des alten zu? III, 386. Verpflichtung zur Herstellung des Flußbettes, I, 249. V. 394. Gehören die zur Leitung des Wassers aus einem öffentlichen Fluß angelegten Gräben und Kanäle zu den öffentlichen Sachen? I, 263,

274, 275. XI, 114, 116, 118. XII, 305. Sind das Mühlwehr und die Einlaßfalle Gegenstand des Privateigenthums? I, 275. XI, 115, 116. XII, 305, f. auch unten Civilrecht, Hauptstück VII, 1, und Oeffentliches Recht 2. d., 7. — Pertinenzen. Verbot der Veräußerung einer solchen, insbesondere eines Hofes von einem Haus weg, IX, 49. Mühlwehr und Mühlcanal Zubehörungen der Mühle, XI, 116. Baulast in Bezug auf die Zubehörden einer Kirche, II, 62. Erforderniß der Beschreibung einer Gesammtheil beweglicher Zubehörden einer Liegenschaft im Falle ihrer Verpfändung, XIV, 351.

E. Von den Handlungen.

1. **Handlungsfähigkeit.** a) **Minderjährige.** Dieselben in der Regel unfähig, sich zu verpflichten, III, 174. XII, 51. XV, 154. Deren Verpflichtungsfähigkeit in Gewerbesachen, XII, 29. Veräußerungsverträge XII, 35. Ausschluß der Restitution, XII, 29. 36. Umfang der Verpflichtung, XII, 37. Dienstverträge Minderjähriger, XII, 45. Ausschluß der Restitution, XII, 38. Verhältniß zum Nutznießungsrechte der Eltern, XII, 39. 49. Haftung der Minberjährigen im Fall ihrer Bereicherung; Beweislast, XII, 389. 390. XV, 419. f. auch Hauptstück IV, B. 1. 2. C. 1. — b. **Verschwender.** Entmündigung eines solchen setzt Vermögenszerfall voraus, III, 149. Beschwerderecht bei Problgallitätserklärungen, III, 169. VI, 319. — c. **Ehefrauen**, f. Hauptstück III, zweiter Theil, 18 b) und Hauptstück IV, A. 7. — d. **Hausfinder** f. Hauptstück IV, B. 1. — e. **Gantmann** f. Konkursprozeß IV, G. 10, a. — f. auch Testirfähigkeit, Hauptstück V, C. 1., Wechselfähigkeit, Hauptstück VIII D. 1.

2. **Mängel der Willensbestimmung. a. Irrthum.** Thatsächlicher Irrthum auch die unrichtige Subsumtion der Thatsachen unter die Rechtsregel, IV, 418. Rechtsirrthum einer rechtsunkundigen Partei entschuldbar im Fall unrichtiger Belehrung durch die Obrigkeit, VI, 148. Unentschuldbarer Irrthum schließt den guten Glauben nicht aus, XII, 218; auch nicht die Klage wegen Verletzung über die Hälfte, III, 366. Irrthum in Bezug auf den Beweggrund, XIII, 292. Irrthum über die Nichtexistenz der vorausgesetzten Beschaffenheit des Vertragsgegenstandes kein Irrthum über diesen, XIV, 123. Beweis des Irrthums bei der conditio indebiti, XIV, 199. Irrthum über den Inhalt der Vertragsurkunde bei einem Liegenschaftsverkauf, VI, 180. X, 453. 457. XIV, 137. Einfluß des Irrthums auf die unbeanstandete Annahme eines Frachtstückes, IV, 127. VI, 206. Irrthum über die aus einem Geständniß abzuleitenden Folgen,

IV, 444. Irrthum bei einem Schuldanerkennungsvertrag, insbesondere einer Abrechnung, XII, 426. XV, 166. Irrthum über die Fähigkeit eines Testamentszeugen, XIII, 307. Irrthum bei einem Vergleiche IV, 161. — b. Zwang bei einer Testamentserrichtung, XIII, 293. — c. Betrug. Exceptio doli generalis beseitigt die Wirkung der Unterlassung der Formvorschriften des Liegenschaftsgesetzes nicht, XI, 174. Dolus, durch bloses Schweigen begangen, XV, 130. Einrede des Betruges im Wechselverfahren, II, 509. Frist zur Dispositionsstellung mangelhafter Waaren im Falle eines Betruges, X, 263. Rathsertheilungen durch Privaten im Falle der Arglist Grund zu Schadensersatz, XV, 168.

3. Willenserklärung. Simulation beider Parteien; Beweislast, IV, 195. Einrede der einseitigen Simulation bei einem Vertrag, VI, 159. Eidszuschiebung über die Absicht einer Partei bei dem Vertragsschluß, VI, 269. Einrede der Simulation im Wechselverfahren, II, 510. Scheinvertrag zur Umgehung eines verbietenden Gesetzes, XIII, 166. Formloser Widerruf eines Testaments durch Handlungen, XIII, 176. 404. XII, 282. Stillschweigende Willenserklärung einer Gemeinde- oder Amtskorporation, VI, 156. IX, 42. XIV, 342. Vornahme von Veränderungen an mangelhafter Waare begründet Acceptation, X, 255. Nichtübereinstimmung der Vertragsurkunde mit den vorausgegangenen mündlichen Vertragsberedungen bei Liegenschaftsverkäufen, X, 449. XIV, 137. f. auch Hauptstück III, 1. Theil, III, 3.

4. Stellvertretung f. Hauptstück III, 1. Theil, III, A, 5.

5. Nebenbestimmungen. Sinn der Regel, daß eine Bedingung für erfüllt gilt, wenn der Verpflichtete die Ursache des Nichteintrittes ist, VII, 75. XII. 215. Sind bedingte Verträge resp. bedingte Kaufverträge nach würtl. Rechte reubar? II, 208. Einfluß der Nichtexistenz oder des Nichteintritts einer Voraussetzung auf die Wirksamkeit einer unter dieser Voraussetzung erfolgten Willenserklärung, VI, 157. Nichtgeschriebene Nebenberedungen bei Liegenschaftsveräußerungen, X, 419. XII, 293. Beifügung einer auf den Tod des Erben gestellten Zeitbestimmung zu einem Vermächtniß, XIII, 432. Beschränkung des Acceptes durch eine Bedingung, V, 255.

F. Besitz.

Oeffentliche Sachen, insbesondere öffentliche Gewässer kein Gegenstand eines civilrechtlichen Besitzes I, 253. 266. 267. 269. 271. Einzelne Verfügungen über ein Grundstück (Beweiden, Verpachten, Holzfällen, Steuerzahlung) als Besitzhandlungen, IX, 82. Besitzerwerb durch eine Gemeinde; Benützung eines Platzes als Fußweg beweist nicht für den Eigenthumsbesitz; Beweiskraft des Steinsatzes und der Landesvermessungsbalken für Besitz, IX, 38. Constitutum possessorium bei von einem Orte zum andern versandten Waaren, XII, 493. Verlust des Besitzes nach Einleitung des Prozesses; Schadensersatzpflicht, XIII, 229. Erfordernisse der juris quasi possessio, I, 257. 425. 434. 437. 442. 443. 444. 456. III, 385. IV, 302. IX, 62. XIV, 103. 107. XV, 138. Ist die Abwesenheit der vitia possesionis bei der 30jährigen Servitutenersitzung nothwendig? V, 138. Interdictum retinendae possessionis; dessen Verjährung, IV, 157. Der mit demselben nachgesuchte Schutz erfordert die Behauptung und den Nachweis des gegenwärtigen Besitzes, IX, 39. Erforderniß des Nachweises des Rechtstitels des Besitzes, I, 272. Provisorische Verfügungen in Bezug auf den Besitzstand verändern diesen nicht, IV, 160. f. auch Civilprozeß, G. 8.

G. Unvordenkliche Verjährung.

Sie ist keine erwerbende Verjährung, sondern nur Ersatz für den Beweis der Rechtsbegründung, VII, 343. X, 117. 119. 120. XI, 117. XII, 374. Verhältniß derselben zum Verbote der neuen Begründung eines Rechtes, X, 116. Auch die unvordenkliche Verjährung erfordert juristischen Besitz, I, 257. 425. 434. 437. 442. 443. 444. 447. 456. III, 385. IV, 302. IX, 62. XIV, 107. XV, 134. 263. 276. 278. 284. 289. 305, 318. 365. Ausschluß der Wirksamkeit der unvordenklichen Verjährung durch den Beweis, daß das Recht durch Nichtgebrauch erloschen sei, XII, 374. Dieser Beweis Sache des Gegners, XII, 375. Bedingung einer gleichförmigen Ausübung in geregeltem Umfang, IX, 72. Die Berufung auf Verjährung bei Verhältnissen des öffentlichen Rechtes genügt nicht zur Begründung der civilrichterlichen Kompetenz, I, 411. II, 15. 142. 311. 315. XII, 311. XIV, 14. XV, 133. Unvordenkliche Verjährung bei dem Waldstreunutzungsrechte, IX, 71, 72. f. auch Hauptstück VII, Wasserrecht, 4. c.

Hauptstück II.
Dingliche Rechte.
A. Eigenthum.

1. **Gegenstand des Eigenthums.** Eigenthum an einem öffentlichen Fluß und der Wasserkraft nicht möglich, I, 263. 274. 275. Eigenthum am Flußbett, Mühlwehr, an einem Kanal, f. oben I. D.

2. **Beschränkungen des Eigenthums an Grundstücken.** Recht der Nachbarn zur Einsprache gegen einen ihre Personen und den Genuß ihres Eigenthums wesentlich störenden Gewerbebetrieb im

Nachbargebäude, I, 136. XIV, 246. 312. XV, 373; insbesondere aus privatrechtlichen Gründen, I, 143, 144. 159. XI, 122. f. auch öffentliches Recht 7. Voraussetzung für die Einräumung eines Nothwegs; stillschweigende Errichtung desselben, III, 381. Abcitation bei der Klage auf Einräumung eines Nothweges zulässig? IV, 166. Verbot der Veräußerung eines Hofraums von einem Hause weg, IX, 43. Beschränkung des Grundeigenthümers in der Verfügung über die auf seinem Grundstück entspringende Quelle, I, 257. 494. 433. 445. IX, 54. 57. 58. 60. s. auch öffentliches Recht 7. c. Die neue Bauordnung für Württemberg, XV, 348.

3. Eigenthumserwerb. a. Tradition. Die Nichtigkeit des Rechtsgeschäftes, in Bezug auf welches die Tradition stattfand, hindert in der Regel den Eigenthumsübergang nicht, XIII, 231. Erforderniffe des Eigenthumsüberganges durch Tradition bei nach Qualität und Quantität bestellten und dem Besteller übersandten Waaren, XI, 119. XII, 433. Bedeutung des Eigenthumsvorbehaltes nach gemeinem und nach württ. Rechte, XV, 209, VI, 185. Eigenthumserwerb durch eine Gemeinde; Beweiskraft des Steinsatzes und der Landesvermessungskarten für das Eigenthum, IX, 36. — b. Ersitzung. Guter Glaube durch die Unentschuldbarkeit des Irrthums nicht ausgeschlossen. XII, 219.

4. Miteigenthum. Gibt es ein gesondertes Eigenthum an einzelnen Stockwerken und Gelassen eines Hauses? XII, 329. XIII, 193. insbesondere: Grundsätze des römischen Rechtes, XII, 334. XIII, 194. 196. Deutsche Rechtsanschauung XII, 337. XIII, 200. württembergisches Gewohnheitsrecht? XII, 342. XIII, 195. 220. 221. Die ältere württ. Gesetzgebung, XII, 356. XIII, 223. Gebäude- und Primärkataster, XII, 359. Verfügungen der Eigenthümer eines nach Stockwerken und Gelassen getheilten Hauses über einzelne Theile desselben, XIII, 231. Können durch Vertrag über die Unzulässigkeit der Theilung eines gemeinschaftlichen Hauses die Singularrechtsnachfolger gebunden werden? XIII, 217. Der bestimmungsgemäße Gebrauch einer gemeinschaftlichen Sache durch einen Miteigenthümer kann von dem anderen nicht vermehrt werden; insbesondere Benützung eines gemeinschaftlichen Hofraums zum Ablauf von Abwasser, VI, 162. XIV, 118. Benützung einer gemeinschaftlichen Einfahrt zum Fahren, XIII, 235. XIV, 118. Unstatthaftigkeit der Theilungsklage wenn die gemeinschaftliche Benützung für die Betheiligten nothwendig ist, VI, 162. IX, 44. 444. XII, 363. Art der Theilung durch öffentliche Versteigerung oder Naturaltheilung, IX, 439. Beendigung der Gemeinschaftlichkeit des Eigenthums durch Abfindung des einen Gesellschafters bei Auflösung der Gesellschaft kein Kauf; das Liegen-

schaftsgesetz nicht anwendbar, XV, 117. Reale Theilung gemeinschaftlichen Eigenthums fällt nicht unter das Liegenschaftsgesetz vom 23. Juni 1853, XII, 236. XV, 148. Theilung des Eigenthums einer deutschrechtlichen Realgemeinde und der einer solchen nachgebildeten Genossenschaft, XII, 384. XIV, 343. Klage auf Wiederaufhebung der Theilung eines Realgemeindewaldes, XIV, 847. Zuständigkeit bei Streitigkeiten über Realgemeinderechte, XV, 76. Theilung gemeinschaftlicher Lotterieanlehensloose, II, 460.

5. **Schutz des Eigenthums.** Provokation zur Eigenthumsklage; deren Bedingungen, III, 408. Eigenthumsklage des Käufers vor Uebergabe der Sache unstatthaft, VI, 154. Actio negatoria auch gegen nur eventuell geltend gemachte Dienstbarkeitsanmaßungen zulässig, IV, 417. Freiheit des negatorischen Klägers von der Beweislast, XV, 356.

B. Dienstbarkeiten.

1. **Allgemeines.** Pflicht des Servitutpflichtigen zur Wiederherstellung der zur Ausübung der Servitut dienenden Anstalten, XII, 375. Einfluß des Gantes auf bestehende Servituten, X, 429.

2. **Grunddienstbarkeiten.** Für die deutschrechtlichen Grunddienstbarkeiten ein herrschendes Grundstück nicht nothwendig, IV, 416. VI, 376. VIII, 116. XII. 210. XIV, 849. Art. 65 des Pfandgesetzes und Art. 15 des Pfandentwicklungsgesetzes auf Realservituten nicht anwendbar. IX, 423. — **Einzelne Realservituten:** Wegdienstbarkeit, nothwendige, s. oben II, A. 2. Luft- und Lichtrecht, das Servitutrecht, dem Nachbar die Beschränkung von Luft und Licht zu untersagen, IV, 286. Realdienstbarkeit zu Gunsten eines herrschenden Gewerbetriebes ohne herrschendes Grundstück, IV, 416. VIII, 116. XII, 210. Verbot, ein bestimmtes Gewerbe in einem Hause zu treiben, möglicher Gegenstand einer Realservitut? VIII, 114. XIV, 349. — Ueberfahrtsrechte; Kompetenz zur Entscheidung über deren Fortbestand nach Art. 40 des Gesetzes vom 26. März 1862, VIII, 135. — Weiderechte. Das Weiderecht auf fremdem Grund und Boden eine privatrechtliche Servitut, soweit es nicht aus dem Marktungsverbande abgeleitet wird, VI, 877. 392. Für Schafweiderechte ein herrschendes Grundstück keine nothwendige Voraussetzung; Zulässigkeit ihrer Veräußerung ohne ein solches, IV, 416. VI, 878. Recht zu Kulturveränderungen auf dem weidedienstbaren Grundstück, Anlegung desselben zu Wald, X, 100. Ablösbarkeit der Uebertriebsrechte; Begriff derselben, II, 133. 146. XII, 200. Voraussetzung ihrer Ablösung durch die Gemeinde, XII, 206. Die Ablösung eines Uebertriebsrechtes bedarf der Zustimmung der Fideikommiß- oder

Lehensagnaten oder des Lehensherrn nicht, VIII, 116. Das Verbot der Begründung neuer Schafweidedienstbarkeiten anwendbar auf Schafweiderechte in Waldungen, X, 107. Anwendung dieses Verbotes auf den Erwerb solcher Rechte durch Ersitzung, X, 115; nicht aber durch unvordenkliche Verjährung, X, 116. Das Weiderecht des Eigenthümers im Verhältniß zu einer bestehenden Schafweidegerechtigkeit, XIV, 100. 102. 104. s. auch Oeffentliches Recht 2. r. 5, c. Das Streunutzungsrecht kein nothwendiges annexum des Waldweiderechtes, IX, 63. XIII, 237. Frage der privatrechtlichen Natur des Streunutzungsrechtes, IX, 63. Herkommen und unvordenkliche Verjährung bei demselben, IX, 71. 72. Gegen die unbeschränkte Ausübung der Laubstreunutzung zu jeder Zeit kann sich auf forstwirthschaftliche Rücksichten nicht berufen werden, XIII, 144. Leseholzgerechtigkeit der armen Bürger einer Gemeinde in den einem Dritten gehörigen Waldungen Gegenstand einer Rechtserwerbung; Vertretung der Berechtigten durch die Gemeinde, XIII, 150. — Die Benützung des Abwassers aus öffentlichen Brunnen für Privatzwecke im Zweifel kein Recht begründend, XIV, 107. XV. 184.

3. Erwerb der Servituten. a. Durch Vertrag. Inwiefern bedarf der Vertrag über Bestellung einer Realservitut, insbesondere im Falle ihres Vorbehaltes auf einem verkauften Grundstück, der gerichtlichen Genehmigung? I, 363. 366. 371. VI, 156. IX, 84. 85. Ist bei einer vorbehaltenen Realservitut das Erkenntniß über die Realservitut in dem gerichtlichen Erkenntniß über den Kaufvertrag schon enthalten? IX, 88. X, 280. Die gerichtliche Bestätigung der vertragsmäßigen Bestellung einer Realservitut kann im Rechtswege nicht angefochten werden, X, 432. Kann aus einem Vertrag über Bestellung einer Realdienstbarkeit auf Einholung des gerichtlichen Erkenntnisses geklagt werden? X, 109. b. Durch Ersitzung. Beschaffenheit des zur Erwerbung einer Realdienstbarkeit durch Verjährung erforderlichen Besitzstandes, I, 257. 434. 442. 444. 456. III, 365. IV, 302. IX, 62. XIV, 103. 107. XV, 134. Gehört zur partikularrechtlichen 30jährigen Prädialservitutenersitzung die Abwesenheit der vitia possessionis? I, 441. V. 138. Schafweiderechte können auch durch Ersitzung nicht mehr erworben werden, X, 115.

C. Superfiziarrecht (Platzrecht).

Dasselbe steht nicht in nothwendiger Verbindung mit einer obligatorischen Basis, XIII, 202. Superfiziarrecht an einzelnen Stockwerken oder Gelassen eines Hauses, 204. Eigenthümer des ganzen Hauses ist, dem der Baugrund gehört, 208, 211. Vertheilung der Baulast, 213. Rechte des Superfiziars im Falle der Vernichtung des

Gebäudes, 215. Uebergang des Rechtsverhältnisses auf Universal= und Singularsuccessoren, 216, f. auch Miteigenthum, oben II, A, 4.

D. Pfandrecht.

1. **Unterpfandsrecht.** Der Pfandrechtstitel der milden Stiftungen gegenüber ihren Verwaltern kommt auch den katholischen Pfarrpfründen zu, XIII, 267. Zuständigkeit des Gemeinderaths des Markungs= resp. Steuerorts für Unterpfandsbestellungen, II, 132, 178. Giltigkeit einer unter Mitwirkung eines hiezu nicht legitimirten Pfandhilfsbeamten erfolgten Unterpfandsbe= stellung, III, 275. Das durch Art. 65 des Pfandgesetzes dem Pfandgläubiger gegen Dritte gegebene Recht bezieht sich nicht auf Realservituten, IX, 423, wohl aber auf Reallasten, Leibgedinge und Wohnungsrechte, I, 364, 373, 375, 385. IX, 424. Umfang des Vor= zugsrechtes des Pfandgläubigers in 4. Klasse, IV, 45. Der Ein= tritt eines Pfandgläubigers an die Stelle eines andern auf dieselbe Sache versicherten Gläubigers setzt vollständige Befrie= digung des letzteren voraus, XII, 211. Erlöschung des Unter= pfandsrechtes durch Zahlung; künstlicher Beweis der Zahlung, XII, 213. Unerheblichkeit eines unbefugten Verzichtes eines Gemeinde= pflegers für das Bestehen des Pfandrechtes; Schadensersatzklage gegen ihn nondum nata, IV, 176. Löschung des Unterpfands bewirkt für sich keine Erlöschung des Pfandrechtes, IV, 159. Erforderniß der Beschreibung einer Gesammtheit von beweglichen Zubehörden einer Liegenschaft im Falle ihrer Verpfändung, XIV, 351. Voraussetzungen der Verantwortlichkeit der Unterpfandsbehörde wegen unrichtigen Anschlags der Unterpfänder, VI, 215. Deren solidarische Haftbar= keit mit der Einrede der Theilung, VI, 229. Sie haftet nur für culpa lata, VI, 215. Die Regreßklage zulässig im Falle des Nach= weises, daß die Auskragung des zunächst Haftenden erfolglos wäre, XIV, 141.

2. **Faustpfandrecht.** Faustpfandbestellung für eine künf= tige Forderung; insbesondere zur Sicherung der künftigen Re= greßforderung eines Bürgen, XI, 126. Erforderniß der Ausstellung einer Urkunde, XI, 123. Bezeichnung des verpfändeten Gegenstands in der Urkunde, 123. Bezeichnung der Forderung in der Urkunde; Bestimmung der Summe und des Schuldgrundes nicht erforderlich, 132, 133. Bezeichnung der Forderung und des verpfändeten Ge= genstands in derselben Urkunde, 133. Uebergabe des Pfandgegen= standes, 134. Aufbewahrung in einem vom Gläubiger gemietheten Lokale des Schuldners, 135. Desgleichen in einem vom Schuldner gemietheten und benützten Lokale des Gläubigers, 136. Desgleichen

in Lokalitäten eines Dritten, 136. Faustpfandbestellung für Mehrere; Uebergabe des Gegenstands, 137. Gleichzeitigkeit der Ausstellung der Urkunde und der Uebergabe des Pfandgegenstandes nicht erforderlich, 138. Verpflichtung des Faustpfandgläubigers zur Ablieferung des Faustpfandes in die Konkursmasse des Schuldners, X, 419. XIII, 252, auch im Fall eines eingeräumten Selbstverkaufsrechtes, XIII, 259. Die Einforderung des Faustpfands zur Konkursmasse wird mit der Eigenthumsklage geltend gemacht, XI, 290. Bewilligung der Veräußerung kaufmännischer Faustpfänder im Fall des Konkurses des Schuldners; Zuständigkeit, IX, 984. XIII, 253. Veräußerung einer verfaustpfändeten Forderung durch den Forderungsberechtigten zulässig, XIV, 121.

3. Allgemeines. Appellationssumme bei Pfandklagen, III, 418.

Hauptstück III.
Recht der Obligationen.
Erster Theil.
Allgemeine Lehren.

I. Arten der Schuldverhältnisse.

Theil- und Gesammtschuldverhältnisse. Solidarischen Mitschuldnern steht die Einrede der Theilung nicht zu, III, 390. Regreßrecht bei Gesammtschuldverhältnissen nur im Fall eines besonderen Rechtsverhältnisses zwischen den Genossen zulässig, IX, 96, 386, 127. XII, 225. Fortdauer der solidarischen Obligation nach dem Tode eines Mitverpflichteten für die andern im Falle eines Verpflegungsvertrages, III, 401. Einfluß des von einem Gesammtschuldner abgeschlossenen Nachlaßvergleiches auf die übrigen, XII, 224. Solidarische Haftbarkeit mehrerer Vollmachtgeber für die vom Bevollmächtigten gegen Dritte übernommenen Verbindlichkeiten? XI, 1. XIV, 317. Solidarische Haftbarkeit einer Ehefrau im Fall einer von beiden Eheleuten unterschriebenen Wechselerklärung ohne Beobachtung der Interzessionsformen nicht begründet, II, 494, 495. III, 173. V, 275. XII, 165. Solidarische Haftbarkeit bei Tödtung oder Körperverletzung in Raufhändeln? III, 149. V, 118. Solidarische Haftbarkeit der Unterpfandsbehörde, VI, 215, 223 ; der Erwerbs- und Wirthschaftsgenossenschaften, XII, 123, 124, 131, 135.

II. Gegenstand der Schuldverhältnisse.

1. Zinsen. Unanwendbarkeit des Wucherverbotes auf wechselfähige Personen, XIII, 263. Zinsmaß bei Wechseln, II, 504. Die Zinsverbindlichkeit des Wechselverpflichteten wird durch Prolongation

nicht verändert, II, 509. Verzinsung der Wechselregreßsumme, II, 506. Die vom Wechselregreßpflichtigen zu zahlenden Zinsen keine Verzugszinsen, sondern ein Theil des Interesse, XIV, 409. Zinsversprechen im Wechsel, II, 496. Einfluß des Gantes auf den Beginn und Lauf der Verzugszinsen, IV, 189. X, 422. Bedingung für die Haftbarkeit des Cedenten für Zinse aus der übertragenen Forderung, XV, 414. Wirkung der Kompensation auf Zinsen, XI, 12. Zinsen aus dem Streitgegenstand ohne Anrufen der Partei nicht zuerkennbar, IV, 278. Können Prozeßzinsen auch ohne Verzug des Schuldners gefordert werden? VI, 198. X, 61. Fälle, in welchen solche gefordert werden können, X, 74. Höhe derselben, X, 75. Verlust derselben wegen unterlassener Benachrichtigung des Vormanns im Falle einer Wechselregreßklage, II, 509.

2. Schadenersatz. Schadenersatzklage ohne gleichzeitige Liquidation des Schadens in der Regel nicht zulässig, IV, 167, 195. Zulässigkeit einer Klage auf Ersatz eines durch künftige Handlungen drohenden Schadens, I, 428, 431. Ersatzpflicht wegen des durch Unterlassungshandlungen verursachten Schadens, VI, 224. Einfluß des Urtheils des Strafrichters auf die Entscheidung des Civilrichters, III, 160. Schadenersatzpflicht wegen Tödtung, VI, 226. Solidarische Haftbarkeit bei Tödtung oder Körperverletzung in Raufhändeln? III, 148. V, 118. Klage auf Ersatz noch nicht bezahlter Kurkosten zulässig, III, 395. Schadenersatzklage gegen einen Handlungsagenten wegen nicht erfüllten Vertrags, XII, 410. Voraussetzungen der Schadenersatzpflicht im Falle des Verzuges des Käufers und des Verkäufers, III, 401. IV, 418. VI, 170. IX, 405, 407. XII, 446. XIII, 185. XIV, 171, 179. Schadenersatzpflicht des Assignatars wegen Nachlässigkeit in der Mandatsausführung dem Assignanten gegenüber, III, 145. Schadenersatzpflicht eines Dritten im Falle der Verkürzung der Gläubiger eines in Gant gerathenen Schuldners durch Zahlungen, welche durch den mit der Insolvenz des Schuldners bekannten Dritten veranlaßt wurden, insbesondere des Bürgen für die bezahlte Schuld, XI, 197. XIV, 142. Schadenersatzpflicht bei der Flößerei, Schiffahrt, I, 428, 431. Schadenersatzpflicht bei der actio aquae pluviae arcendae, II, 309. Voraussetzung des Schadenersatzes für Beschädigung eines Grundstückes durch das Nachbargrundstück, VI, 151. Schadenersatzpflicht im Falle des Verlustes des Besitzes nach Einleitung des Prozesses, XIII, 229. Schadenersatz wegen gebrochenen Eheverlöbnisses, XII, 392. Schadenersatzklage gegen einen Gemeindepfleger wegen unbefugten Verzichts auf ein Unterpfand; actio nondum nata, IV, 176. Haftung der Unterpfandsbehörde wegen unrichtigen Anschlags der Unterpfänder, VI,

215. Schadenersatzpflicht des Vormunds wegen ungenügend gesicherter Anlage von Pflegschaftsgeldern, IV, 177. XII, 400. Haftung der Vormundschaftsbeamten im Falle eines durch Verletzung ihrer Pflichten entstandenen Schadens, III, 147. Schadenersatzpflicht des Vermiethers bei vorzeitiger Austreibung des Miethers in Folge des Verkaufs der Miethlokale, XV, 149. Schadenersatzpflicht des Verpächters wegen Störung des Pächters im Genusse des Pachtobjektes im Falle einer Verschuldung, XV, 151. Pflicht des böslichen oder grob fahrlässigen Erwerbers eines abhanden gekommenen Wechsels zum Schadenersatz, XIV, 407. Schadenersatzklage gegen einen als Gast im Wirthshaus anwesenden Schultheißen auf Grund einer dort ertheilten Auskunft unstatthaft, XV, 166. Schadenersatz wegen Rathsertheilung von Privaten nur im Falle der Arglist zulässig, XV, 168. Wirklicher Verlust des Lebensunterhalts die Bedingung eines Anspruchs auf Alimente wegen Tödtung, XV, 169. Schadensersatzpflicht des Staates für den durch pflichtwidrige Beamte zugefügten Schaden? XV, 21.

III. Entstehung der Schuldverhältnisse.

A. Von den Schuldverträgen.

1. **Fähigkeit der Personen zu deren Eingehung**; s. oben Hauptstück I, E, 1.

2. **Gegenstand der Verträge.** Ungiltigkeit eines Vertrages wegen Mangels eines bestimmten Inhalts, VI, 161. Vertrag über Sachen eines Dritten, XI, 162, 167. Versprechen der Leistung eines Dritten, IX, 892. Das Versprechen eines Kuppelgeldes klagbar? III, 191, s. auch unten 2. Theil, I, 1, b.

3. **Willenserklärung.** S. oben Hauptstück I, E, 2, 3. Die zusammenstimmenden Erklärungen der Parteien müssen mit der Absicht, ein bindendes Versprechen zu geben und anzunehmen, geschehen sein, IX, 374. Vertragsabschluß, Telegramm und Brief eines Agenten; Widerruf durch Telegramm, IX, 378. XII, 429. Stillschweigen auf ein briefliches Offert, IX, 876. X, 242, 245. XII, 426.

4. **Form der Verträge.** Im Falle der Abhängigmachung der Verbindlichkeit einer Willenserklärung von Einhaltung einer Form ist der auf diese Verpflichtung gerichtete Vertrag ohne diese Form nichtig, X, 112. Anders, wenn die Form nur für die Entstehung des durch den Vertrag zugesagten Rechtes vorgeschrieben ist, X, 114. Inwieweit richtet sich die Form eines obligatorischen Vertrages nach den Gesetzen des Eingehungsortes? Jurisdiktionsvertrag mit Baden und Bayern, IX, 864. XI, 176. XIII, 225. XV, 139, s. auch unten, 2. Theil, I, 1, b.

5. **Stellvertretung.** Verträge, durch einen Stellvertreter innerhalb seiner Befugniß im Namen des Vertretenen mit Dritten geschlossen, bewirken ein unmittelbares Verhältniß zwischen ben beiden letzteren, XI, 1. XII, 411. Beurtheilung des Willens und seiner Erklärung nach der Person des Stellvertreters, XI, 5. Beweislast bei einem Vertragsschluß mit einem angeblichen Bevollmächtigten im Fall einer Klage gegen den Dritten resp. den Bevollmächtigten, XII, 414. Haften mehrere Vollmachtgeber für die von ihrem Bevollmächtigten gegen Dritte übernommenen Verbindlichkeiten als Gesammtschuldner? XI, 1. XIV, 817. Wer ist im Falle der Schließung eines Vertrages durch den Agenten eines Dritten als Kontrahent zu betrachten? XI, 142. Bedeutung eines Briefes und Telegramms eines Agenten für den Vertragsabschluß, IX, 278. XII, 429. Bei Rechtsgeschäften zwischen dem Geschäftsführer und dem Geschäftsherrn die Vertretung Jenes durch Diesen nicht zulässig, III, 889.

6. Nebenbestimmungen, s. Hauptstück 1, E. 6.

7. **Konventionalstrafe.** Wirkung der Kompensation für Konventionalstrafen, XI. 12. Die einem zur Umgehung eines Gesetzes abgeschlossenen Vertrag angehängte Konventionalstrafe mit jenem hinfällig, XIII, 166. Konventionalstrafe zur Bestärkung eines ungiltigen Eheversprechens unwirksam, XV, 170.

8. **Wirkung der Verträge unter den Kontrahenten; Allgemeines.** Einseitiger Rücktritt vom Vertrag auch im Falle der mora des andern Theiles in der Regel nicht zulässig, III, 401. IV, 418. VI, 168. Ausschluß der Einrede des nicht erfüllten Vertrages durch Bereiterklärung des Klägers zur Erfüllung seiner Leistung, VI, 162; ebenso der Einrede des nicht gehörig erfüllten Vertrages durch Annahme der mangelhaften Leistung des Klägers von Seiten des Beklagten; Abschlagszahlungen, VI, 164. XII, 437. XIV, 361. Unmöglichkeit der Erfüllung eines Vertrages wegen schon zur Zeit des Vertragsschlusses entgegenstehender Hindernisse; Kenntniß dieser Hindernisse von Seiten des Mitkontrahenten, VI, 168.

9. **Gewährleistung wegen Entwährung.** Streitverkündigung die regelmäßige Bedingung des Entschädigungsanspruchs; Ausnahmen von der Rothwendigkeit, IV, 162. Die Entscheidung der zuständigen Administrativjustizbehörde geeignet, den Rechtsgrund der Entwährungsklage zu bilden, XV, 132. Haftung des Forderungsberechtigten für den Verkauf einer verfaustpfändeten Forderung XIV, 121.

10. **Refzission wegen Verletzung über die Hälfte.** Die Verletzungsklage durch unentschuldbaren Irrthum nicht ausgeschlossen, III, 336.

11. **Gewährleistung wegen physischer Mängel.** Gehört die Lungenseuche des Rindviehs in Württemberg, Baden und Hohenzollern zu den gesetzlichen Gewährmängeln? VIII, 409. Gegenbeweis gegen die Rechtsvermuthung des Vorhandenseins eines Hauptmangels bei Hausthieren zur Zeit der Uebergabe im Falle des Hervortretens des Mangels während der Gewährfrist; insbesondere beim Koppen der Pferde, IX, 409. Uebersicht der Gewährsmängel bei Hausthieren nach verschiedenen Gesetzgebungen, IX, 412. Ort der Restitution einer veräußerten Sache im Falle der Aufhebung des Vertrages wegen Mängeln der Sache, IX, 418. Kann der Käufer Preisminderung wegen Mängeln des Kaufgegenstandes verlangen, wenn er diesen inzwischen mit Vortheil weiter verkauft hat XI, 178. Beweislast beim Streit über das Vorhandensein vertragsmäßiger Beschaffenheit des Kaufgegenstandes, XI, 179. f. auch Hauptstück VIII, A. 11. und Zivilprozeß O. 4.

12. **Einfluß der Verträge auf Dritte.** Unmittelbare Wirkung der zu Gunsten Dritter geschlossener Verträge für die Dritten, XIII, 441. 446. 452. I. 362. Wirkung einer von einer Gemeindebehörde zu Gunsten eines Gemeindeangehörigen getroffenen Stipulation, I, 401.

B. **Entstehung der Schuldverhältnisse durch unerlaubte Handlungen.**

f. oben Hauptstück III., erster Theil, II, 2. Apellabilität bei Ersatzforderungen wegen einer widerrechtlichen Handlung, III, 417.

IV. **Erfüllung des Schuldverhältnisses.**

1. **Ort der Erfüllung.** Erfüllungsort bei Lieferungsverträgen nach Handelsrecht, XIII, 189. Ort der Restitution einer veräußerten Sache im Falle der Aufhebung des Vertrages wegen Mängeln der Sache, IX, 418. Wechselzahlungsort; f. unten Wechselrecht zu Art. 4, 8. 8. Art. 6. 21. 41. 52. 75. 76. 97. 99.

2. **Zeit der Erfüllung.** Folgen der Ertheilung einer Borgfrist an den Schuldner für den Bürgen bei einer belagten Forderung, IX, 213. XV, 164. Bedeutung einer Borgfrist für eine Handelsschuld, bis der Schuldner nach seiner eigenen moralischen Ueberzeugung in der Lage sei, zu bezahlen, XIV, 178. Zahlung einer Schuld vor der Verfallzeit, III, 191. XII, 52. 57. Eine Zeitbestimmung für die Zahlung ist im Zweifelsfalle zu Gunsten des Schuldners, III, 191. XII, 57. Bedingungen für die Verpflichtung des Gläubigers zur Annahme der vorzeitigen Zahlung, insbesondere

bei Zielerschulden, III, 191. XII, 58. 61. 66. Zahlung zur ungelegenen Zeit, XII, 68. Bis zu welchem Zeitpunkte sind bei vorzeitiger Zahlung einer verzinslichen Schuld die Zinsen zu bezahlen? XII, 58. 62. 74. Regelmäßige Unzulässigkeit des Abzuges des Interusurium bei vorzeitiger Zahlung einer unverzinslichen Schuld, XII, 69. Ausnahmsweise Zulässigkeit desselben bei gezwungener Zahlung, XII, 73. Abzug desselben bei Zahlung einer Schuld im Ganze vor der Verfallzeit zulässig? XII, 219. Wechselzahlungszeit, s. unter Wechselrecht zu Art. 4. 21. 22. 24. 30f. 75. 76. 96. 93.

3. Beneficium competentiae. Die vorangegangene Verwendung des Vermögens des Gemeinschuldners zur Befriedigung der Gläubiger Voraussetzung desselben, XII, 403. Ebenso unverschuldeter Vermögenszerfall des Schuldners IX, 450. XII] 5. Dürfen bei seiner Zulässigkeit die neuen Schulden vom Aktivvermögen abgezogen werden? XII] 1. Ueber die bestrittene Einrede kann nur durch gerichtliches Erkenntniß entschieden werden, VIII, 142. IX, 450. XI. 281. XIII, 6. Kann im Falle der Berufung auf die Rechtswohlthat zur Konstatirung des Vermögensstandes eine Vermögensuntersuchung angeordnet werden? VIII, 142. IX, 450. Verjährung einer im Ganze durchgefallenen Forderung im Falle der Rechtswohlthat der Kompetenz, X, 136. Im Falle des Verzichtes eines Gläubigers auf Befriedigung aus der Ganzmasse unter Vorbehalt besserer Umstände des Schuldners hat dieser gegen die spätere Klage nicht die Rechtswohlthat der Kompetenz, XIII, 169. Beweislast bezüglich der Voraussetzungen der Rechtswohlthat, IX, 450. XIII, 5. XV, 409. Appellabilität im Falle des Vorschützens der Rechtswohlthat, VIII. 140.

4. Folgen der Nichterfüllung. a. im Allgemeinen: Nichterfüllung einer Obligation wegen Mittellosigkeit gleichbedeutend mit der willkührlichen Nichterfüllung, VIII, 117. XII, 219. — b. Verzug. Wann berechtigt der Verzug des einen Kontrahenten den anderen zum Rücktritt vom Vertrag: und zum Schadensersatz? III, 401. IV, 418. VI, 168. IX, 405. X, 442. XIII, 195. XIV, 171. 173. Der säumige Verkäufer hat außer der Preisdifferenz weiteren Schaden nur in Falle seiner Unvermeidlichkeit zu ersetzen, XII, 440. Recht des Verkäufers, beim Verzuge des Käufers die noch nicht übergebene Waare für dessen Rechnung zu verkaufen oder für sich zu übernehmen oder zu behalten, XII, 445. Welcher Zeitpunkt entscheidet im Falle eines Verzuges des Schuldners für die Schätzung des zu vergütenden Werthes? VI, 170. XIII, 185. XIV, 171. Präsentation zur Zahlung Bedingung für den Verzug des Wechselschuldners, XII, 184. Einfluß der Kompensation auf den Verzug, XI, 12. Einfluß

des Gantes auf den Beginn und Lauf der Berzugszinsen, IV, 189. X, 422. — e. Prozeßzinsen, s. 1. Theil, II. 1.

6. Zusammentreffen mehrerer Forderungen. Prüfung der Vorzugsrechte im Gante von Amtswegen trotz ihrer Anerkennung, IV, 448. Einfluß des Präklusivbescheides auf nicht geltend gemachte Vorzugsrechte, IV, 447, IX, 167, 205. Nachträgliche Anfechtung geltend gemachter Vorzugsrechte durch einen Gläubiger, welcher nur schriftlich liquidirt hat, X, 447. Appellabilität bei Pfandklagen und sonstigen auf bestimmte Gegenstände sich beschränkenden Vorzugsrechten, III, 413. Die Baugläubiger haben als solche kein Absonderungsrecht an den Brandentschädigungsgeldern, VI, 816. Fortdauer des Vorzugsrechtes der Kinder im Gante der Eltern trotz der Beendigung des gesetzlichen Verwaltungsrechtes, IV, 449. Bedingtsein desselben durch die wirkliche Verwaltung des Vermögens durch die Eltern, X, 171. Anwendbarkeit des Vorzugsrechtes der milden Stiftungen im Gante ihrer Verwalter auf die katholischen Pfarrpfründen, XIII, 267. Umfang des Vorzugsrechtes des Pfandgläubigers in vierter Klasse, IV, 45. Unzulässigkeit eines Vorzugsrechtes für eine künftige Forderung, insbesondere eine kaufmännische Krediteröffnung, durch Beglaubigung der darüber aufgenommenen Urkunde, IV, 450. Durch die Erhebung der Darlehenssumme nach Ausstellung des Schuldscheins das Vorzugsrecht nicht ausgeschlossen, IV, 451. Verwandte des Gläubigers oder Schuldners als Beurkundungszeugen im Sinne des Art. 16 des Prioritätsgesetzes, IV, 453. Bewirkung eines Vorzugsrechtes durch einen Zahlungsbefehl mit mehr als 30tägiger Frist, VI, 306. Der Vorzug des Allers unter den Gläubigern außerhalb des Gantes nicht anwendbar, II, 470.

V. Cession der Forderungen.

Uebertragung des Forderungsrechtes, nicht bloß des Klagerechtes, durch die Cession, X, 121. Nothwendige Cession; Uebergang der Forderungen kraft Gesetzes, ohne Hinzutritt einer Willenserklärung des bisherigen Gläubigers, IX, 95, 96, 437. X, 132. Kann ein Anspruch auf Dienstleistungen cedirt werden? X, 435. Cession eines Wechsels legitimirt zur Wechselklage, XII, 156. Cession einer Alimentenforderung zulässig, XV, 417. Veräußerung einer verfaßpfändeten Forderung durch den Forderungsberechtigten zulässig, XIV, 121. — Ist der Nachweis eines rechtsbeständigen Titels der Cession zur Begründung des Klagerechtes erforderlich? III, 147. XV, 188, 415. — Ist nach heutigem, insbesondere württemb. Rechte, die Cession litigiöser Forderungen verboten? insbesondere auch wenn der Beklagte durch die Cession nicht benachtheiligt wird? VI, 1. Die Anerkennung einer Cession durch den Schuldner noch kein Verzicht auf Einwendungen gegen die cedirte Forderung, XIII, 166. Einreden gegen den Cessionar einer Lebensversicherungspolice, XIII, 458. Bei mehrmaliger, nach einander erfolgter Cession derselben Forderung an verschiedenen Personen die Priorität des Cessionsgeschäftes entscheidend, III, 999. X, 122. Sicherstellung der Rechte des Cessionars durch Vormerkung der Cession im Unterpfandsbuche und durch Anstellung einer Klage gegen den abgetretenen Pfandschuldner, IV, 160. Klage auf Anerkennung einer Cession zulässig; ihre Begründung, III, 188, 192. VI, 258. XI, 149. XIII, 152. Uebergang der Forderung aus einem Inhaberpapier, nicht durch Cession der Forderung, sondern durch Tradition des Papiers, XIV, 124. Ausnahme bei den auf den Namen eingeschriebenen Inhaberpapieren, XIV, 126. Ist die Garantie des Verkäufers einer Forderung für ihre Einbringlichkeit eine vertragsmäßige Ausdehnung seiner gesetzlichen Gewährleistungspflicht als Verkäufer oder eine Bürgschaft? XIV, 363. Uebergang der Nebenrechte beim Forderungskauf; Voraussetzung für die Haftung des Cedenten für solche Rechte, XV, 414.

VI. Erlöschung der Schuldverhältnisse.

1. **Zahlung.** Beweiskraft von Quittungen, welche die Art und Weise der Zahlung nicht oder nicht genau enthalten, VI, 261. Gerichtliche Verweisung keine Zahlung, III, 146. Wann wirkt die Uebergabe eines Wechsels gleich der Zahlung? III, 402. XI, 150. XII, 194. Abrechnung der Zahlung oder Gegenforderung an der lästigeren Schuld, IX, 145. Voraussetzung für die Befreiung des Schuldners durch Zahlung an seinen im Gante befindlichen Gläubiger, III, 199. Uebergabe der geschuldeten Summe an die Exekutionsbehörde befreit nicht, wenn das Geld vor seinem Empfang durch den Gläubiger abhanden kommt, XII, 192. Erlöschung des Unterpfandsrechtes durch Zahlung; künstlicher Beweis der Zahlung, XII, 213. Zahlung einer Schuld vor der Verfallzeit, s. oben IV, 2.

2. **Kompensation.** Eintritt derselben ipso jure; Bedeutung des ipso jure, XI, 12. XII, 189, 223, insbesondere Einfluß der Kompensation auf den Verzug, XI, 12 und auf Konventionalstrafen, XI, 12. Illiquide Einrede der Kompensation, XI, 12. Frage ihrer Zulassung im ordentlichen Prozesse, IV, 421. XI, 26, 61, 281, im Exekutionsverfahren, IV, 421. XI, 42, 289. Ueber die Zulassung im Exekutionsverfahren entscheidet die Exekutionsbehörde, XI, 65. Sicherheitsleistung im Fall der Verweisung der illiquiden Einrede ad separatum, XI, 53. Diese Verweisung ändert nichts an den

materiellen Wirkungen der Kompensation, XI, 14, 289. Konbißirung des burch den Beklagten wegen Verwelsung der Kompensation ad separatum vorläufig Bezahlten, XI, 14, 193. Zulquibe Gegenforderungen in der Replik gegen die liquide Einrede der Kompensation zuläßig, IV, 421. Einrede der Kompensation gegen eine Wechselforderung; Zusammentreffen mehrerer zur Kompensation geeigneter Forderungen in einer Person, I, 123. II, 509. XII, 188. Kompensation von dinglichen Forderungen mit persönlichen unzuläßig, III, 103. Tilgung einer Darlehensschuld durch Kompensation mit einer Kaufschillingsforderung; Aufhebung des Kaufvertrags in Folge der Paulianischen Klage; Wiederaufleben der Darlehensschuld? IX, 420. Kompensation mit einer schon bei einem andern Gericht anhängigen Forderung zuläßig? III, 193. X, 279. Inwieweit ist Kompensation im Gante zuläßig? X, 203, 419. XI, 148. Die vertragsmäßige Kompensation kein selbständiger Grund der Erlöschung einer Obligation; ihre Unabhängigkeit von den Erfordernissen der sog. nothwendigen Kompensation, XIV, 196.

8. Novation. Unzweideutige Erklärung der Novationsabsicht durch Worte oder Handlungen nothwendig, I, 362. XI, 153. Bewirkt die Ausstellung resp. die Annahme oder Hingabe eines Wechsels für eine bestehende Schuld eine Novation? XI, 150. (VI, 415.)

4. Nachlaßvertrag. Befreit der von einem Gesammtschuldner geschlossene Nachlaßvertrag auch die übrigen Gesammtschuldner? XII, 224. Erzwungene Nachlaßvergleiche f. im Konkursprozeß G. 10. h.

5. Wegfall des Inhalts der Verbindlichkeit. Unmöglichkeit der Leistung in Folge Berlustes des Besitzes während des Prozesses; Schadenersatzpflicht, XIII, 229.

Zweiter Theil.

Die einzelnen Schuldverhältnisse.

I. Verträge und vertragsähnliche Verhältnisse.

1. **Kauf. a. Allgemeines.** Der Käufer einer Sache hat vor der Tradition keine Eigenthumsklage, VI, 154. Wirkung des Eigenthumsvorbehaltes beim Verkaufe beweglicher Sachen, VI, 185. Sind bedingte Kaufverträge nach württemb. Rechte reubar? II, 209. Wann ist der im Wege der freiwilligen resp. Zwangsversteigerung eingegangene Vertrag als geschlossen anzusehen? III, 170. Fällt die Ersteigerung von Exekutionsobjekten durch den Schuldner selbst unter den rechtlichen Begriff des Kaufes? VI, 182. XII, 445. Verkauf einer fremden Sache oder Geschäftsführung? IX, 874. Der Bezug

des Käufers an sich noch kein Grund für den Verkäufer zum Rücktritte und zur Klage auf das Interesse, III, 401. IV, 418. Weiterverkauf oder Preisgebung des Kaufobjektes nur ausnahmsweise zuläßig; Mitwirkung des Gerichtes? IV, 419. IX, 407. Wann berechtigt der Erfüllungsverzug des Verkäufers den Käufer zum Abgehen vom Vertrag? VI, 168. IX, 405. XIV, 171, 173. Uebergang der Gefahr beim Kaufe, X, 268. Einfluß des Gantes auf den Kaufvertrag, X, 418. Ist die Garantie des Verkäufers einer Forderung für deren Eindringlichkeit eine vertragsmäßige Ausdehnung seiner Gewährleistungspflicht als Verkäufer oder eine Bürgschaft? XIV, 363. Haftung des Forderungsberechtigten für den Verkauf einer verfaustpfändeten Forderung, XIV, 121. Verkauf einer persönlichen Apothekerkonzession unstatthaft, XV, 425. — b. Kaufverträge über Liegenschaften. Bedeutung der Gilligkeitserklärung eines Liegenschaftskaufes durch ein rechtskräftiges richterliches Urtheil für das gerichtliche Erkenntniß über den Vertrag, XI, 177. Auslegung des Liegenschaftsgesetzes v. 23. Juni 1853 im Allgemeinen, XI, 159. Anwendung seiner Formvorschriften und Beschränkungen auf die Veräußerung von liegenden Gütern mit einem ganzen Vermögenskomplex, VI, 179. Einrede des Irrthums über den Inhalt der Vertragsurkunde nicht ausgeschlossen, VI, 180. X, 453. XIV, 137. Bezeichnung der Person der Kontrahenten in der Vertragsurkunde; Irrthum in dieser Beziehung, VI, 186. X, 433. XI, 156. XIV, 375. XV, 429. Verkauf der Liegenschaft eines Dritten; nachgefolgte Genehmigung desselben ohne Beurkundung der letzteren, XI, 161. XIV, 376. Bestimmte Bezeichnung des Vertragsgegenstandes in der Urkunde, III, 140. VI, 181. VIII, 119. X, 434. XII, 235. XIII, 154. XIV, 372. XV, 142, 143, 144. Unrichtige Bezeichnung des Kaufschillings in Folge eines Schreibfehlers; Ausdruck in Zahlen nicht erforderlich, III, 192. XIV, 374. Bezeichnung des Ortes des Vertragsschlusses in der Urkunde, XI, 168. XIII, 254. Bezeichnung des Tages des Vertragsschlusses in der Urkunde; Berichtigung eines Schreibfehlers, XI, 170. XIII, 253. XV, 145. Die exceptio doli generalis beseitigt die Wirkung der Formversäumnisse nicht, XI, 174. Unanwendbarkeit der Formvorschriften des Liegenschaftsgesetzes im Fall des Vertragsschlusses im Auslande; Jurisdiktionsvertrag mit Baden, XI, 175. Begriff der unter das Gesetz fallenden Nebenberedungen, XII, 239. Nichtübereinstimmung der dem Gesetze äußerlich entsprechenden Vertragsurkunde mit den vorangegangenen mündlichen Vertragsberedungen, X, 447. Vertrag zur Umgehung des Gesetzes; Konventionalstrafe mit dem Vertrag hinfällig, XIII, 155. Beendigung der Gemeinschaftlichkeit des Eigenthums durch Abfindung des

einen Gesellschafters bei Auflösung der Gesellschaft kein Kauf, XV,
147. — Verbot der Veräußerung einer Hofraithe von einem
Haus weg, IX, 43. — s. auch Kauf in Hauptstück VIII, 11. —
c. Losungsrechte. Das bedungene Losungsrecht kann als dingliche Berechtigung konstituirt werden, VI, 202. Nothwendigkeit seines Eintrages im Güterbuche, VI, 204. Ausübung zum Zwecke der
Veräußerung an einen Dritten, VI, 205. Einem Antrag auf Vormerkung des bedungenen Losungsrechtes im Unterpfandsbuche muß
entsprochen werden, XII, 876. Marktlosung; deren Begriff, II, 132.
— d. Zwangsverlauf im Wege der Expropriation. Bestimmung der Verfassungsurkunde, I, 84. XV, 81. Anwendung des
§. 30 der Verfassungsurkunde nur bei (besonders erworbenen) Privatrechten, nicht bei Entziehung von Vortheilen aus der Benützung
einer öffentlichen Sache, I, 257, 452, 455. Unstatthaftigkeit der Verhinderung der im öffentlichen Interesse beschlossenen Maßregeln durch
den Richter bis zur Befriedigung der Entschädigungsansprüche, I,
427. Nachtheil der Expropriation von Theilen eines Privateigenthums, I, 167. Schätzung von Grundstücken, IX, 105, 426. XV,
408. Bei Expropriation für Korporationszwecke die Zustimmung
der Kreisregierung erforderlich, XIV, 270. — Verpflichtung der Gemeinde zum Erwerbe einer Grundfläche für eine Straße oder einen
Platz nach der neuen Bauordnung; Zuständigkeit des Civilrichters
resp. des Administrativrichters, XV, 358, 359.

2. Tausch. Einseitiger Rücktritt von einem Tauschvertrag, III.
387. Reale Theilung gemeinschaftlichen Eigenthums kein Tausch,
XII, 236. XV, 148. Einfluß des Gantes auf den Tauschvertrag, X,
418. Tauschverträge über Liegenschaften; s. Kauf.

3. Darlehen. Darlehen eines Gesellschafters an die Gesellschaft; Bedeutung seiner Mitunterzeichnung des Schuldscheines, III,
388. Beginn des Verjährungslaufes der Darlehensklage, VIII, 118.
Einrede des nichtgezahlten Geldes nach Ablauf der gesetzlichen Frist;
Unzulässigkeit des direkten Gegenbeweises gegen den Inhalt des
Schuldscheines durch Eideszuschiebung, IX, 419. Die Erhebung der
Darlehenssumme nach Ausstellung des Schuldscheines schließt das
Vorzugsrecht nicht aus, IV, 451. Tilgung einer Darlehensschuld
durch Kompensation mit einer Kaufschillingsforderung; Aufhebung
des Kaufvertrages in Folge der Paulianischen Klage; Wiederaufleben der Darlehensschuld? IX, 420.

4. Sachenmiethe. Pacht. Einfluß des Konkurses auf dieselben, X, 418, 428, 429. Verpachtung eines Handelsgeschäftes, IX,
593. Unzulässigkeit der Betreibung eines dem gepachteten gleichen
Geschäftes durch den Pächter während des Pachtes, XIV, 137. Vor-

triebsrecht des Verpächters einer Schafweide gegenüber dem Pächter, XV, 140. Schadensersatzpflicht des Verpächters wegen Störung des Pächters im Genusse des Pachtobjektes im Fall einer Schuld, XV, 151. Dessgl. des Vermiethers bei vorzeitiger Austreibung des Miethers in Folge des Verkaufes der Miethlokale, XV, 149. Der Vermiether hat zur Sicherung der aus dem Miethverhältniß erwachsenden Forderung an den vom Miether eingebrachten Sachen kein Zurückbehaltungsrecht, XV, 399.

5. Dienstmiethe. Entlaßbarkeit eines auf Lebensdauer angestellten Privatdieners wegen injuriösen Benehmens gegen die Dienstherrschaft, VI, 229. Kann ein Anspruch auf Dienste cedirt werden? X, 435. Dienstverträge Minderjähriger, XII, 45, f. Hauptstück I. E. 1. Gehilfen- oder Gesellschaftsvertrag? Kündigung wegen angeblichen Unfleißes, XII, 78. Aufhebung eines Dienstvertrages wegen Vertrauensmißbrauches, XII, 415. Der Dienstvertrag zwischen einer Maschinenfabrik und einem Ingenieur ist Handelssache, XII, 422. Zuständigkeit der Civilgerichte für Streitigkeiten über Theaterkontrakte? XV, 94. Zuständigkeit der Polizei in Streitigkeiten über Dienstbotenverhältnisse, XV, 93, f. auch Hauptstück VIII. A. 6, 7, und Civilprozeß A. 5. a.).

6. Werkverdingung. Anzeigepflicht des Werkbestellers bezüglich der Mängel des Werkes, X, 249, f. auch Frachtgeschäfte, Hauptstück VIII, A. 14.

7. Verlagsvertrag. Verbot anderweitiger Verfügung des Autors über das in Verlag gegebene Werk zum Nachtheil des Verlegers, X, 138, insbesondere durch Veranstaltung weiterer Ausgaben des ganzen oder theilweisen Werkes vor dem Vergriffensein der früheren, X, 140, 141. Begriff des Vergriffenseins, X, 142. Verbot der Aufnahme des Werkes in die einem anderen Verleger übertragene Gesammtausgabe der Werke, X, 138, 143. Berechtigung des Autors zur anderweitigen Veröffentlichung von in ein Sammelwerk durch ihn gelieferten Beiträgen, X, 144. Berechtigung des Autors zur Herausgabe einer Uebersetzung des in Verlag gegebenen Werkes, X, 151. Verbindlichkeit des Verlegers zur Vervielfältigung und zum Vertrieb des von ihm verlegten Werkes; Befreiung desselben von dieser Pflicht durch Verzögerung der Uebergabe des Werkes von Seiten des Autors, X, 439. Ist der Verleger auch zum Abdruck und zur Honorirung eines Sach- und Namensregisters eines von ihm verlegten Werkes verpflichtet? X, 445. Rechtsverhältniß gegenüber dem in Gant gerathenen Verleger, II, 164, f. auch V, 348 f. — Lehre vom Verlagsrechte und Nachdruck, systematisch dargestellt, II, 161.

8. **Mäklervertrag.** Wann hat der Mäkler einen Anspruch auf Mäklerlohn resp. auf eine nach den Dienstleistungen zu bemessende Vergütung? XI, 180. XII, 242. Zulässigkeit des Versprechens einer Belohnung Seitens beider Parteien an den Mäkler, XV, 433.

9. **Auftrag.** (Mandat.) Einhaltung der Grenzen des Auftrages Voraussetzung für die Verpflichtung des Mandanten aus dem vom Mandatar für ihn geschlossenen Geschäft, VIII, 122. Unfähigkeit des Geschäftsführers zur Vertretung des Geschäftsherrn in Geschäften zwischen ihm und dem letzteren, III, 369. Einfluß des Gantes auf das Mandat, X, 428. s. auch oben 1. Theil, III, A. 5.— Rathsertheilungen von Privaten nur im Falle der Arglist ein Grund zum Schadensersatz, XV, 168.

10. **Geschäftsführung ohne Auftrag.** Geschäftsführung oder Verkauf einer fremden Sache? IX, 874.

11. **Anweisung.** Begriff und Wesen der gemeinen Anweisung, XI, 73. XIII, 164. XV, 152. Bedeutung der Acceptation der vom Assignatar produzirten Anweisung seitens des Assignaten für das Recht des ersteren gegen den letzteren, XI, 60. XV, 152. Einwendungen des Assignaten aus seinem Rechtsverhältniß zum Assignanten nach erfolgter Annahme der Anweisung, XIII, 164. XV, 159. Nachlässigkeit des Assignatars bei Ausführung des Mandats bewirkt an sich nur Ersatzpflicht für den dem Assignanten zugegangenen Schaden, III, 145. Auch die gerichtliche Verweisung keine Zahlung III, 145. Klagerecht des Assignatars gegen den Bürgen des Assignaten, IV, 165.

12. **Gesellschaftsvertrag.** Darlehen eines Gesellschafters an die Gesellschaft; Bedeutug seiner Mitunterzeichnung des Schuldscheins, III, 388. Gesellschaftsvertrag zur Haltung einer gemeinschaftlichen Heerde; Rücktrittsbefugniß, VIII, 129. Rechtsverhältniß in Bezug auf die Accisgebühr im Falle der käuflichen Uebertragung des Antheiles eines Gesellschafters an den Immobilien der Gesellschaft auf einen anderen Gesellschafter, X, 228. Einfluß des Gantes gegen einen Gesellschafter auf die Gesellschaft, X, 428. Zulässigkeit des Gantes gegen eine Gesellschaft, X, 860. Haftung mehrerer Gesellschafter gegen Dritte, insbesondere im Falle ihrer Vertretung durch einen Bevollmächtigten, XI, 9. 11. Gesellschaft oder Gehülfenvertrag? Kündigung wegen angeblichen Unfleißes, XII, 78. Die einem Gesellschafter für seine Thätigkeit ausgesetzte jährliche Belohnung ist kein Salair, XII, 420. Beendigung der Gemeinschaftlichkeit des Eigenthums durch Abfindung des einen Gesellschafters bei Auflösung der Gesellschaft kein Kauf; das Liegenschaftsgesetz nicht anwendbar, XV, 147. Die an Grund und Boden geknüpfte Verbindlichkeit zur Theilnahme an den Kosten einer gemeinsamen Vie-

seuwässerungsanstalt kein Sozietätsverhältniß, XIV, 118. Erwerbs- und Wirthschaftsgenossenschaften, XII, 107., gemeinschaftlicher Geschäftsbetrieb, 110. Wesen derselben; keine juristischen Personen, 117. 120. Möglichkeit des Wechsels der Mitglieder, 123., solidarische Haftpflicht, 123. Ausnahmen, 123. Einwendungen gegen die Solidarhaft, 131. Beschränkte Haftung, 135.

13. Communio incidens. Ausschluß der Theilungsklage im Falle der Nothwendigkeit gemeinschaftlicher Benützung, VI, 152. IX, 44. 441. XII, 363. Ausschluß der Theilungsklage bei nach Stockwerken oder Gelassen getheilten Häusern? XII, 329. XIII, 193. Können durch Vertrag über die Unzulässigkeit der Theilung eines gemeinschaftlichen Hauses die Singularrechtsnachfolger gebunden werden? XIII, 217. Art der Theilung durch öffentliche Versteigerung oder Naturaltheilung, IX, 439. Reale Theilung gemeinschaftlichen Eigenthums fällt nicht unter das Liegenschaftsgesetz vom 23. Juni 1868, XII, 236. XV, 148. Theilung des Eigenthums einer deutschrechtlichen Realgemeinde und der einer solchen nachgebildeten Genossenschaft, XII, 334. XIV, 343. Klage auf Wiederaufhebung der Theilung eines Realgemeindewaldes, XIV, 347. Theilung gemeinschaftlicher Lotterieanlehenslose, II, 460.

14. Leibgedingsvertrag, Leibrentenvertrag. Nutzungsrechte an bestimmten Ländereien, an der Leibzuchtswohnung und vom Besitz des Gutes abhängigen Leistungen unbedingte dingliche Lasten; andere Leistungen im Zweifelsfalle nicht, I, 345. 350. 353. 361. 383. 387. Leibgedingsvorbehalte bei Uebergabe eines Bauerngutes in der Regel dingliche Lasten, I, 353. Kann der Leibgedingsberechtigte, wenn sein Käufer des Gutes weiter veräußert hat, nicht mehr gegen denselben auf Leistung klagen? I, 348. Wird durch Verwandlung der Naturalleistungen in Geld die dingliche Natur des Leibgedings aufgehoben? I, 352. Uebergang eines blos persönlichen Leibgedings mit dem Gut durch besondere Titel, I, 360. Inwiefern bedarf ein Leibgeding, Wohnungsrecht, der Insinuation des Vertrages, resp. der gerichtlichen Genehmigung? I, 363. 366. VI, 155. IX, 86. X, 230. Anwendung des Art. 66 des Pfandgesetzes und Art. 15 des Pfandentwicklungsgesetzes auf dingliche Leibgedingsrechte, I, 358. 366. 373. 377. 383. 390. 391. IX, 424. Beschränkung des Leibgedingsberechtigten, welcher sein Recht nicht gewahrt hat, auf den nach Befriedigung des Pfandgläubigers verbleibenden Rest des Kaufschillings, I, 378. Ausnahmen, I, 878. 383. Art. 68 des Pfandgesetzes auf Wohnungsrechte nicht anwendbar, I, 392. Die Vorlegung des Leibgedingvertrages zum gerichtlichen Erkenntniß noch kein Antrag auf Vormerkung des Rechtes in

ben öffentlichen Büchern behufs seiner Wahrung, I, 376. 393. Fortbauer des als Leibgeding bestellten Wohnungsrechtes trotz des Unterganges der Wohnung, XIII, 166. Verpflichtung des Leibgedingsverpflichteten zur baulichen Erhaltung der Leibgedingswohnung, XIII, 168. Einfluß des Gantes auf das Leibgeding, X, 413. Berechtigung des Leibdingers zur Aufnahme einer zweiten Ehefrau oder einer Haushälterin in die Leibgedingswohnung? X, 155. 161. 164. Ebenso zur Aufnahme von Kindern des Leibdingers? X, 159. 168. Verträge, worin das ganze gegenwärtige oder auch zukünftige Vermögen gegen lebenslängliche Verpflegung einem dritten überlassen wird, nicht nothwendig Dispositionen von Todeswegen, sondern Leibrentenverträge, XV, 434. f. auch oben Hauptstück I, 5.

15. Versicherungsvertrag. a) Gebäudebrandversicherung. Entschädigungsprinzip bei derselben, I, 188. Art und Weise der Schadensabschätzung bei Brandfällen, X, 196. Inwieweit ist der Versicherungsanschlag maßgebend? 202. Einfluß des Kaufswerthes bei der Werthsbestimmung bezüglich der Versicherung und der Entschädigung, 209. Berücksichtigung des Bauwerthes und des Zustandswerthes, 211. Eintritt des Versicherers in die Rechte des Versicherten, X, 152. Die Versicherungsbeiträge sind von dem Kirchenbaulastpflichtigen zu bezahlen, II, 83. Bei Streitigkeiten bezüglich der Brandversicherung sind die Administrativjustizbehörden zuständig, I, 195. — b) Mobiliarbrandversicherung. Beweis des Werthes der verbrannten Gegenstände; freie Beweiswürdigung, XV, 204. — c. Lebensversicherung. Beweislast im Falle der Selbstentleibung des Versicherungsnehmers, XIII, 190. Im Falle der Lebensversicherung zu Gunsten dritter Personen haben die Gläubiger des Versicherungsnehmers keinen Anspruch auf die Versicherungssumme, XIII, 433. Klage des Cessionars der Police; unwahre Beantwortung einer im Antragbogen enthaltenen Frage, XIII, 456. Die Versicherungspolice kein Inhaberpapier im rechtlichen Sinne; Amortisation, IX, 333. XIII, 462. Die Uebernahme von Versicherungen gegen feste Prämien ein Handelsgeschäft, nicht die von Versicherungen auf Gegenseitigkeit, IX, 333. Erlöschung der Lebensversicherung wegen Trunksucht des Versicherten, XV, 202.

16. Schenkung. Zur Schenkung gehört das Merkmal einer Veräußerung, XIII, 453. Zur Wirksamkeit der Insinuation die Aufnahme eines abgesonderten, vom Gemeinderathe beglaubigten Protokolls genügend, XIII, 160. Die Insinuation muß vom Schenkgeber nachgesucht werden, VI, 173. Schenkungen von durch Pfandrecht gesicherten Forderungen als solche nicht zu insinuiren, XVII, 177. Schenkungen unter Ehegatten bedürfen keiner Jusinuation VI, 178.

Ebenso nicht die Schenkung an das einzige Kind, XLII, 445. Widerruf der Schenkung einer Mutter an das Kind zulässig? VI, 173. Recht des Ehemanns, mit dem Beibringen seiner in Errungenschaftsgesellschaft lebenden Frau eine remuneratorische Schenkung zu machen, IV, 178. Der Widerruf einer Schenkung wegen nachgeborener ehelicher Kinder anwendbar auch auf im Ausland geschlossene Verträge, XV, 139. Recht auch anderer Erben, als der Kinder, zum Widerruf, cod. Welches Maaß der Schenkung zum Widerruf erforderlich? XV, 140. f. auch Schenkung von Todeswegen, Erbrecht G. 4.

17. Anerkennungsvertrag. Der Schuldanerkennungsvertrag, insbesondere die kaufmännische Abrechnung Grund einer selbständigen Obligation? Beweislast, XII, 423. XV, 164. Irrthum bei einer Abrechnung, XII, 426. XV, 166.

18. Intercessionen. a. Bürgschaft. Bürgschaft für eine belagte Verbindlichkeit; Folgen der Ertheilung einer Borgfrist, IX, 219. XV, 164. Bürgschaft für eine künftige Schuld; Kündigungsbefugniß? XII, 240. Faustpfandbestellung für die zukünftige Regreßforderung des Bürgen, XI, 126. Bürgschaft einem noch unbestimmten Gläubiger des Hauptschuldners gegenüber; Unterschiebung eines andern Gläubigers, XIII, 256. Wiefern können dem zahlenden Bürgen auch nach der Zahlung die Klagerechte des Gläubigers giltig abgetreten werden? III, 390. IX. 92. 95. 435. Regreßklage des als Selbstschuldner verpflichteten Bürgen gegen seine Mitbürgen; Einrede der Vorausklage, III, 392. Begriff eines Ueberbürgen, Verpflichtung desselben als Selbstschuldner, III, 193. Regreß gegen einen Mitbürgen; Einrede der Theilung und der Klageabtretung gegen die Ueberbürgen des Klägers, III, 394. Der Ueberbürge des als Selbstschuldner verpflichteten Hauptbürgen hat die Einrede der Vorausklage nicht, III, 394. Recht des zahlenden Bürgen auf die Klagenabtretung gegen den Käufer der für die verbürgte Schuld bestellten Unterpfänder, VI, 195. Einwendungen des Bürgen aus Versäumnissen des Gläubigers, IX, 226. XV, 162, insbesondere Folgen für die Bürgschaft, wenn der Gläubiger den Uebergang der ihm bezüglich der Forderung zustehenden Rechte vereitelt hat, IX, 236. XV, 162. Wiefern kann sich der im Gante des Hauptschuldners präludirte Gläubiger an seinen Bürgen halten? IX, 209. 229. 296. 431; Voraussetzung der Benachtheiligung des Bürgen durch die Versäumniß des Gläubigers; Beweislast, IX, 210. 211. 251. 252. Verliert der Bürge schon durch das Ganterkenntniß die Einrede der Vorausklage? IX, 232. X, 430. Einfluß der gerichtlichen Verweisung eines Gläubigers auf Altforderungen des Schuldners auf die Bürgschaft, III, 145. Wirkung des Nachlaßvergleiches auf die

Verbindlichkeit des Bürgen, III, 62. Klagerecht des einen Wechsel einlösenden Bürgen, II, 498. XII, 176. Klage gegen einen Wechselbürgen auf Grund eines auf eine Wechselabschrift gesetzten Original-Indossamentes im Falle der Herausgabe des Originalwechsels durch das Gericht, XII, 179. Zulässigkeit einer Civilklage aus einem zum Zwecke der Bürgschaft für die Wechselsumme ausgestellten Indossament nach Erlöschung des Wechselrechtes durch Verjährung oder Präjudizirung, VI, 414. XV, 198. Paulianische Klage gegen den Bürgen für die vom Schuldner bezahlte Schuld auf Grund böslicher Veranlassung der Zahlung unzuläßig, XIV, 142. Ist nach württ. Rechte bei einer Intercession für ein von einem Minderjährigen ohne Zustimmung des Vormundes eingegangenes Rechtsgeschäft die Berufung auf die Minderjährigkeit seitens des Intercedenten zulässig? XV, 164. Die Haftung des Wechselbürgen bedingt durch die aus dem Wechsel selbst ersichtliche Beziehung der Bürgschaft zu einer der andern Wechselunterschriften, XV, 197. Ist die Garantie des Verkäufers einer Forderung für ihre Einbringlichkeit eine Bürgschaft oder eine vertragsmäßige Ausdehnung seiner gesetzlichen Gewährleistungspflicht als Verkäufer? XIV, 263. — b. Intercessionen der Frauen. Intercessionen derselben durch Wechselverschreibungen; insbesondere Anwendbarkeit der im Art. 5 des Pfandentwicklungsgesetzes vorgeschriebenen Formen auf dieselben, II, 493. 494, 111, 179. V, 275. VI, 393. XI, 192. XII, 165; überhaupt auf alle Arten der Intercession, XI, 163. XV, 155. Die Giltigkeit einer Intercession richtet sich nach den Gesetzen am Orte der Handlung, IX, 363. 964. Zum Begriffe der verschleierten Intercession; Wissenschaft des Gläubigers, XI, 192. Eidesszuschiebung über die Einrede einer verschleierten Intercession im Wechselverfahren unzulässig; Verweisung in die Widerklage, II, 521. Die Formvorschriften für Intercessionen von Frauen nach württ. Rechte auch anwendbar, wenn für die Intercession Etwas gegeben wurde, XIV, 877. XV, 161.

19. Vergleich. Voraussetzung der Anfechtung eines solchen wegen Irrthums, IV, 161.

20. Kompromiß. Bestimmung der Person der Schiedsrichter, nicht aber die vorgängige Annahme seiten der Letzteren Bedingung für die Klagbarkeit eines Schiedsvertrages, IV, 169.

21. Rückforderung wegen irrthümlicher Leistung einer Nichtschuld. Beschränkung der cond. indebiti auf eine in der irrigen Meinung einer privatrechtlichen Verbindlichkeit geschehene Leistung; Unzuständigkeit des Civilrichters bei der Zurückforderung einer aus einem öffentlich rechtlichen Grunde bezahlten Nichtschuld, IX, 48. Umfang der Befreiung der Frauenspersonen von der Ver-

weislaft bei der condictio indebiti, XII, 884. Beweispflicht des Beklagten für die wissentliche Zahlung einer Nichtschuld, XIV, 130. 140.

22. Rückforderung wegen Nichteintritts der Voraussetzung. Zulässigkeit derselben bei einer unter dieser Voraussetzung erfolgten Willenserklärung, VI, 157.

23. Rückforderung wegen grundlosen Habens. Rückforderung des wegen Verweisung der Kompensationseinrede ad separatum vorläufig Bezahlten, XI, 14, 193. Klage gegen einen Minderjährigen wegen Bereicherung aus einem ohne Zustimmung des Vormundes geschlossenen Vertrage, XII, 988.

II. Unerlaubte Handlungen.

1. Tödtung; Körperverletzung. Haftet bei einer in Raufhändeln erfolgten Tödtung oder Körperverletzung, wenn der Urheber des löblichen Streichs oder der Verletzung nicht ermittelt ist, Jeder, der sich an dem Gelöbleten oder Verletzten vergriffen hat, für den ganzen Schaden? III, 148. V, 118. Zulässigkeit der Forderung noch nicht bezahlter Kurkosten wegen Körperverletzung, III, 395. Bloß mittelbarer Erfolg der Handlung, Nichtvoraussicht des Erfolges, ungünstige Körperbeschaffenheit des Getödteten keine Befreiung von der Ersatzpflicht wegen Tödtung, VI, 226. Wirklicher Verlust des Lebensunterhalts Bedingung eines Anspruchs auf Alimente wegen Tödtung, XV, 169.

2. Rothzucht. Die ästimatorische Injurienklage ist wegen Rothzucht ausgeschlossen, IX, 447.

3. Verkürzung der Gläubiger durch Veräußerung. Ist die actio Pauliana außerhalb des Gantes zulässig? VI, 209. XIV, 154. Begriff der vorausgesetzten Zahlungsunfähigkeit des Schuldners, XIII, 265. Die fraus des Schuldners das Bewußtsein der Ueberschuldung und der Verkürzung der Gläubiger, XIII, 265. XIV, 150. 156. Theilnahme des befriedigten Gläubigers an der fraus des Schuldners durch Kenntniß dieser fraudulosen Absicht, XI, 202. XIV, 150. Schadensersatzpflicht eines Dritten im Falle der Verkürzung der Gläubiger eines in Gant gerathenen Schuldners durch Zahlungen, welche durch den mit der Insolvenz des Schuldners bekannten Dritten veranlaßt worden sind, insbesondere des Bürgen für die bezahlte Schuld? XI, 197. XIV, 142. Tilgung einer Darlehensschuld durch Kompensation mit einer Kaufschillingsforderung; Aufhebung des Kaufvertrages in Folge der Paulianischen Klage; Wiederaufleben der Darlehensschuld? IX, 420. Das Vorhandensein der Voraussetzungen der actio pauliana nach württemb. Rechte zu beurtheilen, auch im Fall der Vornahme der angefochtenen

Handlung des Schuldners im Auslande, XIV, 150. Klageberech-
tigung der einzelnen Gläubiger während der Dauer des Cancels
über das Vermögen des Schuldners, XIV, 158. Praesumtio doli
dadurch, daß ein Stellvertreter des begünstigten Gläubigers für
diesen gehandelt habe, nicht ausgeschlossen, XIV, 154. Beginn der
Verjährungsfrist der actio pauliana, XIV, 157.

4. Ehrenbeleidigung. Aestimatorische Injurienklage unstatthaft wegen leichtsinniger Denunziation bei der Obrigkeit, XIV, 360.

5. Verletzung besonderer Berufspflichten. Verbindlichkeit der Vormundschaftsbeamten zur Bezahlung von Zinsen im
Fall eines durch Verletzung ihrer Pflichten entstandenen Schadens,
III, 147. Schadenersatz gegen einen Gemeindepfleger wegen unbefugten Verzichtes auf ein Unterpfand; actio nondum anta, weil Klage
gegen den dritten Besitzer des Pfandobjekts zulässig; IV, 176.
Voraussetzungen der Verantwortlichkeit der Unterpfandsbehörden
wegen unrichtigen Anschlags der Unterpfänder, VI, 215. Deren solidarische Haftbarkeit, VI, 223. Sie haftet nur für culpa lata,
VI, 215. Haftung derselben beim Nachweise, daß die Ausklagung
des zunächst Haftenden erfolglos wäre, XIV, 141. Haftung eines
als Gast im Wirthshaus anwesenden Schultheißen wegen einer dort
ertheilten Auskunft unzulässig, XV, 166. Schadenersatzpflicht des
Staates für den durch pflichtwidrige Beamte zugefügten Schaden?
XV, 51. Verantwortlichkeit der Handelsgerichte, VIII, 111.

III. Obligationen zur Abwendung künftiger Verletzungen.

1. Damni infecti cautio. Die vorausgegangene Sicherstellung Bedingung für den Ersatz wegen Beschädigung eines
Grundstückes durch das Nachbargrundstück, wenn die Beschädigung
in der natürlichen Lage des letzteren ihren Grund hat, VI, 151.
Cautio damni infecti beim Uferbau, I, 247. Deren Ausschluß bei
in öffentlichem Interesse errichteten Anstalten, insbesondere bei Eisenbahnanlagen, II, 297. XIII, 262.

2. Actio aquae pluviae arcendae. Zu dieser Lehre
überhaupt, I, 446. 449. 458. II, 288. 292. 297. 808. 806. 809.
IX, 61. Richtung der Klage, je nachdem die schädliche Anlage vom
Eigenthümer des Nachbargrundstückes, oder von einem Dritten her-
rührt, II, 293, 300. Analoge Anwendung derselben, wenn durch
Veränderung früherer Anlagen, besonders Abzuggräben der natürliche Wasserlauf gehemmt wird, II, 294. Wegfall derselben im Falle
der Einwilligung des Betheiligten in die neue Anlage, II, 296.
Ausschluß derselben bei einer in öffentlichem Interesse gemachten

Anlage, II, 297. 300. XIII, 263. Statthaftigkeit und Richtung der
Klage bei einer bereits bestehenden Anlage, insbesondere, wenn sie
von einem Rechtsvorgänger errichtet wurde, II, 304. 305. Welcher
Schaden kann mit dieser Klage erseht verlangt werden? II, 809.
8. Actio ad exhibendum. Begriff derselben, XI, 205.
Klage auf Vorzeigung von Urkunden, insbesondere gemeinschaftlichen;
Voraussetzungen dieser Klage, XI, 205. Folgen des Ungehorsams
des verurtheilten Beklagten bei einer solchen Klage, XV, 210.
Entwurf eines Gesetzes über die Schuldverhältnisse für die
deutschen Staaten, VII, 115. VIII, 226. 232.

Hauptstück IV.
Familienrechte.
A. Ehe.

1. Verlöbniß. Die Aufhebung eines solchen zwischen Prote-
stanten durch das Ehegericht ist Bedingung für die Wirksamkeit seiner
Auflösung, insbesondere für eine Entschädigungsklage wegen Verlöbnißbruchs, IV, 456. Desgleichen bei einem vor dem Geistlichen geschlossenen Verlöbniß zwischen Katholiken, IV, 456. Kenntniß von
einem vor dem Verlöbniß begangenen Unzuchtsvergehen erst nach
dem Verlöbniß ein Grund zum Rücktritt vom Verlöbniß, XII, 254.
Bildet der Verdacht der Schwangerschaft der Verlobten von einem
Dritten einen rechtmäßigen Grund zum Rücktritt vom Verlöbniß?
XI, 226. Schadensersatz wegen Verlöbnißbruchs; Einfluß der zur
Eingehung der Ehe nothwendigen Dispensation von der Altersungleichheit, XII, 392. Konventionalstrafe zur Bestärkung eines
ungiltigen Eheversprechens unwirksam, XV, 170. Bei der Auflösung
von Eheverlöbnissen Nachforschung über stattgefundenen Beischlaf
nicht zulässig, II, 353.

2. Ehehindernisse: Dispensation geschiedener Ehegatten zum
Behufe der Wiederverehelichung, I, 290. Landesherrliche Dispensation von früher indispensabeln Ehehindernissen nach dem Gesetze vom
1. Mai 1855, II, 330, 338.

3. Eheschließung. Das kirchliche Aufgebot, nach der geschichtlichen Entwickelung und dem bestehenden Recht, III, 201. Die Civilehe nach dem Gesetz vom 1. Mai 1855, II, 330. XV, 172. Voraussetzungen für deren Eingehung, II, 334. Zulässigkeit derselben bei
gemischten Ehen im Fall der Trauungsverweigerung des Geistlichen,
336. Ebenso bei rein evangelischen Ehen, 838. Bei Ehen zwischen
Baptisten, Deutschkatholiken und anderen Dissentienten, 334. Rekurs
der Brautleute gegen die Trauungsverweigerung des Geistlichen an die
vorgesetzte kirchliche Behörde, 341. Anfechtung der Civilehe; Klage-

recht, 341. Gültigkeit einer durch den unzuständigen Geistlichen unter der Herrschaft des Religionsedictes von 1806 eingesegneten gemischten Ehe, XV, 172.
4. Ehescheidung. Scheidung von Tisch und Bett nach verbotösterreichischem Recht, IV, 457. f. auch 7.
5. Beschwerden in Ehesachen. Rekurs der Parteien im Falle der Trauungsverweigerung des Geistlichen an die höhere kirchliche Behörde, II, 341. Ausschluß des Beschwerderechtes bei Verfügungen der Gerichtshöfe in Ehesachen, insbesondere bei den unter das Gesetz vom 1. Mai 1855 fallenden, III, 166.
6. Sportelwesen in Ehesachen. Dessen Beleuchtung, V, 178. Sportel für die Wiederverehelichung Geschiedener, II, 357.
7. Eheliche Vermögensrechte. Gemeinschaftliche Erwerbungen Verlobter im Zweifel zur Errungenschaft gehörig, III, 194. X, 164. Veräußerungsrecht des Ehemanns bezüglich des zur Errungenschaft gehörigen Vermögens, auch ohne Vortheil für die Errungenschaft, III, 194. X, 165. Veräußerung von Liegenschaft, zum Sondergut der Frau gehörig, durch den Ehemann ohne Nennung der Frau in der Vertragsurkunde; nachgefolgte Genehmigung der Frau ohne Beurkundung der Genehmigung, XI, 161. Recht des Ehemanns, mit dem Beibringen seiner in Errungenschaftsgesellschaft lebenden Frau eine remuneratorische Schenkung zu machen, IV, 178. Der Verzicht einer in Errungenschaftsgesellschaft lebenden Frau auf ihr zustehende Forderungen ohne Zustimmung des Ehemannes unwirksam, III, 194. Gründe für das Aufhören des Verwaltungsrechtes des Ehemannes über das Vermögen der Frau, X, 397. 400, insbesondere, bewirkt der Gant des Ehemannes dieses Aufhören? X, 394, 396, 898. Haftung der in Errungenschaftsgesellschaft lebenden Frau für eine Sozialschuld bei erst nachträglicher Verpflichtung für dieselbe, III, 143. XII, 396. Haftbarkeit einer Ehefrau im Fall einer von beiden Eheleuten unterschriebenen Wechselerklärung ohne Beobachtung der Intercessionsformen, II, 494. III, 178. V, 275. XII, 165. Haftung der im Gante ihres Ehemannes zu den weiblichen Freiheiten zugelassenen Frau für die ganze unbefriedigt gebliebene ursprüngliche Hälfte der mit ihrem Mann kontrahirten Schuld, IV, 428. Alimente der Ehefrau im Gante ihres Mannes, IV, 162. Pflicht des Ehemannes zur Alimentirung der von ihm getrennt lebenden Frau; Ausnahmen, XIV, 391. 394. 395. 401. Der Civilrichter bei der Beurtheilung, ob die Frau redliche Ursache zur Trennung hatte, an den Ausspruch des Eherichters nicht gebunden, XIV, 394. Unbedingte Pflicht des Mannes zur Alimentirung der Frau, wenn ihm der Antrag auf Ehescheidung anheimgegeben ist, XIV, 400. Deßgl.

während der Dauer einer auf unbestimmte Zeit verfügten Scheidung katholischer Gatten zu Tisch und Bett, XIV, 400. Maß der Alimente, XIV, 402. Von welchem Zeitpunkt an hat der überlebende Gatte im Fall der Trennung der Errungenschaftsgesellschaft durch den Tod Zinse aus seinem Beibringen anzusprechen? VI, 240. Können die Kinder, wenn nach dem Tode der Mutter eine Eventualtheilung unterlassen wurde, nachträglich noch die weiblichen Freiheiten anrufen? XII, 257. Haftung des einen Ehegatten für Deliktsschulden des andern im Fall allgemeiner Gütergemeinschaft, VI, 236. Schenkungen unter Ehegatten bedürfen keiner Insinuation, VI, 178. Eheverträge, s. unten Hauptstück V., E. Klage auf Anerkennung eines Vertrages über die ehelichen Güterverhältnisse und die Rechte des einzelnen Gatten an den Vermögenstheilen zulässig, XII, 383. Inwieweit begründet Ehescheidung für den schuldigen Theil den Verlust des Heirathgutes? IV, 441. An der bem unschuldigen Theil nach der Scheidung zufallenden Vermögensstrafe hat er die Nutznießung, seine Kinder das Eigenthum, III, 195. Einfluß der Ehescheidung auf die Rechte Dritter, X, 240. Nichtverfallene Pensionsbezüge nicht Gegenstand der Privationsstrafe, XIV, 387. Zuwendungen an das beigebrachte uneheliche Kind der zweiten Frau mit der Absicht der Liberalität unter bem Verbot der Bevorzugung des zweiten Ehegatten begriffen, XV, 399.

B. **Rechtsverhältnisse zwischen Eltern und Kindern.**

1. Väterliche Gewalt. Gegenbeweis gegen die Rechtsvermuthung der ehelichen Vaterschaft, IX, 453. X, 1, insbesondere: Unerheblichkeit der Unrichtigkeit der physiologischen Voraussetzungen der Präsumtion, X, 5, ebenso eines von der Mutter verübten Ehebruchs, X, 6. 20. 27. ebenso des bloßen Zugeständnisses der Mutter, daß das Kind nicht vom Mann herrühre, X, 10. 19. 20. 28. XI, 103. Die Unmöglichkeit der Erzeugung des Kindes durch den Ehemann ist nachzuweisen, X, 7. 8. 12. 16. 22. 24. XI, 103. Zulässige Beweismittel für den Gegenbeweis, X, 9. 10. 11. 14. Insbesondere Führung desselben durch die physische Beschaffenheit des Kindes, III, 194. IX, 453. X, 29. Beweislast, X, 29. Welche Bedeutung hat die Anerkennung eines vor der Verehelichung seiner Mutter gezeugten Kindes durch den nachherigen Ehemann der Mutter für die Legitimation des Kindes? XI, 88. XIV, 160. XV, 173. Succediren durch nachfolgende Ehe Legitimirte nach österr. und württ. Recht in Lehen oder allodifizirte Lehen? XV, 114. 123. Legitimation der im Ehebruch erzeugten Kinder durch landesherrliches Reskript und durch nachfolgende Ehe: Kompetenz für die erstere; Beschwerderecht,

III, 266. XI, 247. 265. XIII, 174. Adoption; Grundsätze über dieselbe in Würtemberg, XIII, 401. Testament zu Gunsten eines Adoptivkindes bei Nichtigkeit der Adoption, XIII, 401. Der Arrogationsvertrag kein Erbvertrag, XV, 176. Beendigung der väterlichen Gewalt durch Errichtung eines eigenen Haushalts; Voraussetzungen, X, 170. Das Verwaltungsrecht des ordentlichen abvenlizischen Sonderguts der Kinder steht dem Vater mit Ausschluß der Mutter zu, X, 166. Wohnsitz der Kinder, welche einen solchen noch nicht gewählt haben, VI, 148. Fähigkeit volljähriger Hauskinder zur selbständigen Verpflichtung durch Verträge nach würtembergischem Rechte, Ausnahmen, XIV, 341. Wechselunfähigkeit der Hauskinder; Einfluß der Volljährigkeit, XII, 146. Verträge zwischen dem Hausvater und dem Hauskinde sind nichtig. XV, 421.

2. **Allgemeine Eltern- und Kindesrechte.** a. **Erziehungsrecht der Eltern** während der Ehe, IV, 420, nach geschiedener Ehe, IV, 433. XII, 394. Vorgehendes Recht des Vaters, IV, 429. 431. 432. XV, 170.; der Mutter bei Kindern unter 7 Jahren, IV, 432. XII, 394. XV, 176. 439.; entscheidend die Rücksicht auf das Wohl der Kinder; Einspracherecht auf Grund desselben, IV, 430. 434—436. Welches Recht entscheidet über das elterliche Erziehungsrecht bei Ausländern? VI, 146. b. **Alimentation.** Wem liegt nach erfolgter Ehescheidung die Alimentation der Kinder ob? IV, 437. X, 239. XI, 234. Klagerecht der von ihrem Ehemann getrennt lebenden Frau auf Ersatz der von ihr erst aufzuwendenden Alimente für die in ihrer Pflege befindlichen Kinder, IV, 439. Ende der Alimentationspflicht des parens während der Dauer der statutarischen Nutznießung, VI, 249. Verbindlichkeit der väterlichen Ascendenten zur Alimentation der ehelichen Enkelkinder, IV, 179. Verbindlichkeit der Kinder zur Alimentirung verarmter Eltern; verschuldete Armuth, III, 403. Ersatzforderung der Kinder für Wart und Pflege der Eltern nur statthaft im Falle der ausgesprochenen Absicht des Ersatzes bei Leistung der Dienste, XIV, 373. c. **Ausstattung.** Größe des dem Kind auszufolgenden Heirathsgutes, IX, 28. X, 168. Verbindlichkeit der Eltern zur Ausstattung des Kindes im Falle seiner Verheirathung gegen ihren Willen, X, 166. d. **Elterliche Nutznießung und Verwaltung.** Erstreckt sich dieselbe auch auf einem Kinde zustehenden Genuß einer Familienstiftung? VI, 241. Verhältniß des elterlichen Nutznießungsrechtes zu dem Gewerbevermögen und den Dienstverträgen der Kinder, XII, 39, 40. Kann nach würtL Recht dem Vater die Nutznießung von dem Pflichttheil seines Kindes entzogen werden? X, 176. Voraussetzung für das Aufhören der Nutznießung an dem

adoenlizischen Sondergut mit der Volljährigkeit der Kinder, VI, 246. Nutznießungsrecht der überlebenden Mutter an dem ihrem Kinde nach der Scheidung der elterlichen Ehe von dessen Vater zugefallenen Vermögen, VI, 243. Nutznießungsrecht des unschuldigen Gatten an dem, was er nach der Scheidung vom schuldigen Theil als Vermögensstrafe erhält, beim Vorhandensein von Kindern, III, 194. Verfügungsrecht des überlebenden Gatten über das gemeinschaftliche Vermögen im Falle der Unterlassung einer Eventualtheilung, VI, 239. Der Verlust der elterlichen Nutznießung nicht von selbst in dem Anschluß des Verwaltungsrechtes enthalten, VI, 245. Das Vorzugsrecht der Kinder in der 3. Klasse im Ganle der Eltern setzt wirkliche Verwaltung des Vermögens der Kinder voraus, X, 171. Fortdauer des Vorzugsrechtes trotz der Beendigung des gesetzlichen Verwaltungsrechtes, IV, 449. Vertretung der Kinder durch die Mutter im Prozeß, I, 84. (s. auch oben I.) — c. Schenkung an die Kinder. Kann auch die Mutter eine solche widerrufen? VI, 178. Schenkung an das einzige Kind bedarf nicht der Insinuation, XIII, 445. f. Elterliche Vermögensübergaben. Einwerfungspflicht bei einer solchen, X, 172.

C. **Vormundschaft und Güterverwaltungen.**

1. **Altersvormundschaft** s. oben Hauptstück, I, E. 1) a). Eidliche Verpflichtung eines Pflegers die Bedingung seiner giltigen Bestellung, XII, 396, auch wenn der für Jemand bestellte Pfleger weitere Pflegschaften übernimmt, XII, 399. Die Handlungen eines waisengerichtlich bestellten, vom Gemeinderath nicht bestätigten Pflegers bleiben in Kraft, XII, 399. Pflegschaften, als Wechselintercessenten genannt, II, 494. Die verzinsliche Anlegung von Pflegschaftsgeldern: das gemeine Recht, VIII, 146.; Entwicklung des württembergischen Rechtes, 150.; Zusammenfassung der in Württemberg bestehenden Vorschriften, 176.; auswärtige Gesetzgebungen, 182.; Bedürfniß eines Gesetzes und Vorschläge, 189. Haftung des Vormundes wegen ungenügend gesicherter Anlage von Pflegschaftsgeldern, IV, 177. XII, 400. Bedarf die Veräußerung von Aktivforderungen eines Minderjährigen durch den Vormund eines Erkenntnisses der Obervormundschaft? XI, 243. Deßgleichen der Erbschaftsantritt eines Pflegers für einen Minderjährigen? XI, 258. Die obervormundschaftliche Zustimmung zur Prozeßführung des Pflegers die Bedingung einer giltigen Prozeßführung, VIII, 135. Ersatzpflicht der Vormundschaftsbeamten im Fall eines durch Verletzung ihrer Pflichten entstandenen Schadens, III, 147. s. auch unten D.

2. Vormundschaft über Verschwender, s. oben Hauptstück I, E. 1) b).

3. Abwesenheitskuratel. Zuständigkeit für die Aufhebung der über das Vermögen eines Verschollenen angeordneten Kuratel, XII, 406.

D. **Rechtsverhältnisse der außerehelichen Geschlechtsgemeinschaft.**

Kritische Zeit bei dem Beweise der Vaterschaft zu einem unehelichen Kind, II, 408. III, 193. IX, 452. XI, 227. XIII, 278. Unerheblichkeit der Unrichtigkeit der physiologischen Voraussetzungen der Vermuthung, II, 415. Berechnung im Fall eines Schalttags, II, 411. Ausschluß der Vermuthung durch den Grad der Reife des Kindes, II, 415. Beweislast in dieser Beziehung, II, 416. Art der Beweisführung, II, 418. Möglicher Zeitraum für die Entwicklung eines reifen Kindes, II, 419. Zeichen der Reife, II, 424. Inhalt des Eidesthemas bei Alimentenklagen, II, 421. Voraussetzungen für den Beweis der Vaterschaft durch Geständniß, XIV, 57. Bedeutung des Geständnisses der Vaterschaft zu einem unehelichen Kinde bei deren rechtlicher Unmöglichkeit, XIII, 273. Verfolgung der Alimentationsansprüche eines unehelichen Kindes durch den Pfleger desselben ohne und gegen den Willen seiner Mutter; Größe der Allmeute, IX, 61. XIV, 159. Die Alimentenklage einer Ehefrau gegen den angeblichen außerehelichen Schwängerer bedingt durch die Verweigerung der Anerkennung der Vaterschaft seitens des Ehemannes, X, 10. Recht des unehelichen Vaters zur persönlichen Verpflegung und Erziehung des Kindes, XIV, 382. Vertrag der Mutter eines unehelichen Kindes über dessen Alimentation und Versorgung mit dem Vater desselben für den letzteren verbindlich, XV, 433.

Hauptstück V.

Erbrecht.

A. **Von der Delation im Allgemeinen.**

Erbfähigkeit eines Verschollenen; Statutenkollision in Bezug auf dieselbe, VI, 141. Erbunfähigkeit der im Ehebruch erzeugten Kinder gegenüber den väterlichen und mütterlichen Verwandten, III, 266. XI, 247. XII, 265. XIII, 174. Erbunfähigkeit der Eltern gegenüber einem im Ehebruch erzeugten Kinde, XIII, 175.

B. **Intestaterbfolge.**

Ausschluß des Erbrechtes der unehelichen Kinder gegenüber dem Vater durch ein Testament desselben, XII, 265. Das statutarische Erbrecht der Ehegatten vom Bestehen des Güterverhältnisses der landrechtlichen Errungenschaftsgesellschaft unabhängig, XV, 178.

C. **Testamentarische Erbfolge.**

1. **Testirfähigkeit**: eines Verschwenders, XIII, 275., eines wegen Geistesschwäche Entmündigten, XIII, 276. Partieller Wahnsinn des Testirers, XIII, 279. Blödsinn des Testirers, XIII, 283. Beweislast in Bezug auf Testirfähigkeit, XIII, 278. 292. Das zurückgelegte 16. Lebensjahr als Bedingung fber Testamentsmündigkeit auch anwendbar auf letztwillige Verfügungen zu milden Zwecken, XV, 405.

2. **Testamentsform**. Aufrechterhaltung eines in der vom Testator zunächst beabsichtigten Form ungiltigen Testaments, wenn dasselbe einer andern gesetzlichen Form entspricht; clausula omni meliori modo, XI, 104. XIII, 181. 423. Unschädlichkeit der Versetzung von Formen, welche nicht der Testator zu beobachten hat, XII, 276, 280. XIII, 319, 370, 391. Die Einheit der Handlung bei der Testamentserrichtung; Begriff; bei gerichtlichen Testamenten nicht erforderlich, XIII, 311. Abfragung des Willens des Testators, XIII, 320. Anwesenheit des eingesetzten Erben bei der Testamentserrichtung, XIII, 327. Identität des Testirers; durch die gewöhnlichen Beweismittel zu erweisen, III, 195. X, 201. XIII, 307, 371. — Rogation der Testamentszeugen; Beweis derselben durch die Testamentsurkunde, X. 200. Rogation durch einen Andern im Namen des Testirers, XIII, 297. 302. 301. Rogation bei einem gemeinrechtlichen Testament, XIII, 297. 303. bei einem Testament nach der 4. Landrechtsform, XIII, 298. 301. 303. 304. bei einem Testament nach der sog. 6. Landrechtsform, XIII, 300. bei einem von zwei Ehegatten gemeinschaftlich errichteten Testament, XIII, 304. Erforderniß der persönlichen Bekanntschaft der Testamentszeugen (des Notars) mit dem Testirer, III, 195. XIII, 305. 371. Unfähigkeit der Testamentszeugen; Irrthum hierüber, XIII, 307. 371. — Zum Begriff eines schriftlichen Testaments, XIII, 328. Gemeinrechtliches schriftliches Privattestament; Willenserklärung des Testirers vor den Zeugen, XIII, 323. Gemeinrechtliches schriftliches Testament eines Schriftunkundigen, XIII, 329. eines des Lesens Unkundigen, XIII, 330. Gerichtliches mündliches Testament nach der ersten Landrechtsform; Besetzung des Gerichtes, XIII, 333. Protokollirung eines gerichtlichen mündlichen Testaments durch einen Andern, als den Aktuar, XIII, 339. Schriftliches Testament eines Schriftunkundigen nach der 2. Landrechtsform, XIII, 341. Schriftliches Testament eines Schreibkundigen nach der 2., 3. und 6. Landrechtsform, XIII, 345. Testament nach der 8. Landrechtsform; Berufung der Gerichtsmitglieder, XIII, 352. Ort der Errichtung eines solchen Testaments,

XIII, 353. Besetzung der Gerichtsdeputation bei derselben, XIII, 853. Die Bitten des Testirers bei Errichtung eines Testaments nach der 3. Landrechtsform, XIII, 953. Mündliches Privattestament nach der 4. Landrechtsform; Eintrag in ein fortlaufendes Protokollbuch, XIII, 372. Erfordernisse eines solchen Testaments im Fall des Vorseins eines schriftlichen Aufsatzes, XIII, 878. Aufzeichnung eines solchen durch einen Andern, als den Notar, XII, 275. XIII, 973. Fungirung des Ortsvorstandes als Aktuar im Falle des Vorhandenseins eines Rathschreibers unzulässig, XV, 165. Unterschrift des Testirers bei einem solchen Testament nicht erforderlich, XIII, 377. Die Bitten des Testirers bei der 4. landrechtlichen Form, XIII, 873. Gemeinschaftliches wechselseitiges Testament; Abgabe der Willenserklärung in Einem Akte, XIII, 385. Schriftliches Testament der Eltern unter den Kindern; unrichtiges Zeitdatum, XII, 276. Stelle eines solchen Testaments, wo das Datum beigesetzt werden muß, XIII, 889. Benennung der Kinder in demselben, XIII, 890. Erforderniß der Unterzeichnung eines solchen Elterntestamentes durch den Testator, XIII, 891. Mündliches Testament der Eltern unter den Kindern, XIII, 898. Schriftliches Testament eines Blinden? X, 182.

3. Erbeinsetzung. Irrthum des Testirers über den Beweggrund, XIII, 292. 402. Zwang, Furcht oder arglistige Berednung; Eidesauschiebung, XIII, 298. Testament zu Gunsten eines Adoptivkindes bei Nichtigkeit der Adoption XIII, 401. Testament zu Gunsten des zweiten Ehegatten bei dem Vorhandensein von Kindern erster Ehe, XIII, 403. Zuwendungen an das beigebrachte uneheliche Kind der 2. Frau mit der Absicht der Liberalität unter dem Verbot der Bevorzugung des 2. Ehegatten begriffen, XV, 899. Pupillar- oder fideikommissarische Substitution? Aufrechterhaltung einer Pupillarsubstitution als fideikommissarische, XI, 249.

4. Ungiltigkeit (Widerruf) eines Testamentes. Formloser Widerruf eines solchen durch Handlungen, XIII, 170. 404. XII, 282. Unerheblichkeit der bloßen Zurücknahme eines schriftlichen gerichtlichen oder Privattestamentes aus der gerichtlichen Verwahrung für den Widerruf, XIII, 176. 403. Inwiefern kann ein von zwei Ehegatten errichtetes wechselseitiges Testament von dem einen Gatten einseitig abgeändert oder widerrufen werden? XIII, 409. 421. XV, 190. Insbesondere im Fall allgemeiner Gütergemeinschaft? XIII, 416. s. auch unten D.

5. Beweis bei Testamenten. Beweis des wahren Willens des Testators gegen die klaren Worte des Testaments, X, 202. Beweislast bei Anfechtung eines solchen, XIII, 421.

D. **Erbfolge aus Verträgen.**

Successorische Cheverträge bedürfen der Anwesenheit der Zeugen bei der Errichtung, VI, 231. XI, 291. Mitwirkung der Behörde, XI, 291. Qualifikation der Zeugen als Solennitäts- und Beweiszeugen, VI, 229. Zuziehung der Vormünder und Verwandten, XI, 233. Die Nichtzuziehung derselben für den Ehegatten selbst kein Grund zur Anfechtung des Vertrages, XIV, 385. Ein gemeinschaftliches wechselseitiges Testament zweier Ehegatten kein Erbvertrag, XIII, 409. Fallen Erbverzichte der Ehegatten unter den Begriff der successorischen Cheverträge? VI, 233. XV, 177. Recht des bedachten Nichtkontrahenten bei einem Erbvertrag; Befugniß der Vertragschließenden zum Widerruf einer solchen Zuwendung, III, 195. Wesen der Einkindschaft, X, 170. Der Arrogationsvertrag kein Erbvertrag, XV, 176.

E. **Notherbrecht.**

Zulässigkeit der Erbeinsetzung eines Notherben auf Empfänge zu Lebzeiten des Testirers; insbesondere auf Heirathsgut; Voraussetzung dieser Zulässigkeit, VIII, 127. XIII, 428. XV, 179. Einsetzung auf den Pflichttheil zur Strafe für den Erben im Falle der Anfechtung einer gesetzlich verbotenen Verfügung durch ihn, XIII, 409. Wahrung des Pflichttheils bei bürgerlichen Familienfideikommissen nothwendig, II, 458. Die Enterbung in guter Absicht nach württ. Rechte zulässig, XV, 183. Beschwerung des Pflichttheils eines Notherben in guter Absicht, XV, 183. Testamentarische Anordnung der pflegschaftlichen Verwaltung des Pflichttheiles eines in Amerika befindlichen minderjährigen Notherben in Württemberg, XV, 180. Recht des Notherben, welcher Descendent 1. Grades ist, bei der ihm nach der Rescission des Testamentes wegen ungerechter Enterbung obliegenden Restitution der Erbschaft nicht nur den Pflichttheil, sondern auch die Trebellianische Quart abzuziehen, XV, 396.

F. **Erwerb der Erbschaft. Transmission. Verhältniß unter den Miterben.**

1. **Antretung der Erbschaft.** Kann der Erbschaftserwerb für einen Verschollenen stattfinden? VI, 141. Setzt der Erbschaftsantritt durch den Pfleger eines Minderjährigen Genehmigung der Vormundschaftsbehörde voraus? XI, 253. Wann gehört die einem Gemeinschuldner angefallene Erbschaft in die Konkursmasse? X, 413.

2. **Transmission.** Versendungsrecht ex jure deliberandi; dessen Voraussetzungen, VI, 251.

3. **Verhältniß der Miterben.** Können die Wittwe resp.

deren Kinder, wenn nach dem Tode des Mannes rsp. der Frau eine Eventualtheilung unterlassen wurde, nachträglich noch die weiblichen Freihellen anrufen? XII, 257. 395. Verfügungsrecht des überlebenden Ehegatten über das gemeinschaftliche Vermögen im Falle der Unterlassung einer Eventualtheilung, VI, 238. (Kollationspflicht bei einer elterlichen Vermögensübergabe, X, 172.) Im Falle der Veräußerung einer der Kollation unterworfenen Liegenschaft der Erlös aus derselben einzuwerfen, XIV, 402.

G. **Kodizille. Vermächtnisse. Universalfideikommisse. Schenkungen von Todeswegen.**

1. **Kodizille.** Erfordernisse eines gemeinrechtlichen Kodizills, XIII, 425. Kodizillarklausel; clausula omni meliori modo, XI, 109. 262. XII, 281. XIII, 423. Aufnahme der Kodizillarklausel in die Solennisationsurkunde, XIII, 422. Unwirksamkeit der Kodizillarklausel bei einem schriftlichen Elternlestamente, welchem das rechte Datum fehlt, XII, 281.

2. **Vermächtnisse.** Legat einer Geldsumme, zahlbar in gerichtlichen Pfandscheinen: Haftung für Uneinbringlichkeit, VIII, 130. Widerruf von Legaten durch formlose Willenserklärung, XII, 282. Vermächtniß zu wohlthätigen Zwecken; Verfügungsrecht des Stiftungsrathes, XII, 290. Beifügung einer auf den Tod des Erben gestellten Zeitbestimmung zu einem Vermächtniß, XIII, 432. Beweis eines Oralfideikommisses möglich nur durch Eibesjuschiebung an den Onerirten, XV, 168. Aufrechterhaltung der Vermächtnisse im Falle einer dolosen Erbschaftsausschlagung, XV, 199.

3. **Universalfideikommisse.** Fideikommissarische Substitution oder Pupillarsubstitution? Aufrechterhaltung einer Pupillarsubstitution als fideikommissarische, XI, 249. Wirkung des Vorabsterbens des Fiduziarerben auf die fideikommissarische Erbeinsetzung, X, 206. XIII, 431. Recht des ungerecht enterbten Deszendenten 1. Grads, bei der nach Reszission des Testamentes ihm obliegenden Restitution der Erbschaft nicht nur den Pflichttheil, sondern auch die Trebellianische Quart abzuziehen, XV, 396. Wahrung des Anspruchs der Deszendenten 1. Grads auf die Trebellianische Quart bei Errichtung eines bürgerlichen Familienfideikommisses, II, 458. Fiduziarische Kaution; Unstatthaftigkeit des Abzugs der Trebellianischen Quart von dem sicherzustellenden Vermögen, VI, 250.

4. **Schenkung von Todeswegen.** Zum Begriff derselben, XIII, 445. Verlangt dieselbe nach würtl. Rechte die Zuziehung von 5 Zeugen? VI, 356. Aufrechterhaltung einer ungültigen Schenkung von Todeswegen als Schenkung unter Lebenden, VI, 365. Roth-

wendigkeit der Annahme der Schenkung von Todeswegen Seitens des Beschenkten zu Lebzeiten des Schenkers, XV, 390.

H. Indignität.

Entziehung einer Erbschaft wegen fahrlässiger Tödtung des Erblassers durch Mißhandlung von Seiten des Erben, X, 203. XIV, 167; berechtigt zur Entziehung der Substitut, eventuell der Miterbe resp. der nächste Intestaterbe, XII, 292. Indignität wegen Verhinderung des Erblassers an Errichtung von Vermächtnissen, XII, 292.

Hauptstück VI.
Besondere deutschrechtliche Verhältnisse.

1. Reallasten. Verbindlichkeiten zu wiederkehrenden, dem Besitzer von Grundvermögen oder diesem gleichgeachteten Rechten obliegenden Leistungen sind Reallasten, VI, 102. Bedeutung der für die Ablösbarkeit von Leistungen für öffentliche Zwecke aufgestellten Voraussetzung der Verknüpfung der Leistung mit einem Vermögensbesitz, XII, 213. 377. XIV, 356. Anwendung hievon auf die Leistung einer Holzabgabe seitens der Gemeinde zur Pfarrbesoldung, XII, 243. auf Leistungen für kirchliche Zwecke, XII, 377. Die Verbindlichkeit zur Erhaltung und zum Betrieb einer Bleichanstalt als Reallast, XIII, 247. Verpflichtung des Besitzers von kirchlichem Vermögen zur Armenfürsorge nur im Falle eines besonderen Titels, VIII, 124. Reallasten gehören zu den in Art. 65 des Pfandgesetzes und in Art. 15 des Pfandentwicklungsgesetzes genannten Ansprüchen Dritter, IX, 424. Inwiefern bedürfen Reallasten zu ihrer Entstehung durch Vertrag des Hinzutritts des gerichtlichen Erkenntnisses? I, 863. 366. 371. VI, 155. IX, 84. X, 109. 432. Leistung in der Absicht, eine auf dem Grundstück ruhende Last zu erfüllen, und Annahme in der Absicht, ein dingliches Recht auszuüben, Bedingung der Ersitzung einer Reallast, IV, 417. Actio confessoria des Reallastberechtigten zum Schutze seines Rechtes, actio negatoria des die Freiheit von einer Reallast Behauptenden, VI, 105. Klage auf einen Ausspruch, ob eine Last nur auf Zehnten und Gefällen oder auch auf anderem Eigenthum ruhe, VI, 99. XII, 6. Beweislast des Lastenberechtigten bei einem Streite darüber, ob eine Last nur auf Zehnten und Gefällen oder auch auf anderem Eigenthum ruhe, VI, 99. XI, 217. Die Verbindlichkeit zur Theilnahme an den Kosten einer gemeinsamen Wiesenwässerungsanstalt als Reallast XIV, 113. Der Besitzer eines hiebei betheiligten Grundstücks zur Bezahlung verpflichtet trotz der Nichtbetheiligung bei der Wässe-

rung, XIV, 111. Ueber die Kompetenz der Zivil- und Verwaltungsjustizbehörden s. unter Oeffentliches Recht, V, 2. c.

2. Kirchen-, Pfarrhaus- und Schulhausbaulast;
Besoldungslast. Umfang der kirchlichen Baulast rücksichtlich
des Subjektes der Verpflichtung. Beschränkung der Baupflicht durch
die Konkurrenz dritter Personen; Beweislast im Falle der Einwendung weiterer Mitbaupflichtiger, II, 42. Ausnahme von der Kon-
kurrenzpflicht bei inkorporirten Pfarreien, II, 45. Die congrua
des Geistlichen von der Baulast befreit, auch im Falle der Verwandlung des Einkommens des Geistlichen, II. 47. Beschränkung
der Baupflicht des Pfarrers auf seine Einkünfte aus dem kirchlichen
Vermögen; heutiger Begriff einer Pfründe (beneficium), II, 48.
Beschränkung der aus der Inkorporation einer Pfarrkirche entsprungenen Baulast auf das inkorporirte kirchliche Vermögen, II,
50. XI, 218. Beweislast bezüglich des Besitzes von solchem Vermögen, II, 52. Beschränkung der im Einzug des örtlichen Kirchenvermögens zur Reformationszeit begründeten Baupflicht auf das eingezogene Vermögen, II, 53. Durch den Reichsdeputationshauptschluß
v. 26. Febr. 1803 eine kirchliche Bau- und Besoldungslast nicht
begründet, XI, 220. Begrenzung der Baupflicht durch die Größe
des baupflichtigen Vermögens; Beweislast hierüber, insbesondere bei
inkorporirtem und inkammerirtem Kirchenvermögen, II, 54. Der
kleine Zehnten von der Baulast nicht befreit; angebliche gegentheil-
lige Observanz der Diözese Konstanz, II, 61. Angebliche Konstanzer
und Würzburger Observanz über die Baupflicht der Laienzehntnen,
III, 196. VI, 227. — Umfang der Baulast bezüglich des Gegenstands
der Baufälle: in Bezug auf das Pfarrkirchengebäude, II, 62.; in
Bezug auf dessen äußere Zugehörden: Der Kirchthurm regelmäßig
Gegenstand der Baulast, angebliche gegentheilige Würzburger Observanz, II, 62. Ebenso der die Kirche umgebende Kirchhof mit
seiner Umfassungsmauer, II, 63.; in Bezug auf die innere Einrichtung des Kirchengebäudes, angebliche gegentheilige Konstanzer Observanz, II, 66. 69. XII, 250.; insbesondere: Der Altar (Hochaltar)
Gegenstand der Baulast, II, 69. Ebenso die Kanzel, II, 70.; nicht:
Die Orgel, II, 70. XI, 224. Die Kirchenstühle, II, 71. Der Beichtstuhl, II, 71. Die Requisitenkästen, II, 71. Der Weihkessel, II, 71.
Die Kirchenglocken II, 71. Die Schlaguhren, II, 72. Die Baulast
in Bezug auf eine Filialkirche in der Regel nicht in der Baulast
in Bezug auf die Mutterkirche enthalten; die Umsorgung für die
Baulast unerheblich, II, 72. Kapellen nicht in der Baulast an der
Hauptkirche begriffen, II, 73. Pfarrhäuser bezüglich der Baulast den
Kirchengebäuden gleichstehend, II, 73. Ebenso die pfarrlichen Oekono-

miegebäude, II, 74. Ebenso die Meßnerswohnung bedingungsweise, II, 76. Der Schulhausbau an sich nicht in der Kirchenbaulast begriffen, II, 30. 78. Baulast in Bezug auf Interimslokale während eines Kirchenbaues, II, 82. Pflicht zur Zahlung der Brandschadensversicherungsbeiträge, II, 89. — Umfang der Baulast bezüglich der Art der Baufälle: Erweiterung der Kirchen- und Schulgebäude, II, 83. XV, 445. Die Verbindlichkeit hiezu regelmäßig in der auf den Besitz kirchlichen Vermögens begründeten Baupflicht begriffen, II. 83. 85. 87. XV, 445.; an sich nicht in der auf Herkommen, Vertrag begründeten Baupflicht, II, 85. 83. 93. XV, 445. Beschränkung des Baupflichtigen auf die von der zuständigen Verwaltungsstelle beschlossene Erweiterung, II, 94. und auf die Erweiterung wegen Vermehrung der Pfarrgenossen resp. der Schulkinder oder Pflicht zur Erweiterung auch im Falle der Zutheilung weiterer Parzellen? II, 91. XV, 416. Die Verbindlichkeit zum Neubau eines baufälligen oder zu kleinen Kirchen- und Schulgebäudes in der Baulast resp. der Verpflichtung zur Erweiterung enthalten, II, 96. XV, 170. — Erfordernisse der Verjährung der Klage auf Tragung der kirchlichen Baulast, III, 406. XII. 227. — Observanz der Diözese Konstanz über die Verpflichtung der Pfarrgenossen zu unentgeltlichen Hand- und Spanndiensten bei Kirchen- und Pfarrhausbauten, III, 198. — Grundsätze über die Zuscheidung der provisorischen Baulast, II, 36. — Bemessung der zu Kirchenbauzwecken verwendbaren Mittel des Prinzipalbaupflichtigen; Klage auf deren Feststellung, IV, 196. 139. 117. XII, 6. 251. Gehören hiezu die Kirchenopfer bei der Abfindung einer subsidiär auf dem Zehentbezug haftenden kirchlichen Baulast? V, 803. — Beschränkung der auf Herkommen oder Vertrag begründeten Besoldungslast auf das ausgeübte resp. übernommene Maaß, II, 90. — Rechtliche Bedeutung des Ausdruckes „Kirchensatz" in den Lagerbüchern, XV, 390. — Appellabilität bei einem Streit über das Bestehen einer auf dem Zehentbezug ruhenden Baulast, II, 40. — Zuständigkeit in Streitigkeiten über die Baulast, s. unten: Oeffentliches Recht, 2. 2. f. — Kirchliche Baulast der Parochianen, s. Oeffentliches Recht, 9.

3. Leibgeding. s. oben Obligationenrecht, zweiter Theil, I, 14.

4. Lehen. Selbständige Berechtigung des Vasallen zur Ablösung eines Uebertriebsrechtes, VIII, 116. Legitimation des Vasallen zur Prozeßführung über Lehengerechtsame, VIII, 116. Allodifikation eines Lehens ohne Einfluß auf die Rechte der Agnaten, XV, 125. Succediren durch nachfolgende Ehe Legitimirte nach österr. und württ. Recht in Lehen oder allodifizirte Lehen? XV, 114. 123.

5. Familienfideikommisse. Errichtung solcher auf Grund

des Abelsstatutes und der K. Deklaration ein mit dem Autonomierechte des immatrikulirten begüterten Adels zusammenhängendes Vorrecht, II, 458. Zustimmung der Fideikommißagnaten zur Giltigkeit eines Vergleiches über die Ablösung eines Uebertriebsrechtes nicht erforderlich, VIII, 110. Sicherung der Rechte der Anwärter durch Eintrag im Güterbuch, XI, 123. — Dauernde bürgerliche Familienfideikommisse, II, 428: nach Pandektenrecht, 430., nach deutschem Recht, 437., nach würtl. Recht, 439. Form der Errichtung; Erbvertrag oder Testament, 452. 458. Landesherrliche oder gerichtliche Bestätigung erforderlich? 438. 454. 458. Eintrag der fideikommissarischen Eigenschaft des Grundeigenthums in die öffentlichen Bücher, 453. 458. Wahrung des Pflichttheils, II, 458.

Hauptstück VII.
Zur Lehre vom Wasserrecht.

1. **Oeffentliche und Privatwasser.** Allgemeines über diese Unterscheidung mit Aufstellung verschiedener Kriterien hiefür; römischrechtliche, deutschrechtliche Begriffe, insbesondere über die Eigenschaft der Bäche, I, 246. 255. 268. 271. 412. 423. 848. II, 313. VI, 150. IX, 57. X, 209. XII, 310. XIV, 262. XV, 68. s. auch oben Hauptstück I, D. Unterscheidung der Eigenschaft eines Wassers als res communis im römischen Sinn und als öffentliche Sache im deutschrechtlichen Sinne, I, 412. 423. 448. Die Verwendung eines Wassers zu öffentlichen Zwecken spricht für die öffentliche Eigenschaft desselben, I, 255. Schluß aus der Ertheilung von Konzessionen (besonders mit Wasserzinsen) auf die öffentliche Eigenschaft eines Wassers, I, 271. Inwiefern ändern künstliche Anlagen zu Fassung der Wasserkräfte, namentlich Graben eines künstlichen Bettes, die öffentliche Natur eines Wassers? I, 262. 269. 273. II, 314. X, 209. XI, 118. 255. 257. Aus dem Ursprung eines fließenden Wassers auf dem Grundstück eines Privaten folgt noch nicht das Eigenthum desselben am fließenden Wasser selbst, I, 255. Aus langer Benützung eines fließenden Wassers durch die Adjacenten folgt nicht das privative Eigenthum an demselben, I, 255.

2. **Allgemeines über die Rechte an das Wasser.** Eigenthum und besondere Nutzungsrechte an öffentlichen Flüssen, z. B. Schifffahrt, Flößerei, Wasserwerke. Eigenthums- und Regalitätsprinzip, I, 251. 269. 272. 414. Prinzip des Wasserregals in Württemberg, I, 255. 272. 410. 413. Wassernutzungsrechte im Zweifel Ausflüsse des Hoheitsrechtes, des Wasserregals, I, 252, 263. 273. II, 315. VI, 254. X, 206. XI, 257. XII, 311. XV, 68. Verfügungsrecht des Eigenthümers eines Grundstücks über die auf

seinem Gut entspringende Quelle; Beschränkung desselben durch baupolizeiliche Verfügungen zulässig? I, 257. 434. 438. 445. IX, 54. 57. 58. 60. XIV, 251. 259. XV, 43. Rechtsverhältnisse der Anlieger am fließenden Wasser; Benützungsrecht und Verpflichtung, den natürlichen Ablauf zu bulden, I, 412. 439. Die Behauptung eines vorzüglichen Rechtes durch einen Anlieger ist zu beweisen, I, 412. 447. 448. Vorzug des höher liegenden Besitzers eines Wasserwerkes bei Privatwassern vor den Unter liegenden, I. 447. Recht der Staatsgewalt zu Anordnungen bezüglich der Privatwasser in öffentlichem Intereste, I, 418. 417. VI, 256. X, 211. Vom Eigenthumsbeweis an einem fließenden Wasser überhaupt, I, 261.

3. Schifffahrt, Flößerei, Fischerei, Uferbau. Rechtsverhältniß der angrenzenden Uferbesitzer und der Wasserwerkbesitzer zur Schifffahrt, Flößerei und Fischerei, I, 240. 261. 426. 430. 433. insbesondere Verpflichtung zur Duldung des Leinpfades, I, 246. Ersatzpflicht wegen des durch die Flößerei in einem öffentlichen Fluß gestifteten Schadens, I, 428. 431. Rechte und Verbindlichkeit der angrenzenden Uferbesitzer bezüglich der Herstellung und Erhaltung des Ufers und Bettes gegenüber von Nachbaruferbesitzern und der Schifffahrt, I, 247. 219. V, 394.

4. Erwerb von Wassernutzungsrechten. a. Konzessionen. Die Errichtung von Mühlen hängt vom Konzessionsrechte des Staates ab, I, 410, 414. 425. Bei einer von Alters her bestehenden Mühle ist die Konzessionirung als ertheilt zu betrachten, I, 410. 424. Ueber das durch die Konzession zu Wasserwerken an öffentlichen Wassern erworbene Recht, insbesondere, wiefern die hiedurch übertragenen Nutzungsrechte Gegenstand des Privatrechtes werden, I, 251. 259. 260. 270. 272. 273. 275. 414. 419. 434. II, 315. XI, 114. 116. 118. 254. 257. Inwiefern steht einem konzessionirten Wasserwerkbesitzer ein Einspracherecht gegen Ertheilung anderweiter Konzessionen wegen behaupteten ausschließlichen Eigenthums am Wasser, vertragsmäßigen Prohibitivrechtes, zu? I, 263. 265. 267. 270. Durch Konzession von Nutzungsrechten wird kein ausschließliches Recht erworben, auch nicht im Falle der Auflegung eines Wasserzinses, I, 257. 269. 274. 441. 448. Auch wird dadurch dem Quelleigenthümer das Eigenthum an der Ursprungsquelle nicht entzogen, I, 257. Wassermühlen an öffentlichen Flüssen oder im gemeinschaftlichen Eigenthum der Angrenzer befindlichen Privatwassern darf das erforderliche Wasser nicht entzogen werden, I, 441. V, 368. Inwiefern wird durch Führung eines Kanals Eigenthum am Wasser selbst erworben? I, 263. 269. 274. II, 314. X, 209. XI, 118, 256. 257. — b. Belehnung. Inwiefern wird bur.h Belehnung mit

einem Wasserwerk ein Recht auf das hiezu gehörige Wasser begründet? I, 257. 261. 279. 411. 413. — c. Verjährung. Ersitzung und Unvordenklichkeit bei Wassernutzungsrechten überhaupt; das bloße Zufließen des Wassers begründet keine Verjährung, I, 257. 434. 441. 445. 447. 456. IX, 62. XV, 68. Kann ein unvordenklicher Besitzstand auf natürliche Zustände oder nur auf Kunstanlagen gestützt werden? I, 425. f. auch oben Hauptstück I, G.

5. Veränderung des natürlichen und hergebrachten Wasserlaufes durch künstliche Werke. Veränderung zum Nachtheil der Adjacenten eines fließenden Wassers, I, 438. 449. 453. II, 288. 292. 296. Verpflichtung des Grundeigenthümers zur Unterhaltung einer vorhandenen Anlage, z. B. einer Dohle, in einem für die Nachbarn unschädlichen Zustand, II, 300. 305. 307. Actio aquae pluviae arcendae, s. oben Obligationenrecht, 2. Theil, III, 2. Interdictum de fonte, I, 447. Actio negatoria de stillicidio vel flumine, I, 453. II, 297.

6. Zuständigkeit der Zivilgerichte und der Administrativjustizbehörden bei Wasserrechtsstreitigkeiten, s. unter V, Oeffentliches Recht, 2. d. — s. auch sod. 7.

Hauptstück VIII.

A. Handelsrecht.

1. Handelsregister. Unzulässigkeit des Eintrags der Handlungsbevollmächtigten in dasselbe, VIII, 469. Vorschriften über die Einträge bei den Gewerben des Staates und öffentlicher Körperschaften, IX, 115. Eintrag von Handelsfirmen, welche den Namen eines früheren Inhabers des noch bestehenden Handelsgeschäftes oder eines früheren Theilhabers enthalten, IX, 128. Sammlung der öffentlichen Blätter, durch welche die Kundmachung der Einträge im Handelsregister erfolgt, IX, 386.

2. Handelsfirmen. Rechtsverhältnisse der vor dem 15. Dez. 1865 bestandenen Firmen, IX, 128. Gebrauch einer Firma durch eine Nichthandelsgesellschaft (Handwerkerbank) im Wechselverkehr, XII, 293. Verkauf eines Handelsgeschäftes, XII, 447. Begriff eines gangbaren Handelsgeschäftes, XII, 448. Verpachtung eines Handelsgeschäfts, IX, 338.

3. Kaufleute. Bestimmung der Gewerbsmäßigkeit beim Begriffe des Kaufmanns, IX, 164. Kaufmann im Sinn des H.G.B. ist auch die württembergische Staatseisenbahnverwaltung, IX, 147. Führung der Handelsgewerbe des Staates und öffentlicher Körperschaften durch Beamte in der Eigenschaft als Handlungsbevollmächtigte, IX, 114.

4. **Handelsbücher.** Deren Beweiskraft nach dem Rechte vor dem D. H.G.B., X, 220. Voraussetzungen der Beweiskraft eines Kopierbuchs, XII, 409. Umfang der Verbindlichkeit zur Vorlegung der Handelsbücher an den Prozeßgegner resp. das Gericht, XII, 410.
5. **Prokuristen.** Solche dürfen für die Gewerbe des Staates und öffentlicher Körperschaften nicht bestellt werden, IX, 114.
6. **Handlungsbevollmächtigte.** Unzulässigkeit ihres Eintrags in das Handelsregister, VIII, 469. Die Beamten, welche die Gewerbe des Staates und öffentlicher Korporationen führen, sind Handlungsbevollmächtigte, IX, 44. Vorzeitige Entlassung eines Handlungsreisenden wegen für Rechnung eines Dritten gemachter Handelsgeschäfte, XII. 417. Verpflichtung des nicht auf der Reise befindlichen Handlungsreisenden nur zu Komptoirarbeiten, XII, 418.
7. **Handlungsagent.** Begriff desselben, XI, 142, XII, 412. Bedeutung des Briefes und Telegrammes eines Agenten für den Geschäftsabschluß, IX, 378. XII, 429. Wer ist im Falle der Schließung eines Vertrages durch den Agenten eines Dritten als Kontrahent zu betrachten? XI, 142. Schadensersatzklage gegen einen Agenten wegen nicht erfüllten Vertrages, XII, 410.
8. **Handlungsgehilfen.** Aufhebung des Dienstverhältnisses eines solchen wegen Mißbrauches des Vertrauens; erhebliche Zeit unterlassener Dienstleistung, XII, 415. Von wann an gilt der Dienstvertrag im Falle eines Prozesses als aufgelöst? XII, 417, s. oben Obligationenrecht, 2. Theil, I, 5.
9. **Offene Handelsgesellschaft.** Beginn ihrer Wirksamkeit gegen Dritte mit dem Zeitpunkte des begonnenen Geschäftes, IX, 331. Hieher auch die den Betrieb des Handelsgewerbes nur vorbereitenden Geschäfte gehörig, IX, 331. Die einem Gesellschafter für seine Thätigkeit ausgesetzte jährliche Belohnung ist nicht als Salair zu betrachten, XII, 420. Gant gegen die Gesellschaft, X, 360.
10. **Aktiengesellschaften.** Haben dieselben juristische Persönlichkeit? XI, 181. Klage des Inhabers eines die Aktie vorläufig vertretenden Interimsscheines auf Herausgabe der Gesellschaftsaktie, XIII, 11. Natur des Interimscheines als Inhaberpapier, XIII, 24. Vertretung der Aktiengesellschaft, XIII, 19. Gant gegen die Gesellschaft, X, 360.
11. **Handelsgeschäfte im Allgemeinen.** Anschaffung einer Maschine ein Handelsgeschäft? IX, 331. Verpachtung eines Handelsgeschäftes, IX, 338. Wer ist im Falle der Schließung eines Vertrages durch den Agenten eines Dritten als Kontrahent zu betrachten? XI, 142. Der Dienstvertrag zwischen einer Maschinenfabrik und einem Ingenieur ist Handelssache, XII, 422. Die Ueber-

nahme von Versicherungen gegen feste Prämie ein Handelsgeschäft, IX, 333. Kaufmännische Abrechnung; rechtliche Natur derselben, Einfluß auf die Beweislast, XII, 423. Abschluß eines Handelsgeschäftes unter Abwesenden; Widerruf eines Antrages durch den Telegraphen, XII, 429. Eigenthumsübergang bei von einem Orte zum andern versandten Waaren; constitutum possessorium, XII, 433. Verlauf eines Handelsgeschäftes, XII, 447.

12. Kauf. Stillschweigen auf ein briefliches Offert, IX, 376. Wann gelten unbestellte Waaren als vom Empfänger angenommen? X, 242. 245. XII, 426. — Uebergang der Gefahr beim Kauf, X, 258. — Mängelgewähr bei Handelsgeschäften, X, 242, 260, insbesondere: Mängel bezüglich der bestellten Qualität; bessere Qualität, X, 245. Mangel im Maaß, X, 246. XII, 441. Theilweise Mangelhaftigkeit der Sendung, X, 253. 261. Schuldhafte Unkenntniß der Mangelhaftigkeit der Waare Seitens des Käufers, X, 246. Die Pflicht des Käufers zur Anzeige gewahrt durch Aufgabe derselben bei der Post, X, 249. 260. Expertise und Deposition keine Pflicht, X, 255. Thatsächliche Genehmigung, Veränderung an der Waare, X, 255. Beweislast bei vertragswidriger Beschaffenheit der Waare im Falle erfolgter Disposition über dieselbe, XI, 179. XII, 439. Kauf auf bestimmtes Maß oder Gewicht; Zurückbleiben desselben hinter dem Voranschlag, XII, 433. Gefahr im Falle unbefugter Retournirung, X, 254. Verspäteter Vollzug einer an sich begründeten Retournirung, X, 257. Weitere Verhandlungen über die Retournirung, X, 257. Frist zur Dispositionsstellung, VI, 206. 207. X, 242. 244. 248. 250. 260. 262., insbesondere bei nicht sofort erkennbaren Mängeln; Begriff derselben, X, 242. 251. XII, 443. Frist im Falle des Betruges, X, 253. Beweislast bezüglich der Probemäßigkeit bei einem Kaufe nach Probe, XII, 363. Klage auf Preisminderung beim Verkaufe nur der Gattung nach bestimmter Waaren wegen vertragswidriger Beschaffenheit zulässig? XII. 440. Anspruch auf Bezahlung einer theilweisen Lieferung; Einrede des nicht vollständig erfüllten Vertrages; Abschlagszahlungen für theilweise Lieferungen, XII, 437. Berechtigte Verweigerung der Annahme von Fabrikaten aus einem andern Geschäft, als demjenigen, wovon der Depositar ein Depot hat, XII, 439. — Platzgeschäft; Begriff desselben, XII, 442. — Eigenthumsübergang bei von einem Orte zum andern versandten Waaren; constitutum possessorium, XII, 433. — Der säumige Verkäufer hat neben der Preisdifferenz weiteren Schaden nur im Falle seiner Unvermeidlichkeit zu ersetzen, XII. 446. Verzug beim Lieferungsgeschäft; Fixgeschäft; Rücktrittsbefugniß, VI, 108. IX, 406. XIV, 170. 173. XV, 429. Der für die Schadensersatzklage wegen

Verzuges des Verkäufers nach Handelsrecht entscheidende Zeitpunkt, VI, 170. XIII, 185. XIV, 170. Berechtigung des Verkäufers, beim Verzuge des Käufers die noch nicht übergebene Waare für Rechnung des Käufers zu verkaufen oder selbst zu übernehmen oder zu behalten, XII, 445. Erfüllungsort bei Lieferungsverträgen nach Handelsrecht, XIII, 183. Verkauf eines Handelsgeschäftes, XII, 417. 448, f. auch Kauf im Obligationenrecht, 2. Theil, I, 1.

13. Kommission. Bedingung der Haftung des Verkaufskommissionärs für die Differenz bei dem Verkauf unter einem bestimmten Preis, III, 142. Einkaufskommission; Propregeschäft; Verkauf im Falle des Verzuges des Käufers in der Uebernahme bestellter Werthpapiere, XII, 449.

14. Speditionsgeschäft. Verpflichtung des Empfängers einer Waare zur sofortigen Benachrichtigung des Spediteurs wegen mangelhafter Lieferung, VI, 207.

15. Frachtgeschäft. Haftpflicht der Post und der Eisenbahn für Beschädigungen und Verluste, IV, 69. Insbesondere vom Einfluß der Grundsätze über das receptum, IV, 96. Vom Frachtvertrag, IV, 114. Abänderung dieser Grundsätze durch die Eisenbahn- und Posttransportordnungen, 63, 68, 119. Haftung des Frachtführers für die von ihm verwendeten Personen, 115. Auch, wenn der Fiskus Frachtführer ist, 120. Haftung für dolus und culpa lata, Verbot des pactum, ne dolus praestetur, 122. 131. Beweislast, 124, 126. 128. 130. Ausschluß der Haftpflicht bei unbeanstandeter Annahme des Frachtstückes, IV, 127. VI, 206. Einfluß des dolus und Irrthums auf diesen Grundsatz, IV, 127. 128. VI, 200. Reklamationsfristen, 129. Maß der Haftung, 131, 133. Haftung für Verspätungen, 132. Rothwendigkeit der Bekanntmachung der Eisenbahnordnungen, 121. Rechtliche Giltigkeit ihrer Bestimmungen, 122. 126. Auslegung, 127.

16. Versicherungsvertrag. S. oben Hauptstück III, 2. Theil, I, 15.

B. Gewerberecht.

Einsprache der Nachbarn gegen einen ihre Person und den Genuß ihres Eigenthums wesentlich störenden Gewerbebetrieb; Zuständigkeit, I, 135, 147. XI, 122. XIV, 246. 312. XV, 373. Kompetenz für die Entscheidung über Ansprüche, insbesondere auf Entschädigung aus einem Lehrvertrag, III, 99. IV, 187, 343. VIII, 131. Unbefugter Gewerbebetrieb begründet keine Nichtigkeit der einschlagenden Rechtsgeschäfte, III, 396. Verpflichtungsfähigkeit Minderjähriger im Gewerbebetrieb, XII, 29, insbesondere Veräußerungsverträge derselben, XII, 35. Ausschluß der Restitution, XII, 29, 36.

Umfang der Verpflichtung, XII, 37. Verhältniß zum elterlichen Nutznießungsrecht, XII, 39. Gehilfen- oder Gesellschaftsvertrag? XII, 73.
Realdienstbarkeit zu Gunsten eines Gewerbes ohne herrschendes Grundstück, IV, 416. VIII, 116. XII, 210. Verbot des Betriebes eines Gewerbes möglicher Gegenstand einer Realservitut? VIII, 114. XIV, 849.
Entscheidung von Gewerberechtsfachen; ob durch polizeiliche Verfügung
oder durch Erkenntniß der Administrativjustizbehörden? III, 90.
V, 336. 339, 390, f. auch Oeffentliches Recht, 2, o. 7.

C. Papiere auf den Inhaber.

Ausstellung derselben durch Privatpersonen in Württemberg
ohne besondere Staatsgenehmigung zulässig, V, 111. Ihre Amorti-
sirung nur zulässig, wenn vertragsmäßig festgesetzt, V, 113, 117.
Theilung gemeinschaftlicher Lotterieanlehensloose, II, 460. Die Ver-
sicherungspolicen kein Inhaberpapier im rechtlichen Sinne; Amortisation, IX, 393. XIII, 462. Der Interimschein einer Aktie ein
Inhaberpapier, XIII, 24. Der Uebergang der Forderung aus einem
Inhaberpapier wird bewirkt nicht durch Cession der Forderung,
sondern durch Tradition des Papiers, XIV, 124. Ausnahme bei
den auf den Namen eingeschriebenen Papieren, XIV, 126.

D. Wechselrecht.

Art. 1 der allg. deutschen Wechselordnung: Wechselfähigkeit der Frauen. Die Rechtswohlthat des S. C. Vellejanum
durch die W.D. nicht aufgehoben, II, 493. III, 173. VI, 393, XII.
165. Solidarverbindlichkeit der Ehefrauen, II, 494. III, 173. V, 275.
XII, 165. Die Einwilligung des Ehemannes zur Wechselverbindlichkeit
der Frau auch erforderlich, wenn dem Wechsel eine Schuld der ehelichen
Gesellschaft zu Grunde liegt, IX, 361. Muß die Einwilligung des
Ehemannes auf den Wechsel selbst gesetzt sein? VI, 394. Der Nachweis der Wechselfähigkeit der Frauen ein Theil der Klagebegründung,
VI, 393. IX, 361. Interzession einer Württembergerin im Auslande
durch Wechselaccept, IX, 363. Zulässigkeit der Erkennung des Wechselprozesses gegen minderjährige Erben eines Wechselschuldners, II,
494. Minderjährige Offiziere nicht wechselfähig, III, 174. Wechselunfähigkeit der Hauskinder; Einfluß der Volljährigkeit, XII, 145.
Der Kribar nach der Eröffnung des Gants wechselsfähig, V, 240.
Die Wechselverpflichtung eines des Lesens oder Schreibens Unkundigen wirksam, XV, 199. — Art. 4. Die Unterschrift eines Wechselschuldners auf einem nicht vollständig ausgefüllten Wechselformular
gleichwohl wirksam, III, 421. IX, 363. Ungiltigkeit eines Wechsels
im Falle der Ungewißheit über seine Eigenschaft als Tratte oder eigener Wechsel, V, 249. — Art. 4. §. 1. Ausländische Wechsel ohne

Bezeichnung mit einem dem Wort „Wechsel" entsprechenden Ausdruck, II, 518. V, 276. XI, 215. — Art. 4. J. 3. Verwaltungen (Pflegschaften) als Wechselinteressenten genannt, II, 494. Unrichtige Bezeichnung des Titels des Remittenten unerheblich, XII, 150. Gültigkeit eines nicht auf Ordre gestellten Wechsels, XII, 150. Kann auch eine Richthandelsgesellschaft (Handwerkerbank) im Wechselverkehr sich einer Firma bedienen? XII, 293. — Art. 4. §. 4. Sind Ratenwechsel nach der D. W.O. giltig? Kassatorische Klausel, IV, 309. Bezeichnung der Verfallzeit: „2 Monate zahlen Sie" ungenügend, II, 494. Inwiefern macht die fehlende Jahreszahl beim Zahlungstag den Wechsel ungiltig? II, 494, 495. III, 174, 175. V, 248. IX, 143. XII, 151. Die Bezeichnung der Verfallzeit: „pr. 6. cts." genügend bestimmt, XII, 155. Sichtwechsel, „nach Sicht," II, 495. Datowechsel „dato", II, 495. V, 247. „Bis 30. April 1860 zahlen Sie" genügend bestimmt, V, 247. „1 Monat nach heute zahlen Sie" bei einem unter einem Bruchdatum ausgestellten Wechsel genügend, V, 247. Bezeichnung: „Anfangs nächste hiesige Beitzmesse" genügend, XIV, 181. Korrektur der Jahreszahl in einem Wechsel, XII, 163. XIII, 189. — Art. 4. §. 5, f. zu J. 3. Unterschrift durch fremde Hand aus Auftrag des Wechselschuldners kein Ungiltigkeitsgrund, II, 496. — Art. 4. §. 6. Antedatirung nicht nothwendig ein Ungiltigkeitsgrund, II, 496. Bezeichnung des Ortsdatums im Wechsel durch Benennung zweier Orte, V, 248. XII, 296. — Art. 4. §. 7, f. zu J. 3. — Art. 4. §. 8. Der 2. Satz enthält keine prozeßualische Vorschrift bezüglich des Gerichtsstandes, II, 513. III, 177. Die Bestimmung über den Zahlungsort bezieht sich nur auf Angehörige desselben Staates, II, 514. — Art. 6. Bezeichnung des Bezogenen: „Sola auf mich selbst" (Name des Ausstellers) ohne Beisetzung eines anderen Zahlungsortes macht den Wechsel ungiltig, II, 496. — Art. 7. Wechsel mit Zinsversprechen begründen keine Wechselkraft, II, 496. IV, 317. Zinsversprechen bei der Prolongation des Wechsels vom ersten Verfalltag an giltig, II, 497. Die Beisetzung der Unterschrift eines Wechselschuldners vor vollständiger Ausfüllung des Wechselformulars gleichwohl wirksam, III, 421. IX, 363. — Art. 9. 10. Feststellung einer nur bedingten Verbindlichkeit des Acceptanten eines Wechsels zu dessen Einlösung durch Vereinbarung desselben mit dem Wechselaussteller, XII, 300. Wechselmäßige Klage aus einem durch Cession übertragenen Wechsel, XII, 155. Der den Wechsel einlösende Bürge erwirbt nicht ipso jure die Rechte aus dem Wechsel, II, 498; f. auch XII, 176. Einlösung eines Wechsels durch einen Bormann nach ergangenem Wechselerkenntniß gegen den

Acceptanten; Legitimation zur Klage aus diesem Erkenntnisse, V, 250. — Art. 11. 12. 13. Ungiltiges Blankoindossament auf der Vorderseite des Wechsels; nachträgliche Ausfüllung durch den Indossanten, XII, 157. Legitimation des Erwerbers eines protestirten Wechsels durch ein dem Protest vorangegangenes Blankogiro, V, 250. Die nachträgliche Ausfüllung eines Blankoindossaments mit einem Prokurainbossament giltig, II, 499. Ein ordentliches, mit Ausnahme der Unterschrift durchstrichenes Indossament als Blankoindossament nicht zu gebrauchen, II, 499. — Art. 14. Voraussetzung der Befreiung des Indossanten von der Verbindlichkeit aus seinem Indossament, XII, 300. — Art. 17. Sachlegitimation durch jede civilrechtlich zulässige Art der Bevollmächtigung, II, 499. III, 424. Prozeßlegitimation durch einen Brief, II, 499. — Art. 18. Die sog. Augsburger Acceptationsfrist gilt als nicht beigefügt, II, 499. — Art. 19. 20. Feststellung des Präsentationstages bei Sichtwechseln, V, 253; s. auch Art. 98, Z. 9. — Art. 21. 22. Bedeutung des Acceptes auf eine spätere Zeit, II, 499. III, 176. 425. Klagbarkeit des vom Acceptanten prolongirten Wechsels, II, 499. Erklärung der dem Wechselaccepte beigefügten Zahlungszeit aus der Protesturkunde, II, 499. III, 175; s. auch Art. 31. 41. 60. Z. 2. Beschränkung des Acceptes durch eine Bedingung, V, 255. Begründet das Alleinaccept eines Nichtbezogenen eine wechselrechtliche Verpflichtung desselben? VI, 410. Die Zusage, auf sich abgeben zu lassen, enthält die Zusage der Acceptation der abzugebenden Tratte, XII, 167. — Art. 23. 24. Präsentation zur Zahlung und Protesterhebung zur Erhaltung des Wechselrechtes gegen den Acceptanten nicht erforderlich, (II, 514.) V, 60. XII, 195. Ausnahme bei Domizilwechseln, in welchen kein Domizilial benannt ist? V, 61; wenn der Wechselgläubiger selbst als Domizilial bezeichnet ist? V, 82. 91. Bedeutung des Ausdrucks: „zahlbar bei" in Domizilwechseln, V, 260. X, 265. Die Präsentation Bedingung für die Forderung von Zinsen und Prozeßkosten, XII, 185. Der Aussteller des an die Ordre eines Dritten gezogenen Wechsels als solcher zur Wechselklage gegen den Acceptanten nicht legitimirt, XII, 161. Feststellung der Verfallzeit eines domizilirten Sichtwechsels, XII, 172. XIII, 187. — Art. 25. Eine der gerichtlichen Klage auf Sicherstellung vorausgegangene außergerichtliche Aufforderung hiezu Bedingung für den Anspruch auf Ersatz der Prozeßkosten, XII, 163. — Art. 29. Bloße Befürchtung der Ueberschuldung des Acceptanten kein Grund für den Regreß auf Sicherstellung wegen Unsicherheit des Acceptanten, VI, 396. Bei mehreren nicht solidarischen Wechselverpflichteten die Klage auf Sicherstellung nur bezüglich des unsicher gewordenen Theils der

Wechselsumme begründet, XII, 164. Erhebung des Sicherheitsprotestes im Fall der Konkurseröffnung gegen den Nachlaß des Wechselschuldners in dessen früherer Wohnung, XII, 166. Beschränkung des Präjudizes der Rekognition auf den Wechselprotest im Fall eines Regresses auf Sicherstellung, II, 500. — Art. 30 ff. Mitte Februar am 15., II, 500. Bedeutung des Ausdrucks: „acht Tage", II, 500. Zahlungstag bei einem Meßwechsel, II, 501. XIV, 181. Zeit der Protesterhebung bei einem Sichtwechsel mit beschränktem Accept, III, 426. Bewirkung der Fälligkeit eines domizilirten Sichtwechsels, XII, 172. XIII, 187. — Art. 36. Legitimation des Aussellers und seiner Nachmänner durch den bloßen Besitz des Wechsels, II, 501. Einlösung eines Wechsels durch einen Vormann nach ergangenem Wechselerkenntniß gegen den Acceptanten; Legitimation zur Klage aus diesem Erkenntniß, V, 250. Legitimation des Erwerbers eines protestirten Wechsels durch ein dem Proteste vorangegangenes Blankogiro, V, 250. — Art. 37. Kurswerth bei einer Regreßklage, II, 501. — Art. 89. Das Verbleiben des Wechsels als Beweisstück bei Untersuchungsakten kein Hinderniß der Exekution, XII, 167. — Art. 41 ff. Protesterhebung Mangels Zahlung kann vom früheren Acceptanten statt des Inhabers vorgenommen werden, II, 502. Abweisung der Regreßklage von Richteramtswegen im Fall ungenügenden Protestes, II, 502. Inhalt der an den Protestaten zu richtenden Aufforderung, V, 258. XIII, 191. Vorlegung der Protesturkunde durch den Kläger, V, 259. Nennung des Wechselgläubigers, für welchen protestirt wird, in der Protesturkunde nothwendig, III, 427. Protesturkunde ohne Erklärung des Protestaten wegen Erkrankung, V, 278. Beifügung des Amtssiegels in der Protesturkunde wesentlich, V, 279. Wann ist eine Unrichtigkeit der in den Protest aufgenommenen Wechselabschrift ein wesentlicher Mangel? IX, 144. 145. X, 92. XIV, 406. Der Identitätsbeweis ausschließlich durch die in der Protesturkunde enthaltene Wechselabschrift herzustellen, XIV, 407. Protesterhebung zur Erhaltung des Wechselrechtes gegen den Acceptanten nicht erforderlich, V, 60. Ausnahme bei Domizilwechseln, in welchen kein Domiziliat bezeichnet ist? V, 61. XII, 178. 185; wenn der Wechselgläubiger selbst als Domiziliat bezeichnet ist? V, 82. 91. Erforderniß des Protestes bei der Regreßklage gegen den Trassanten, wenn der Wechsel bei ihm selbst domizilirt worden? V, 99. Bedeutung des Ausdruckes: „zahlbar bei" in Domizilwechseln, V, 260. X, 265. Protestirung mehrerer Wechsel in Einer Urkunde zulässig? X, 272. Die Stelle der Protesturkunde, an welcher die Abschrift des Wechsels steht, unerheblich, V, 278. Die Erwähnung der speziellen Lokalität der Protestaufnahme nicht noth-

5*

wendig, III, 427. V, 279. Protestaufnahme in der Wohnung des Notars zulässig, III, 426. Nachfrage nach der Wohnung des Bezogenen bei der Polizeibehörde, V, 280. Ort der Protesterhebung im Falle der Benennung einer dritten am Wohnort des Acceptanten wohnenden Person, bei welcher Zahlung erfolgen soll, durch den Bezogenen bei der Acceptation, VI, 418. Die Veränderung des Wohnortes durch den Bezogenen seit der Ausstellung, resp. seit der Acceptation des Wechsels für den Ort der Protestaufnahme unerheblich, IX, 267. Zeit der Protesterhebung; Geburtstag des Regenten, III, 426. Die Bezeichnung der Stunde der Protestaufnahme nicht erforderlich, X, 266. Beide auf den Zahlungstag folgende Tage müssen Werktage sein, II, 508. Bei der Bitte um Zahlungsaufschub Protesterhebung nothwendig, II, 502. Ebenso im Falle der Prolongation des Wechsels zur ursprünglichen Verfallzeit, II, 502. III, 175. Zeit der Protestirung im Fall eines der Zeit nach beschränkten Acceptes, II, 504. III, 176. 425. Zeit der Protestirung eines Wechsels auf Sicht, IX, 368. Feststellung der Verfallzeit eines domizilirten Sichtwechsels, XII, 172. XIII, 197; f. auch zu Art. 86. 96. — Art. 45. Schluß der Prozeßzinse wegen unterlassener Benachrichtigung des Vormannes, II, 509. Ersatz der Auslagen nur für die Benachrichtigung des unmittelbaren Vormannes begründet, V, 262. Entschädigung für die durch Benachrichtigung des Vormannes vom Protest verursachte Berufung nicht zulässig, V, 267. Beweispflicht des Wechselklägers in Bezug auf die Benachrichtigung des Vormannes vom Proteste nur im Falle einer bießfälligen Einwendung des Beklagten, VI, 897. Bescheinigung hiebei genügend, VI, 399. — Art. 47. Bei anderweitigem Bekanntsein des Aufenthaltes des Vormannes ist dessen Vormann nicht zu benachrichtigen, V, 262. — Art. 48. Voraussetzung für die Regreßklage einer Gantmasse, gegen welche ein Wechsel liquibirt ist, II, 509. — Art 49—61. Der Regreßkläger muß den Wechsel wirklich eingelöst haben, V, 268. Klagerechte des den Wechsel einlösenden Bürgen, II, 498. XII, 176. Die Zinsverbindlichkeit durch Prolongation nicht verändert, II, 503. III, 176. Zinsenmaß, II, 501. Die Zinsen keine Verzugszinsen, sondern ein Theil des Interesse, XIV, 409. Voraussetzungen für den Ersatz der Protestkosten, II, 504. 505. III, 175. 176. 425. V, 259. Voraussetzungen für die Forderung einer Provision, II, 505. 509. III, 426. V, 259. Was gehört zu der Summe, aus welcher der Regreßnehmer Zinsen verlangen kann? II, 506. Was gehört zu den Kosten, welche er ersetzt verlangen kann? II, 506. — Art. 52. Der Zahlungsort für die Berechnung der Provision maßgebend, II, 507. — Art. 53. Nothwendigkeit der Liquidation der wirklichen Auslagen für einen Rückwechsel, II, 507. Legitimation des Inhabers eines nicht acceplirten Rückwechsels zur Einklagung des protestirten Hauptwechsels, V, 268. — Art. 70—72. Klage gegen einen Wechselbürgen auf Grund eines auf eine Wechselabschrift gesetzten Originalindossamentes, wenn das Gericht die Herausgabe des bei früheren Akten liegenden Originalwechsels verweigert, XII, 179. — Art. 74. Der Besitzer eines Wechsels durch Art. 74. nur gegenüber von Dritten, nicht gegen seinen eigenen Autor geschützt, V, 272. Pflicht des böslichen oder grob fahrläßigen Erwerbers eines abhanden gekommenen Wechsels zum Schadenersatz, XIV, 407. — Art. 75. 76. Behauptung der Wechselverfälschung in Absicht auf die Verfallzeit und den Zahlungsort; Beweislast, IX, 371. XII, 175. Korrekturen und Rasuren auf Wechseln sind nach allgemeinen civilrechtlichen Grundsätzen zu beurtheilen, XII, 189. XIII, 189. — Art. 77 ff. Nach welchem Recht ist die Einrede der Verjährung zu beurtheilen? II, 507. III, 177. XIV, 341. Berücksichtigung der Verjährung von Amtswegen, II, 507. Berechnung der Verjährungsfristen, VI, 390. Restitution gegen die Wechselverjährung, VI, 400. Die Wechselklage gegen den Acceptanten eines domizilirten und beim Domiziliaten Mangels Zahlung protestirten Wechsels verjährt nicht in 3 Monaten, X, 267. Wann ist die Buchung eines Mangels Zahlung protestirten und mit Retourrechnung zurückgesandten Wechsels als Zahlung im Sinne des Art. 79 zu betrachten? X, 268. — Art. 80. Wirkung des Gantes gegen den Wechselschuldner auf die Wechselverjährung; Zeitpunkt dieser Wirkung, I, 112. II, 508. 527. III, 180. IX, 355. X, 77. 271. Unterbrechung der Verjährung durch Zustellung der Klage an einen Hausgenossen und durch Anschlag der Ladung an die Thüre, V, 274. Behändigung der Klage ohne Ladung unterbricht die Verjährung nicht, II, 503. X, 83. 89. Verjährung durch Prolongation nicht unterbrochen, II, 500. III, 429. V, 275. Wiederanfang und Dauer der unterbrochenen Verjährung, I, 114. VI, 403. — Art. 81. Eine ununterbrochene Reihe von Indossamenten für die Wechselverpflichtung des Unterzeichners eines Indossamentes nicht erforderlich, II, 508. Ausschluß der Provision gegenüber dem Acceptanten, II, 509. Haftung der Ehefrau aus ihrer Unterschrift auf dem auf den Mann gezogenen Wechsel, V, 275. Begründet das Alleinaccept eines Nichtbezogenen eine wechselmäßige Verbindlichkeit desselben? VI, 410. Klagerecht des Wechselbürgen, welcher den Wechsel eingelöst und auf sich hat indossiren lassen, II, 498. XII, 176. Die Haftung des Bürgen sedingt durch die aus dem Wechsel ersichtliche Beziehung der Bürgschaft zu einer der andern Wechselunterschriften, XV, 197. Die Wechselbürgschaft im Zweifel keine civilrechtliche Bürgschaft, VI, 414. XV, 198. — Art. 82. Einrede des Sc. Vellejanum, s. zu Art. 1.

Einrede der Zahlung; die Zahlung muß als Wechselzahlung angenommen sein, II, 511. 512. Einrede der Zahlung an einen Vormann, I, 124. Einrede der Zahlung durch einen Dritten, I, 124. II, 512. Einrede des Betrugs, II, 509. Einrede der Kompensation, I, 123. II, 509. XII, 188. Einrede der Simulation, II, 510. Einrede des Zahlungsaufschubs, II, 511. Einrede der mangelnden Valuta, II, 511. Einrede, seine Unterschrift auf ein noch nicht vollständig ausgefülltes Wechselformular gesetzt zu haben, III, 421. IX, 363. Wirkung der Verwerfung einer Einrede auf Grund des Art. 82, II, 512. Nur liquide, unmittelbar gegen den jedesmaligen Kläger zustehende Einreden zuläßig, II, 509. — Art. 83. Unmöglichkeit der Einklagung eines wegen Versäumung des Protestes präjudizirten Wechsels gegen den Indossanten im ordentlichen Prozeß, II, 512; insbesondere auf Grund eines zum Zweck einer Bürgschaftsübernahme für die Wechselsumme ausgestellten Indossaments? VI, 414. Restitution gegen die Wechselverjährung, VI, 400. — Art. 85. Ausländische Wechsel ohne Bezeichnung mit einem dem Worte: „Wechsel" entsprechenden Ausdruck, II, 513. V, 276, XII, 315. Nach welchem Rechte ist die Einrede der Verjährung zu beurtheilen? II, 507. III, 177. — Art. 86. Protestfrist nach englischem Rechte, II, 513. Für die Legalität eines im Auslande aufgenommenen Protestes streitet die Vermuthung, X, 271. — Art. 88. s. oben zu Art. 41. s. — Art. 91. 92. Der Wechselschuldner nicht verpflichtet, dem Wechselgläubiger die Wechselsumme zu übersenden oder zu überbringen; Folge für die Verbindlichkeit zur Zinszahlung, XII, 184. s. auch oben zu Art. 19, 20. 41 ff. — Art. 96. Bezeichnung der Verfallzeit des Wechsels, V, 247. Angabe des Orts und Tages der Ausstellung des Wechsels, I, 248. Ungültigkeit eines Wechsels im Falle der Ungewißheit über seine Eigenschaft als Tratte oder eigener Wechsel, V, 249. Giltigkeit eines nicht auf Ordre gestellten Wechsels XII, 150. Giltigkeit eines eigenen Wechsels trotz des Beisatzes: „angenommen" bei der Unterschrift des Ausstellers, XII, 186. — Art. 97. „Wohnort des Ausstellers" enthält keine Vorschrift bezüglich des Gerichtsstandes, II, 513. III, 177. Der festgesetzte Zahlungsort für die Zuständigkeit nicht maßgebend, II, 514. III, 177. Die Bestimmung über Zahlungsort bezieht sich nur auf Angehörige desselben Staates, II, 514. — Art. 98. Vorgängige Präsentation des eigenen Wechsels zur Zahlung oder Protest Mangels Zahlung bei dem Aussteller nicht erforderlich, II, 514. V, 60. Feststellung des Präsentationstages bei Sichtwechseln, V, 253. Klagerecht des den Wechsel einlösenden Bürgen, II, 498. XII, 176. — Art. 99. Protestation des eigenen Domi-

zilwechfels nothwendig, wenn kein Domizilial bezeichnet ist? II, 515.
V, 61; wenn der Wechselgläubiger selbst als Domizilial bezeichnet
ist? II, 515. V, 82. 91.

IV. Civilprozeß.

(Der Inhalt dieses Abschnitts bezieht sich, soweit nicht etwas Anderes
bemerkt ist, auf die Gesetzgebung vor 1868.)

A. Allgemeine Lehren.

1. **Rechtsquellen.** Uebersicht über dieselben in Württemberg, I, 7. Die Civilprozeßordnung von 1868, Entstehung und Grundzüge derselben, XI, 803, 859.

2. **Gerichtsverfassung in Civilsachen.** Die ältere, I, 9; in Handelssachen nach dem Gesetz vom 13. August 1865, VIII, 81; nach der Gesetzgebung von 1868, XI, 804, 809, 827, 881, 899. Das Palenelement in der Rechtspflege, XI, 310, 341. Das kaufmännische Palenelement, V, 283, Note. XI, 343. Bedingungen der Fähigkeit zu kaufmännischen Richterstellen, VIII, 456. IX, 116. Wahlprüfung, IX, 129. Besetzung der Civilkammern der Kreisgerichtshöfe und des Obertribunals mit Schöffen bei der Verhandlung und Entscheidung von Handelsstreitsachen, welche vor dem 1. Februar 1869 bei den Gerichtshöfen und dem Obertribunal anhängig geworden waren, XII, 69.

3. **Von den Prozeßgesetzen.** Kollision des ausländischen und inländischen Prozeßgesetzes: bezüglich der Zulässigkeit bestimmter Beweismittel, III, 150; bei Requisitionen auswärtiger Gerichte, III, 150; bei Arrestverfügungen, VI, 295. Rückanwendung neuer Prozeßgesetze, VIII, 131.

4. **Zuständigkeit (Gerichtsbarkeit.)** Beschwerde der Partei gegen den Ausspruch eines Gerichtes über seine Zuständigkeit, IV, 198. V, 462. IX, 345. Gegen die Entscheidung eines Kompetenzstreites zwischen 2 Untergerichten durch ein höheres Gericht steht dem Untergericht keine Beschwerde zu, V, 462. Die Zuständigkeit der Civilgerichte unterliegt nur ihrer Prüfung, nicht der des Justizministeriums, IV, 337, 339, 343, 346. V, 462. Erweiterung der Gerichtsbarkeit durch objektive und subjektive Klagenhäufung, VI, 17. Zuständigkeit der Handelsgerichte, s. unter G. 6. Ueber die Grenzen der Kompetenz der Civilgerichte gegenüber den Administrativjustizbehörden, s. unten: Oeffentliches Recht, V, 2.

5. **Gerichtsstände.** a. **des Wohnortes:** Domizil ein seinem Grunde nach nicht bloß vorübergehender Aufenthalt, V, 450.

Gerichtsstand des Wohnsitzes der einzige allgemeine Gerichtsstand, XIII, 124, 141. Gerichtsstand der Dienstboten und Handwerksgesellen, V, 451. Wohnsitz der Kinder, welche einen solchen noch nicht selbst gewählt haben, VI, 148. Gerichtsstand des Wohnortes eines Pächters ist nach Umständen am Pachtsitz, X, 211. Kann der im Ausland wohnende Württemberger, insbesondere ein Standesherr, vor dem württ. Gericht seines früheren Wohnsitzes belangt werden? V, 454. X, 219. XIII, 125, 137. — b. Gerichtsstand des Aufenthaltsortes und des Heimathortes, XIII, 198. — c. Gerichtsstand des Vertrages: Anwesenheit oder Vermögensbesitz des Beklagten im Bezirk erforderlich, IV, 169. V, 456. Gerichtsstand des Vertrages bei Klagen von Ausländern gegen bayerische Unterthanen, IV, 442. Voraussetzungen dieses Gerichtsstandes zur Begründung der Kompetenz ausländischer Gerichte gegen Württemberger, V, 456. — d. Gerichtsstand der Verwaltung hat dieselben Voraussetzungen, wie der des Vertrages, IV, 189. —. e. Gerichtsstand des Delikts: Vermögensbesitz des Beklagten im Bezirke nothwendig? VIII, 132. Einfluß der Behauptungen des Klägers über das Vorhandensein der Voraussetzungen dieses Gerichtsstandes auf die Zuständigkeit des Gerichts, VIII, 139. — f. Gerichtsstand der Konnexität: Zuständigkeit des Gerichtes der Hauptsache für Streitigkeiten über die Prozeßkosten und die Deserviten der Anwälte, II, 523, 524. III, 152. Zuständigkeit bei Klagen gegen Ausländer wegen Prozeßkosten, III, 154, 155. — g) Gerichtsstand der Widerklage: Auslegung des Jurisdiktionsvertrages mit Baden, XI, 260. — h. Gerichtsstand der Erbschaft: IV, 191. XIII, 139. — i. Gerichtsstand des Arrestes: Zuständigkeit der württ. Gerichte zur Arrestverfügung und Verhandlung der Hauptsache bei Streitigkeiten zwischen Ausländern, IV, 449. VI, 116. 122. XIII, 123. — k. Gerichtsstand in Handelsstreitsachen nach dem Gesetz vom 13. August 1865, VIII, 91. — l. Gerichtsstand in Wechselsachen, II, 516. 523. 524. III, 177. V. 281. IX, 142. — m. Gerichtsstand für die Provokationsklage, IX, 334. — n. Gerichtsstand in Streitigkeiten über Gewährleistung bei Hausthieren, XII, 365. — o. Prorogirter Gerichtsstand: stillschweigende Prorogation, VI, 255. — p. Einfluß des Gantes auf den Gerichtsstand, X, 360. 365. 372. 406.

6. Ablehnung des Richters: wegen Aeußerung seiner vorläufigen Ansicht über den Ausgang des Prozesses in der Regel nicht zuläßig, IV, 194.

7. Rechtshilfe. Bei Requisitionen ausländischer Gerichte wird in der Regel die inländische Prozeßform angewendet, III, 150.

8. **Von den Parteien.** a. Prozeß- und Sachlegitimation: Befugniß der Mutter zur Vertretung der Kinder in einem Prozeß, I, 84. Vertretung der armen Bürger in einem Streit über eine Leseholzgerechtigkeit durch die Gemeinde, XIII, 150. Die obervormundschaftliche Zustimmung zur Prozeßführung des Pflegers die Bedingung der Gültigkeit der Prozeßführung, VIII, 186. Vertretung einer Aktiengesellschaft im Prozeß, XII, 19. s. auch unten 9. Legitimation zur Sache ist ein Theil des Klagegrundes, I, 60. Legitimation des Vasallen zur Prozeßführung über Lehengerechtsame, VIII, 116. Sachlegitimation im Wechselprozeß, II, 498. 501. 503. 508. III. 424. V, 250. 268. XII, 156. 161. 176. b. Subjektive Klagenhäufung und Streitgenossenschaft: Einfluß der subj. Klagenhäufung auf die Gerichtsbarkeit, VI, 17. Streitgenossen sind vermuthete Sachverwalter; Berufungsanmeldung durch dieselben, XI, 275. — c. Beiladung und Streitverkündigung: Edizitation bei der Klage auf Einräumung eines Nothwegs zulässig? V, 465. Streitverkündigung nur in Eviktionsfällen nothwendig, IV, 162. — d. Prozeßkostenersatz: Sicherheitsleistung des Klägers für die Prozeßkosten; Bayerischer Jurisdiktionsvertrag, VI, 260. Prozeßkostenkaution in Wechselsachen zulässig? VI, 421. Entscheidungen über Prozeßkosten in Handelsstreitsachen, IX, 126, 311. Nachweis der Appellationssumme durch den Betrag der Prozeßkosten im Fall ihrer Kompensation, VI, 262. Verfällung des Appellanten in die Kosten 2. Instanz trotz dessen theilweisem Obsiegen in dieser Instanz, X, 289. Die Wechselpräsentation Bedingung für die Forderung von Prozeßkosten, XII, 185. Außergerichtliche Aufforderung zur Sicherstellung Bedingung für den Ersatz der Prozeßkosten, XII, 163. Kostenvorschuß bei dem Antrag auf Personalexekution gegen den Wechselschuldner, V, 803. Die Verurtheilung des Beklagten zur Zahlung der Kosten des Wechselprozesses erzeugt Rechtskraft, II, 521. — e. Sicherheitsleistungen: Kaution des Klägers für die Prozeßkosten; Jurisdiktionsvertrag mit Bayern, VI, 260. Prozeßkostenkaution im Wechselverfahren zulässig? VI, 421. Kaution im Fall der Bescheinigung von ad separatam verwiesenen Einreden im Wechselverfahren, II, 522. V, 294. IX. 176. Sicherheitsleistung bei der Verweisung der illiquiden Einrede der Kompensation zum abgesonderten Verfahren, XI, 59.

9. **Prozeßbevollmächtigte und Beistände.** Vertretung der Parteien durch Anwälte in Rechtssachen vor den Bezirksgerichten und Gemeinderäthen nach dem 4. Edikt und der Justiznovelle, II, 377. Ueberlassung einer der Partei gemachten Auflage an einen Bevollmächtigten, VI, 261. Restitution gegen Versäumnisse eines

bevollmächtigten Rechtsanwalts, VI, 288. IX, 349. Ein Inlassiadossament ist bloß Vollmacht, II, 619. Beglaubigung der Vollmacht in Wechselsachen, II, 498. 519. IX, 351. Prozeßlegitimation durch einen Brief, II, 498. Ausschluß der Rechtskonsulenten vom Vorstand vor dem Wechselgericht, II, 619. Vernehmung von Anwälten in den von ihnen geführten Prozessen, XII, 312. f. auch unten Berufung F. 1. und Verfahren vor den Handelsgerichten, G. 0. -- Anwaltszwang; Frage seiner Einführung, XI, 406.; besteht nach der Handelsgerichtsordnung und der neuen Civilprozeßordnung nicht, VIII, 96. XI, 406. Ausnahmen, XI, 406. Anordnung des persönlichen Erscheinens der Parteien behufs ihrer Vernsagung, XI, 416. — Deservilen: Tagüberschreitungen bei Schriftsätzen, III, 170. Deservilen für das Inlasso eines Wechselbetrags, V, 306. Deservilen, wenn der Anwalt selbst Wechselkläger ist, V, 307; für ein die Vollmacht vertretendes Giro, V, 307. Beschwerde gegen Durchstriche von Deservilen in Wechselsachen, II, 528. Deservilenberechnungen in Handelsstreitsachen, IX, 126. 311. Deservilen in geringfügigen Sachen, III, 170. Gerichtsstand für Streitigkeiten über Deservilen, s. oben Gerichtsstand, 3. 5. f. — Advolatenordnung; zum Entwurf einer solchen für Württemberg, VI, 322. Ist ein Armenanwalt nach der C.Pr.O. von 1868 verpflichtet, die Sache trotz ihrer offenbaren Unrechtmäßigkeit oder Unehrenhaftigkeit zu vertreten? XV, 107. 206.

10. Gerichtsvollzieher. Frage ihrer Einführung XI, 401.

11. Allgemeine Vorschriften über das Verfahren. a) Prozeßbetrieb durch die Vermittelung der Gerichte, XI, 399. — b) Verhandlungsmaxime im Verfahren vor den Handelsgerichten, VIII, 94.; als Regel des Verfahrens der neuen Prozeßordnung, XI, 411. Prozeßleitung durch den Vorsitzenden in der mündlichen Verhandlung, XI, 416. Fragerecht des Richters, XI, 388. 415. 416. 431. 432. — c) Deffentlichkeit: im Verfahren vor den Handelsgerichten, VIII, 94; nach der neuen Prozeßordnung, XI, 361. — d) Mündlichkeit: im Verfahren vor den Handelsgerichten, VIII, 93; nach der neuen Prozeßordnung, XI, 296. 297. 380. 362. Bedeutung der Schrift im neuen Verfahren, XI, 360. 376. 380. 384. Feststellung des Ergebnisses der mündlichen Verhandlung durch das Sitzungsprotokoll, XI, 364. 388. — e) Eventualmaxime: als Norm für die Parteienthätigkeit nach der neuen Prozeßordnung, XI, 418. Ausnahmen, 425. 450; sie ist für die richterliche Thätigkeit nicht maßgebend, 430. — f) Tagsatzten und Fristen: die Vorladungsfrist in Wechselsachen kein Legalterm, II, 520. VI, 419. Verlegung der Tagfahrten in Handelssachen (Ges. v. 13. Aug. 1866), IX, 341. X, 273. Eine in mehrere Tage

fahrten zerfallende mündliche Verhandlung gilt nach der neuen Pr.O.
als ein All, XI, 425. 432. Schluß der Verhandlung und Folgen der Wiederaufhebung des Schlußes der Verhandlung nach der neuen Pr.O., XI, 432. — g) Ungehorsam und Einspruch: nach der neuen Pr.O., XI, 369. 371. —

B. **Von Klagen und Einreden. Rechtshängigkeit.**
1. **Klage.** Objektive und subjektive Klagenhäufung, VI, 17. Klagenhäufung im Wechselverfahren, II, 519. Präjudizialklagen, s. oben Civilrecht, I, B. 9. Bei Präjudizialklagen kann jede Partei Kläger sein, VI, 208. Richterliches Prüfungsrecht bezüglich der Natur der angestellten Klage, VI, 267. Welcher Prozeßabschnitt entscheidet über die Statthaftigkeit einer Klage? XI, 266. Verbesseruug unverständlicher Klagen (neue Pr.O.), XI, 405. Unstatthaftigkeit der Klageänderung, XI, 386. 392; s. auch Wechselprozeß, unten G. 5.

2. **Rechtshängigkeit.** Verbleiben einer Sache bei dem Gericht, das sie in Verhandlung gesetzt hat, IX, 175. Begründung nach der Pr.O. v. 1868 durch die Zustellung der Klagschrift an den Beklagten, XI, 386. Die Replik der Rechtshängigkeit einer im Wege der Kompensationseinrede geltend gemachten Forderung unzulässig, X, 273. Prozeßzinsen ohne Verzug des Schuldners zulässig? VI, 198. X, 61. 74. Verlust des Besitzes nach der Einleitung des Prozesses; Schadensersatzpflicht, XIII, 229.

3. **Einreden.** Ergänzungsrecht des Richters, insbesondere bei der Klagenverjährung? II, 507. IV, 263. Versäumte Einreden können nicht im Wege der Klage verfolgt werden, VIII, 138. Verweisung liquider Einreden ad separatum, II, 522. V, 294. IX, 176. X, 286. XI, 16. 17. 193; s. auch Wechselprozeß, unten G. 5.

C. **Vom Beweise.**
1. **Allgemeines.** a) Beweisantizipation nach der neuen Pr.O., XI, 434. — b) Beweisverbindung bezgl., XI, 432. 444. Ausdehnung derselben auf das schriftliche Vorverfahren, 447. Modifikation derselben, 450. — c) Beweisantritt bezgl., XI, 455. — d) Beweismittel. Ausschluß derselben nach der neuen Pr.O., XI, 363. 426. 431. Deren Gemeinschaftlichkeit, 427. Kollision der Rechtsnormen über die Zulässigkeit einzelner Beweismittel, III, 150. — e) Beweiseinreden. Wann sind sie nach der neuen Pr.O. vorzubringen? XI, 363. 428. — f) Beweisverfügung nach der neuen Pr.O., IX, 342. XI, 366; kann mehrmals erfolgen, 431. Darstellung des Thatbestandes in derselben, IX, 343. XI, 366. 367. 384. 388. 390. — g) Beweislast: bei Streitigkeiten über kirchliche Baulast, s. oben Civilrecht, Hauptstück VI, 2; beim Beweise

der Vaterschaft durch den Reisegrad des Kindes, II, 415, 427. X, 29. In Betreff des dolus und der culpa lata bei dem Transport durch die Eisenbahn und Post, IV, 124. 126. 128. 130. Beweislast bezüglich der Simulation beider Parteien, IV, 195; bei einem Streit über die Komplexlasteneigenschaft einer privatrechtlichen Leistung, VI, 69. XI, 217. Beweislast bei beschränktem Geständniß, VIII, 118; im Fall der Haftung Minderjähriger wegen Bereicherung, XII, 388. XV, 419; im Fall des Vertragsschlusses mit einem angeblichen Bevollmächtigten bei einer Klage gegen den Dritten resp. gegen den angeblichen Bevollmächtigten, XII, 413. Beweislast bei Streitigkeiten über eine Abrechnung, XII, 425. XV, 164; bei vertragswidriger Beschaffenheit gekaufter Waaren im Falle der Disposition über dieselben, XI, 179. XII, 430. Beweislast bezüglich der Probemäßigkeit einer Waare, XII, 358. Umfang der Befreiung von Frauenspersonen von der Beweislast bei der conditio indebiti, XII, 390. Beweislast bei einer Benachtheiligung des Bürgen durch Versäumniß des Gläubigers, IX, 210. 211. 251. 252. Beweislast bei einer Lebensversicherung im Falle der Selbstentleibung des Versicherungsnehmers, XIII, 190; bezüglich der Voraussetzungen der Rechtswohlthat der Kompetenz, IX, 450. XIII, 5. XV, 409; in Bezug auf Testirfähigkeit, XIII, 278. 292; bei Anfechtung eines Testamentes, XIII, 429. Beweislast bei der Behauptung der Wechselverfälschung, IX, 371. XII, 175. Rechtsvermuthung; Wesen derselben, Gegenbeweis, X, 4. Unterschied von gesetzlicher Fiktion, X, 41. Beweispflicht des Beklagten für die wissentliche Zahlung einer Nichtschuld bei der conditio indebiti, XIV, 139. 140. Freiheit des negatorischen Klägers von der Beweislast, XV, 366. Beweislast bei der Restitution gegen ein Erkenntniß, IV, 203. — h) Beweisaufnahme nach der neuen Pr.O. XI, 997; durch Kommissäre, XI, 384. 393; bildet die Ausnahme, XI, 396. — i) Verbindung des Beweiseinzugs in Gewährleistungsstreitigkeiten mit der Verhandlung nach der neuen Pr.O. zulässig? XII, 369.

2. Beweis zum ewigen Gedächtniß. Welche Altersgrenze bei einem Zeugen behufs seiner Vernehmung zum ewigen Gedächtniß erforderlich? IV, 197. Eidesabnahme zum ewigen Gedächtniß zulässig? VI, 264. Fortbestehen des Art. 11 des Ges. v. 28. Dez. 1861 über Gewährleistung, wenn die Voraussetzungen des Art. 450 Abs. 2 der neuen Pr.O. nicht zutreffen, XII, 372. Zulässigkeit der Anbringung des Gesuches um Beweisaufnahme zum ewigen Gedächtniß bei der Ortsobrigkeit nach der neuen Pr.O., XII, 373.

3. Zeugenbeweis. Vertretung der Parteien durch Bevollmächtigte bei Zeugenverhören, II, 380. 390. Beweiskraft des Zeug-

nisses über Wahrnehmungen aus der Zeit der Unmündigkeit, IV,
197; f. auch oben §. 2. Zuständigkeit zur Entschelbung über die
Verbindlichkeit zur Zeugnißablegung, V, 468. Form der Ladung
und Vernehmung der Zeugen vor den Handelsgerichten, IX, 842.
Beschwerde gegen die Zulassung eines als unfähig angefochtenen
Zeugen, XI, 274. Aufnahme des Zeugenbeweises durch Kommissäre
nach der neuen Pr.O. XI, 384. 398. Unzulässigkeit von Gemeinde-
rathsmitgliedern als Zeugen in Prozessen ihrer Gemeinden, XII,
312. Vernehmung von Anwälten als Zeugen in den von ihnen
geführten Prozessen, XII, 312. Einfluß der Restitution der Ehrenrechte auf die Eidesfähigkeit eines wegen Meineides Bestraften,
III, 873.

4. Beweis durch Sachverständige. Voraussetzungen der
Anfechtbarkeit des Gutachtens, III, 420. VIII, 139. IX, 111. Gut-
achten neuer Sachverständiger nach eingetretener Rechtskraft unzulässig, VIII, 139. Bemerkungen zu dem Gesetz v. 21. Aug. 1865 betr.
den Sachverständigenbeweis; insbesondere mit Rücksicht auf Zwangs-
enteignungsprozesse, IX, 97. 126. Voraussetzung für die Annahme
einer Durchschnittsumme aus den Schätzungen der Sachverständigen,
XV, 408. Aufnahme des Sachverständigenbeweises durch Kommissäre
nach der neuen Pr.O., XI, 393. Zahl der Sachverständigen in Gewährleistungsstreitigkeiten nach der neuen Pr.O., XII, 370. Giltigkeit des Art. 10, Abs. 2, des Ges. v. 26. Dez. 1861, betr. Gewährleistung, auch bei der neuen Pr.O., XII, 371.

5. Urkundenbeweis. Zuständigkeit der Civilgerichte über
Urkundenedition in Ablösungsstreitigkeiten, II, 42. Vertretung der
Parteien durch Bevollmächtigte bei einer Verhandlung zur Urkun-
denproduktion, II, 380. 390. Gemeinschaftlichkeit der auf das den
Gegenstand der Interzession bildende Rechtsverhältniß bezüglichen
Urkunden für den Interzedenten; Recht desselben auf Edition, IV,
444. Beweiskraft indikreter Urkunden, VI, 261. Unzulässigkeit
des direkten Gegenbeweises gegen den Inhalt einer Urkunde durch
Eidesjuschiebung, IX, 419. Beweiskraft der Handelsbücher X, 220;
insbesondere eines Kopirrbuches, XII, 409. Umfang der Pflicht zur
Vorlegung der Handelsbücher an den Prozeßgegner resp. das Gericht, XII, 410. Ergänzungseid zum Beweis der Aechtheit einer
Urkunde auf Grund der Schriftenvergleichung, X, 221; f. auch actio
ad exhibendum, oben Obligationenrecht, 2. Theil, III, 3.

6. Beweis durch Eid. Beseitigung unerheblicher Eide, Be-
richtigung des Eidesthemas von Amtswegen in der höheren Instanz,
I, 57. IV, 445. IX, 373. Eidesjuschiebung in der höheren Instanz,
VI, 264. Eidesabnahme vor der Rechtskraft des Erkenntnisses, ins-

besondere zum ewigen Gedächtniß, zuläßig? VI, 264. Abschwörung des Eides in der Regel durch die Partei nothwendig, II, 250. Eides ablegung in der Synagoge, Beschwerde hiegegen, III, 167. Sistirung der Eidesabnahme wegen Besorgniß des Meineides, IX, 392. Purifikation durch Eid bedingter Erkenntnisse im mündlichen Verfahren, IX, 889. — Eideszuschiebung im Gant: an den Kontrahiltor, X, 885, an den Gemeinschuldner, X, 387. — Eidesthema bei Alimentenklagen, II, 421. Eideszuschiebung über die Absicht einer Partei bei einem Vertrag, VI, 269. Eideszuschiebung zuläßig nur über bestimmte Thatsachen, XIII, 299. 291. Unzulässigkeit des direkten Gegenbeweises durch Eideszuschiebung gegen den Inhalt eines Schuldscheines, IX, 419. Unstatthaftigkeit der Zurückschiebung eines Eides über ein eigenes Faktum des Delaten, X, 221. Glaubenseid der Erben, X, 276. Diffessionseid der Erben, X, 285. Der Beweis eines Dralsibelkommisses nur zuläßig durch Eideszuschiebung an den Onerirten, XV, 168; s. auch Wechselprozeß, unten G. 5. Ergänzungseid zum Beweis der Aechtheit einer Urkunde, X, 229. — Offenbarungseid: Spezialisirung von Thatsachen oder Gegenständen nicht erforderlich, III, 161. XV, 414. Zulässigkeit eines Antrags auf seine Abschwörung auch nach dem Abschluß des denselben veranlassenden Geschäftes, XI, 267. Verjährung des Rechtes auf einen solchen Antrag, XI, 267. Zulässigkeit eines Antrages auf Leistung des Offenbarungseides über den Betrag einer Erbschaft gegenüber Solchen, welche in keinem bestimmten rechtlichen Verhältniß zum Erblasser standen, XV, 410.

7. Geständniß. Beweiskraft des Geständnisses eines Gemeinschuldners vor oder nach dem Gantausbruch, IV, 196. X, 377. 378. 379. 880. Widerruf eines Geständnisses wegen Irrthums über die daraus abzuleitenden Folgen unstatthaft, IV, 444. Widerruf eines Geständnisses wegen rechtlicher Unmöglichkeit der zugestandenen Thatsache, XIII, 273. Beschränktes Geständniß im Verhältniß zur Verneinung des Klagegrundes; Beweislast, VIII, 113. Voraussetzungen des Beweises der außerehelichen Vaterschaft durch Geständniß, XIV, 57.

8. Strafrechtliche Erkenntnisse, deren Beweiskraft für den Civilpunkt, III, 160. X, 219.

D. Urtheil; Rechtskraft.

Thalbestand im Urtheil; dessen Abfassung, IX, 843. XI, 366. 367. 384. 388. 890. Theilurtheil; dessen Angriff und Voraussetzungen, XI, 285. Zwischenurtheil; Wesen und Voraussetzungen, XI, 286. Für die Statthaftigkeit einer Klage ist die Zeit der Urtheils ſtellung maßgebend, XI, 266. — Rechtskraft der Entſcheidungsgründe inſoweit ſie über den Beſtand des ſtrelligen Rechtsverhältniſſes eine Entſcheidung enthalten; Appellabilität, III, 417. IV, 246. 248. 258. 260. 261. Verſäumte Einreden können nicht im Wege beſonderer Klage verfolgt werden, VIII, 138. Ausſchluß der exceptio rei jud. bei obligatoriſchen Anſprüchen durch Aenderung des Erwerbsgrundes, XIV, 189.

E. Rechtsmittelverfahren.

1. **Berufung**. a) Zuläßigkeit derſelben im Allgemeinen: Welcher Zeitpunkt entſcheidet für die Appellabilität einer Sache? III, 162. Berufung gegen ein auf einem zugeſchobenen und angenommenen Eid erkennendrs, reſp. einen abgeſchworenen Schiedseid gebautes Urtheil ſtatthaft, III, 169. Die Beſchwerde gegen ein die Einreds des geendigten Rechtsſtreites verwerfendes Urtheil ein eigentliches Rechtsmittel, III, 165. Berechnung der 2. Rothfriſt, wenn die Partei nach derſelben Nachricht vom Erkenntniß erhält, IV, 199. Zuläſſigkeit der Berufang gegen ein der Partei nicht mitgetheiltes Erkenntniß erſter Inſtanz nach ergangenem Erkenntniß zweiter Inſtanz, VI, 276. Berufungsanmeldung durch den nicht ſchon zuvor bevollmächtigten Rechtsfreund einer Partei, VI, 207. Dolumenticung der nach Verfluß der erſten Rothfriſt aus beſonderem Auftrag einer Partei durch deren bisherigen Anwalt oder Prokurator erfolgenden Appellationsanmeldung, VI, 274. Berufungsanmeldung durch Streitgenoſſen, als vermuthete Sachwalter, XI, 276. — b) Insbeſondere Berufungsſumme: Schätzbarkeit des Streitgegenſtandes, VI, 234. Einfluß des Urtheils auf das Rechtsverhältniß des Anten zu Dritten auf die Appellabilität, VI, 277. Zuſammenrechnung der Haupt- und Nebenanſprüche für die Apellabilität zuläßig? VI, 280. Zuſammenrechnung verſchiedener aus unehelicher Schwängerung abgeleiteter Anſprüche zuläßig? VI, 284. Appellabilität bei einem Streit über das Beſtehen einer auf dem Bezug von Zehnten haftenden Baulaſt, II, 40. Bemeſſung der Alionsſumme bei Abrechnungsſtreitigkeiten, III, 162; bei Pfandklagen und ſonſtigen auf beſtimmte Gegenſtänbe ſich beſchränkenben Vorzugsrechten, III, 413; bei Arreſtklagſachen, III, 416; bei Erſatzforderung wegen einer widerrechtlichen Handlung, III, 417. Appellabilität mit Bezug auf die Rechtskraft der Entſcheidungsgründe, III, 417. IV, 246. 248. 256. 260. 261. Außerbetrachtbleiben bloßer Möglichkeiten hiebei, IV, 247. 266. 257. 258. Alionsſumme bei Klagen auf Rechnungsſtellung, IV, 200; bei Entſchädigungsforderungen für die Vergangenheit und für die Zukunft, IV, 201. Un-

gleichförmige Erkenntnisse, Appellabilität, IV, 202. VI, 285. 286. Nachweis der Aktionssumme durch den Betrag der Prozeßkosten im Fall ihrer Kompensation, VI, 262. Appellabilität bei der Einwendung der Rechtswohlthat der Kompetenz, VIII, 140. — c) Wirkungen der Berufung: Beseitigung unerheblicher Eide; Berichtigung des Eidesthemas von Amtswegen in der höheren Instanz, I, 67, IV, 445. IX, 378. Eideszuschiebung in der höheren Instanz, VI, 264. Eidesabnahme vor der Rechtskraft zulässig? VI, 204. Ist im Kostenpunkt reformatio in pejus zulässig? VI, 267. Verfällung des Appellanten in die Kosten 2. Instanz trotz dessen theilweisem Obsiegen in dieser Instanz, X, 289. Zulässigkeit von neuen Thatsachen und neuen Beweismitteln in der Berufungsinstanz nach der neuen Pr.O., XI, 428. Beschränkung dieses Rechts; Erhaltung der Identität des Rechtsstreites, Verbot der Klageänderung, XI, 392. — d) Bedeutung der Berufung im mündlichen Verfahren, XI, 319. 428. Frage über die Abschaffung derselben, XI, 319. 397. Abschaffung der Oberberufung, XI, 319; s. auch unten O. 3. 5. 6. 7. 10.

2. Nichtigkeitsbeschwerde. Berichtigung resp. Verpflichtung des Aktionsrichters, auf Richtigkeiten des unterrichterlichen Verfahrens von Amtswegen Rücksicht zu nehmen? II, 236. 266. Richtigkeit eines gegen ein Gewohnheitsrecht verstoßenden Urtheiles, III, 169. Wirksamwerden eines nichtigen Erkenntnisses durch nachgefolgte Genehmigung der betreffenden Partei, II, 239. III, 419. Läsion Voraussetzung der Nichtigkeitsklage, III, 420. Nichtigkeitsbeschwerde gegen ein Prioritätsurtheil wegen nicht spezieller Ladung eines Gläubigers unstatthaft, IV, 201. Ist in geringfügigen Sachen nach dem 4. Edikt neben dem Rekurs die Nichtigkeitsbeschwerde zulässig? V, 146. Ausschluß der Nichtigkeitsbeschwerde gegen ein Wechselerkenntniß, II, 528.

3. Ordinationen. Geschichtliche Entwickelung des Instituts, I, 41. Begriff der Ordination nach der Prozeßgesetzgebung v. 1818 und 1819, I, 47. 105. II, 237. 278. Beispiele aus der würtembergischen Praxis, I, 50. Ordinationen gegen den Ausspruch der Unzuständigkeit, I, 50. Beschwerden gegen prozeßleitende Verfügungen, I, 51. Anordnung der Vervollständigung des Urtheils durch den Unterrichter, I, 52. Abänderung formeller und materieller Erkenntnisse, I, 54. 57. Aufhebung von Erkenntnissen wegen Mängeln: a) in der Person des Richters, I, 81. b) in der Person der Parteien, I, 83, c) des Verfahrens, I, 84. d) des Urtheils, I, 85. Aufhebung von Ordinationen der Gerichtshöfe, I, 94. II, 276. Befugniß, resp. Verpflichtung des Aktionsrichters, Nichtigkeiten von

Amtswegen zu berücksichtigen, II, 298. 286. Ist vorgängiges Gehör des Gegentheiles erforderlich? I, 46. 106. II, 260. Rechtsmittel gegen Ordinationen, I, 160. II, 276. III, 168. Ist ein Antrag auf Erlassung einer Ordination statthaft? I, 102. 111.

4. Restitution gegen ein Erkenntniß. Dieselbe setzt Rechtskraft des Erkenntnisses voraus, II, 97. 111. Was sind neue Thatsachen und Beweismittel? Beweislast, II, 111. 117. IV, 203. VIII, 199. X, 222. Welche Beweismittel sind bei dieser Restitution propter nova zulässig? IV, 205. Erneuerung eines Restitutionsgesuches aus dem gleichen Grund unstatthaft, IV, 446. Restitution gegen ein Wechselerkenntniß, II, 528.

5. Restitution gegen prozessualische Versäumnisse. Erneuerung eines Gesuches aus dem gleichen Grund unstatthaft, IV, 416. Restitution gegen Versäumnisse eines bevollmächtigten Rechtsanwaltes, VI, 288. IX, 349.

6. Einfache Beschwerden. Gegen eine provisorische Verfügung, III, 105; in geringfügigen Sachen, III, 168; bei Strafen wegen muthwilliger Streitsucht, III, 169; gegen prozeßleitende Verfügungen, I, 51. III, 163. VI, 267. XI, 274. Beschwerden in Wechselsachen, II, 628. Beschwerden im handelsgerichtlichen Verfahren, s. unten G. 0.

F. Vollstreckungsverfahren.

Die Exekutionsklage nicht bedingt durch vorherige Anforderung des Schuldners, XI, 280. Unzulässigkeit eines Zahlungsbefehles vor Verfall der Forderung, VI, 815. Die Einwilligung des Gläubigers in die Sistirung der Exekution bis zu einer gewissen Zeit ist keine Vorgfrist, VI, 296. Der Vorzug des Alters unter den Gläubigern außerhalb des Gantes nicht anwendbar, II, 470. Vollstreckung eines von einem Badischen Gerichte gefällten Erkenntnisses durch die würtl. Gerichte; Voraussetzungen, XI, 279. Anwendung der Jurisdiktionsverträge mit Bayern und Baden auf die Rechtshilfe wegen der angesetzten Sporteln, X, 229. Kompensation im Vollstreckungsverfahren, s. Kompensation, Obligationenrecht, erster Theil, VI, 2. Nichtbefreiung des Schuldners durch Uebergabe der geschuldeten Summe an die Exekutionsbehörde im Fall ihres Abhandenkommens vor dem Empfang durch den Gläubiger, XII, 192. Rechte des Käufers bei einem Exekutionsverkauf, insbesondere Zeitpunkt der Perfektion des Vertrages; Beschwerderecht, Verweisung auf den Rechtsweg, III, 170. IX, 899. Fällt die Ersteigerung von Exekutionsgegenständen durch den Schuldner selbst unter den Begriff des Kaufes? VI, 182. XII, 415. Die für den Exekutionsverlauf gegebenen Vorschriften sind keine absolut zwingenden, VI, 301. Voraussetzung für die Zulässigkeit eines 9. Aufstreichs bei dem Verlauf eines Grundstückes, VI, 297. Ausschluß eines weiteren Aufstreichs im Fall eines Nachgebotes des unbefriedigt gebliebenen Pfandgläubigers, X, 227. Berechnung der Bekanntmachungsfrist bei Exekutionsverkäufen, XI, 280. Unzulässigkeit der Anfechtung eines von ihm genehmigten Zwangsverkaufes durch den Schuldner wegen Verletzung der Förmlichkeiten, VI, 305. s. auch unten G. 5. 6.

G. Außerordentliches Verfahren.

1. **Schriftliches Verfahren** mit mündlicher Schlußverhandlung nach der Pr.O. v. 1868, XI, 356.

2. **Provisorische Verfügungen.** Provisorische Regulirung der Kirchenbaulast, II, 36. Provisorische Verfügung in Bezug auf Alimente der Frau im Sinne des Mannes, IV, 182. Zuständigkeit der Civilgerichte resp. der Administrativbehörden zu prov. Verfügungen bei Privatrechtsstreitigkeiten, resp. wenn die privatrechtliche Natur des Anspruchs bestritten ist; Voraussetzungen solcher Verfügungen, II, 34. 303. III, 407. XI, 256. 260. XII, 309. XV, 101. Provisorische Verfügung bezüglich des Besitzstandes ändert diesen nicht, IV, 169. Beschwerden gegen eine provisorische Verfügung, II, 37. III, 165.

3. **Verfahren vor den Gemeinderäthen.** Zulässigkeit der Nichtigkeitsklage neben dem Rekurs nach dem 4. Edikte? V, 145. Stellvertretung der Parteien durch Anwälte vor den Gemeinderäthen nach dem 4. Edikt, II, 377. 401. Beschwerderecht gegen prozeßleitende Verfügungen in solchen, III, 168. Verfahren vor den Ortsgerichten nach der Pr.O. v. 1868, XI, 381. 378.

4. **Verfahren in Streitigkeiten über Gewährleistung bei Hausthieren.** Wünsche für eine neue Gesetzgebung über dasselbe, I, 169. Das Gesetz v. 26. Dez. 1861, betr. das abgekürzte Verfahren in solchen Sachen, durch die neue Pr.O. nicht aufgehoben, XII, 364. Inwieweit sind einzelne Bestimmungen des Ges. v. 26. Dez. 1861, betr. die Gewährleistung, durch die neue Pr.O. aufgehoben? XII, 364. Gerichtsstand in solchen Streitigkeiten, XII, 365. Verbindung des Beweiseinzugs mit der Verhandlung in solchen nach der neuen Pr.O. zulässig? XII, 369.

5. **Wechselprozeß.** Gerichtsstand in Wechselsachen, insbesondere Gerichtsstand des Vertrages, II, 513. 514. III, 177. V, 261. IX, 142. Bedeutung der Klausel: „aller Orten, wo ich anzutreffen", II, 518. Gerichtsstand bei Kostenersatzstreitigkeiten in Wechselsachen, II, 523. 524. Anwendbarkeit der früheren Vorschrift, daß der Wech-

selbstklagte resp. bessen Erben in Person vor bem Wechselgericht vor
stehen müssen? II, 518. V, 297. VI, 420. X, 279. Ausschluß der
Rechtskonsulenten vom Vorstand bei dem Wechselgericht, II, 518. Pro=
zeßlegitimation durch einen Brief, II, 499. Ein Inkassoindossament
ist bloße Vollmacht, II, 519. Beglaubigung der Vollmacht in Wechsel=
sachen, II, 496. 519. IX, 351. Teserollen in Wechselsachen, s. oben
A. 9.) Einfluß der Insolvenzerklärung des Wechselschuldners resp. der
Anordnung der Vermögensuntersuchung auf das wechselrechtliche
Verfahren bezüglich einer vor dem Gant entstandenen Wechselver=
bindlichkeit, II, 518. 527. III, 160. IX, 354. X, 80. 86. 91. Das
Wechselverfahren aus einer nach dem Ausbruch des Gantes entstan=
denen Verbindlichkeit zulässig, V, 303. Berechtigung resp. in ge=
wissen Fällen Verpflichtung zur Anbringung der Wechselklage vor
dem ordentlichen Richter, X, 86. 97. Prozeßkostenkaution zulässig?
VI, 421. Erforderniß eines erschöpfenden Klagvortrags, II, 518.
Nothwendigkeit der Vorlegung des Originalwechsels und der übrigen
Urkunden mit der Klage, II, 519. V, 259. Bezeichnung des Inhabers
einer Handelsfirma in der Klage, II, 519. Unzulässige Klagenhäu=
fung. II, 519. Die Vorladungsfrist kein Legaltermin, II, 520. Be=
rechnung der Frist, V, 281. Fristerstreckungen in der Regel unzu=
lässig, VI, 419. Vorladung von Militärpersonen, II, 515. Voraus=
setzung der Ediktalladung in Wechselsachen, V, 289. Voraussetzung
der Zulässigkeit des Anschlags der Ladung an die Thüre, II, 517.
VI, 419. Instruktion für die Wechselgerichtsboten, betr. die Insinua=
tion wechselgerichtlicher Vorladungen, II, 516. Versicherung über
die Dispositionsfähigkeit des Beklagten vor der Vorladung, II, 520.
Voraussetzung für vorläufige Beschlagnahme bei der Ladung, II, 526.
Sicherungsmittel gegen einen Fremden, II, 527. V, 304. Beschrän=
kung des Präjudizes der Rekognition auf den Wechselprotest bei
einem Regreß auf Sicherstellung, II, 500. Verspäteles Erscheinen
eines Wechselbeklagten vor dem Oberamtsgericht, IX, 130. Richterschei=
nen des Beklagten am Termin; Appellation der ungehorsamen Partei,
IX, 352. Duplikat der Vernehmlassung, II, 520. Schriftliche Replik zu=
lässig; Präjudiz hiebei, II, 522. 523. Erfordert das Statlgeben der Wech=
selklage ein Erkenntniß? II, 524. V, 295. IX, 356. Beweis der Einreden
in continenti, II, 522. Inwieweit ist Eidessuschiebung in Wechsel=
sachen zulässig? II, 521. V, 289. XII, 191. Anerkenntniß der Un=
terschrift mit Bestreiten des sonstigen Inhalles eines Wechsels ist
keine Diffession, XII, 175. Diffessionseid; Zeit seiner Abschwörung,
V, 284. Eidesthema bei demselben, V, 284. VI, 421. Diffessions=
eid der Erben des Wechselschuldners, X, 285. Vorbescheide über
Eide in Wechselsachen; Abschlagung der Berufung dagegen, IX, 348.

Berücksichtigung der Verjährung in Wechselsachen von Amtswegen, II, 507. Vorausſetzung für die Verwerfung illiquider Einreden im Wechſelprozeſſe in die Ubberklage, X, 289. Vorausſetzungen für Kaution oder Depoſition der Urtheilsſumme zur Sicherheit der in die Widerklage verwieſenen Einreden, II, 522. V, 204. IX, 176. Verurtheilung des Beklagten in die Koſten des Wechſelprozeſſes erzeugt Rechtskraft, 521. Protokolle in oberamtsgerichtlichen Wechſelſachen, IX, 351. Abfaſſung und Mittheilung von Entſcheidungsgründen, II, 526. Gleichzeitige Eröffnung der Erkenntniſſe und anderer Ausfertigungen, II, 527. Bei oberamtsgerichtlichen Wechſelurtheilen keine Appellationsbelehrung, IX, 344. Reſtitution gegen ein Wechſelerkenntniß, II, 528. Appellation und Nichtigkeitsklage in Wechſelſachen nach früherem Recht ausgeſchloſſen, II, 528. Appellation eines wegen zu ſpät Erſcheinens verurtheilten Wechſelbeklagten, IX, 130. Abſchlagung der Berufung gegen Vorbeſcheide über einen Eid, IX, 343. Beſchwerden in Wechſelſachen, II, 528. Vorlegung der Akten 1. Inſtanz in Wechſelſachen, IX, 345 Zuſtändigkeit zur Verfügung der Wechſelexekution, IX, 360. Vorausſetzung für die Hemmung der Vollſtreckung rechtskräftiger Erkenntniſſe durch Einwendungen, IX, 305. Unerheblichkeit des Vorliegens eines Wechſels bei Unterſuchungsakten für die Exekution, XII, 167. Exekution der Koſtenerſatzforderung, II, 524. Exekution eines Wechſelerkenntniſſes gegen eine Militärperſon, II, 515. 616. Exekutionsregulativ, II, 525. Dreitägige Zahlungsfriſt zuläßig? II, 525. IX, 361. Verfahren und Vorausſetzungen bei der Perſonalexekution, II, 526. V, 296. 803. Sportelberechnung in Wechſelſachen, II, 529. — ſ. auch Verfahren vor den Handelsgerichten, unten 6.

6. Verfahren vor den Handelsgerichten (nach dem Geſetz v. 13. Auguſt 1865.) Allgemeines; Organiſation der Handelsgerichte, VIII, 84. 456. IX, 123. Kompetenz derſelben, VIII, 86. Gerichtsſtand in Handelsſachen, 91. Mündlichkeit, 93. Oeffentlichkeit, 94; möglichſte Beſchleunigung des Verfahrens; Konſequenzen hieraus, 04. Kein Anwaltszwang in 1. Inſtanz; Surrogate hiefür, 96. Verkehr des Gerichtes mit auswärtigen Parteien; Zuſtellungsbevollmächtigte; Zuſtellung durch die Poſt; an den Buchhalter einer Partei, an den Gehilfen eines Anwaltes, VIII, 97. IX, 136. 343. Beſchränkung der Rechtsmittel, VIII, 97. 107. Hauptgrundzüge des Verfahrens bis zur Urtheilsfällung, VIII, 97. Verfahren in 2. Inſtanz, 107. Vollzug der Erkenntniſſe, 107. Arreſtklagſachen vor den Handelsgerichten, 108. Verfahren in Wechſelſachen, 108. Amortiſation von Wechſeln und ſonſtigen Ordrepapieren, 109. Das Strafverfahren der Gerichte in Handelsſachen, 110. Die Verantwortlichkeit der Gerichte hiebei, 111; insbeſondere Prorogation; Mitver-

ständlichkeit für Forderungen, welche vor die Handelsgerichte gehören, IX, 331. Zuständigkeit für Streitigkeiten über den Betrieb eines Handelsgewerbes durch, eine offene Handelsgesellschaft vorbereitende, Geschäfte, IX, 381; für Streitigkeiten über die Anschaffung einer Maschine, IX, 331. Bei Streitigkeiten über Versicherungsverträge, IX, 333. Zuständigkeit für die Amortisation, IX, 833. Bei Streit über die Verpachtung eines Handelsgeschäftes, IX, 336; wenn Klage und Widerklage im rechtlichen Zusammenhang stehen, IX, 339. Zuständigkeit zur Abweisung eines Arrestgesuches, IX, 152. Zuständigkeit zur Bewilligung der Veräußerung kaufmännischer Faustpfänder, wenn der Schuldner in Gant gerathen, IX, 384. Rechtshängigkeit, IX, 175. Verlegung der Tagfahrten, IX, 841. Anwendung der Ferienordnung auf die Handelsgerichte, IX, 385. Beweisverfügung; deren Form, IX, 942. Thatbestand bei der Beweisverfügung und dem Urtheil, IX, 343. Form der Ladung und Vernehmung von Zeugen, IX, 342. Beweiskraft der Handelsbücher, X, 220. Berufungsanmeldung vor schriftlicher Zustellung handelsgerichtlicher Urtheile wirkungslos, IX, 944. Versäumung der Nothfristen durch die Schuld des Anwalts, IX, 349. Purifikation durch Eid bedingter Erkenntnisse, IX, 383. Abweisung der Berufung ohne mündliche Verhandlung bei Versäumung der 2. Nothfrist, IX, 849. Vorbringen neuer Thatsachen resp. Benennung neuer Beweismittel bei der mündlichen Verhandlung in 2. Instanz; Verurtheilung des säumigen Theils in die Kosten der hiedurch vereitelten Tagfahrt, X, 278. Verfällung des Appellanten in die Prozeßkosten 2. Instanz trotz besseu theilweisem Obsiegen, X, 289. Berufung oder Beschwerde gegen die ein Arrestgesuch ohne Gehör des Gegentheiles abweisende Verfügung? IX, 135. 345. Beschwerden über die Gerichtsbarkeit bestreitende Beschlüsse der Handelsgerichte sind einfache Beschwerden, IX, 845. Nothwendigkeit der Unterzeichnung einfacher Beschwerden durch einen Rechtsanwalt, IX, 350. Sportelrechtliche Entscheidungen, IX, 824. 380. Prozeßkosten der Partei und Gebühren der Anwälte, IX, 126. 311. — Aufhebung und Neugestaltung der Handelsgerichte durch die PLO. v. 1868, XI, 339.

7. **Arrestprozeß.** Berechnung der Appellationssumme in Arrestsachen, III, 416. Arrestklage eines Ausländers gegen einen Ausländer, IV, 449. VI, 116. 122. XIII, 123. 132. 134. Arrestjustifikation erfordert das Vorhandensein des Arrestobjektes, IV, 447. Wirkung der von einem unzuständigen Richter auf eine Forderung gelegten Arrest für das Rechtsverhältniß des arrestirten Schuldners gegen den klagenden Gläubiger, VI, 199. Arrestverfügung eines ausländischen Richters; Statutenkollision, VI, 295. Der Arrest kein

unbedingt subsidiäres Sicherungsmittel, VI, 424. Zuständigkeit der Handelsgerichte in Arrestsachen, VIII, 108. IX, 132. Berufung oder Beschwerde gegen die ein Arrestgesuch ohne Gehör des Gegners abweisende Verfügung des Handelsgerichtes? IX, 136. 945. Vorläufige Beschlagnahme in Wechselsachen, II, 526. 527. V, 204.

8. **Besitzprozeß.** Provisorische Verfügungen über den Besitzstand verändern diesen nicht, IV, 157. Voraussetzungen für die Kumulation des possessorium mit dem petitorium in der höheren Instanz, I, 448. Bedingungen der Zulässigkeit eines Erkenntnisses in petitorio, wenn possessorisch geklagt ist, I, 83. 265. 418. Das interdictum retinendae possessionis erfordert die Behauptung und den Nachweis des gegenwärtigen Besitzes, IX, 39. Erforderniß des Nachweises des Rechtstitels des Besitzes, I, 272.

9. **Provokationsprozeß.** Gerichtsstand für die Provokationsklage, IX, 331. Aufforderung zur Eigenthumsklage bei strittigem Besitz, III, 408. Provocatio ex lege Diffamari; Voraussetzung für die Zuständigkeit des Civilrichters, XI, 277. XII, 408. XV, 63. Einleitung des Majorisirungsverfahrens bei einem Nachlaßverfahren gleich durch provocatio ex lege si contendat, III, 219.

10. **Konkursprozeß.** u. Die Konkurseröffnung, insbesondere das Ganterkenntniß, und deren Folgen, X, 341. Bedingungen des Ganterkenntnisses, 343. Einleitung des Gantes nicht von Amtswegen, 344. Insolvenzerklärung des Schuldners, 347. Anbringen der Gläubiger, 348. Unzulänglichkeit des Vermögens; ihre Konstatirung, 348. Anordnung der Vermögensuntersuchung, wenn der Schuldner die Einrede der Kompetenz vorschützt, VIII, 142. IX, 450. Beschwerderecht, X, 357. Sicherungsmaßregeln, 357. Fällung des Ganterkenntnisses, 358; bedingtes Erkenntniß zulässig? 35?. Zuständigkeit für das Erkenntniß, 360. Gegen Wen kann es gefällt werden, insbesondere gegen Gesellschaften? 360. Rechtsmittel, 361. Wirkungen des Ganterkenntnisses: bezüglich des Gerichtes, 365. Einheit und Universalität des Gantes, 367. 371. Partikularkonkurs, 363. Anziehende Kraft des Konkurses, 66. 572. 406; insbesondere bezüglich der dinglichen Klage, 372. Wirkungen des Ganterkenntnisses für den Gemeinschuldner: öffentlichrechtliche, 375; privatrechtliche, Beweiskraft seiner Erklärungen, insbesondere seines Geständnisses, vor oder nach der Konkurseröffnung abgelegt, IV, 196. X, 377. 378. 379. 380. Eidestzuschiebung an den Kontradiktor, X, 385; au den Gemeinschuldner, 387. Wirkungen in Betreff der Dispositionsfähigkeit des Schuldners: seiner Veräußerungsbefugniß, 389; des Verwaltungsrechtes über das Vermögen seiner Ehefrau, 394; der Fähigkeit, Vermögen zu erwerben, 401;

der Wechselfähigkeit in Bezug auf das nicht zur Gantmasse gehörige Vermögen, V, 246; der Befugniß, zur Gantmasse gehörige illquide Aktivposten einzuklagen, XII, 402. Wirkungen des Ganterkenntnisses in Bezug auf die Gläubiger: in ihrem Verhältniß zum Gemeinschuldner, X, 416; in ihrem Verhältniß unter sich, 424. Wirkungen des Ganterkenntnisses in Bezug auf die Rechtsverhältnisse Dritter zum Gemeinschuldner, 427; insbesondere bei einem Kaufvertrag, 417; Tauschvertrag, 417; Pachtvertrag, 417. 429; Gesellschaftsvertrag, 428; Mandatsverhältniß, 428; Bürgschaft, IX, 232. X, 429; bei Servituten, 429; Verhältniß des Schriftstellers zu dem in Gant gerathenen Verleger, 11, 164. Alimente der Ehefrau des Gantmannes; provisorische Verfügung, IV, 182. Einfluß der Insolvenz des Wechselschuldners auf das Wechselverfahren, III, 180. IX, 864. X, 80. 86. 86. 91. Einfluß der Einleitung des Gantverfahrens auf die Klagenverjährung, insbesondere die Wechselverjährung, I, 112. II, 509. 527. III, 180. IX, 855. X, 77. 186. 271. Verzugszinsen im Gante, IV, 133. X, 422. Inwieweit ist Kompensation im Gante zulässig? X, 263. 419. XI, 146. Abzug des Interusurium bei Zahlung einer Schuld im Gante vor der Verfallzeit zulässig? XII, 219. Zahlung an den Gemeinschuldner mit liberirender Wirkung, III, 199. — b) Gantmasse. Gehört dazu das nach derГанteröffnung erworbene Vermögen des Kridars? V, 247. IX, 20⁹. X, 401. 405; insbesondere zukünftige Nutznießungsertrágnisse, Dienst- und Ruhegehalte, bürgerliche Nutzungen? VI, 317. 818. 319. X, 401. 402. 412. XIV, 383; das Leibgeding? X, 418; Erbschaften? 413. Kompetenz, 409. Die Versicherungssumme im Fall einer Lebensversicherung zu Gunsten dritter Personen? XIII, 488. Verpflichtung des Faustpfandgläubigers zur Ablieferung seines Faustpfandes in die Gantmasse des Schuldners, X, 410. XIII, 252. 258. Die Einforderung des Faustpfandes in die Gantmasse des Verpfänders geschieht mit der Eigenthumsklage, XI, 290. Bewilligung der Veräußerung kaufmännischer Faustpfänder im Falle des Konkurses des Schuldners; Zuständigkeit, IX, 864. XIII, 253. — c. Liquidation. Kann ein Gläubiger, welcher nur schriftlich liquidirt hat, die von andern Gläubigern geltend gemachten Vorzugsrechte nachträglich bestreiten? X. 447. Bedeutung der Erklärung eines Gläubigers, auf Befriedigung aus der Gantmasse zu verzichten unter Vorbehalt besserer Glücksumstände des Schuldners, III, 217. XIII, 169. — d. Vorzugsrechte; s. Obligationenrecht, 1. Theil, IV, 5. e. Präklusivbescheid. Begriff. IX, 177. Wirkungen, 180. Altbekannte Forderungen sollen nicht darunter, VI, 27. IX, 181. Ob Separatisten und Vindikanten? IX, 182; nicht die Masseglaubiger, 185; nicht Forderungen gegen die Person des Schuldners, 185. Umfang der Wirkung des Bescheides in Bezug auf die ihm unterworfenen Forderungen, 186; insbesondere auf nicht geltend gemachte Vorzugsrechte, IV, 447. IX, 187. 205. Von welchem Vermögen ist der Gläubiger präkludirt? IX, 2 6. Wirkung der Präklusion auf den Anspruch gegen den Bürgen, 209. 229. 236. 431 Zeitpunkt des Eintritts der Wirkungen des Präklusivbescheides, 218. Rechtsmittel gegen denselben, 221. — f. Prioritätserkenntniß. Eröffnung desselben ohne Entscheidungsgründe, III, 409. Appellationsanmeldung gegen dasselbe vor der Eröffnungsfahrt, III, 410. Ist die Berufung gegen dasselbe von dem Bestande der Aktivmasse abhängig? III, 411. Richtigkeitsklage gegen dasselbe wegen un'erlassener spezieller Ladung des Gläubigers unstatthaft, IV, 201. — r. Güterpfleger und Kontradiktor. Der Erstere der Vertreter der Gläubigerschaft bezüglich ihres Verwaltungs- und Verfügungsrechtes über die Masse, X, 91. 229. Der Kontradiktor Vertreter des Gemeinschuldners, X, 91. 229. Auch in Ermangelung eines Kontradiktors wird der Güterpfleger nicht zum Kontradiktor, 229. Eidesjuschiebung an den Kontradiktor, X, 385. — h. Abwendung des Ganzen durch Nachlaßvergleich, III, 1. Prinzip des Nachlaßvergleiches das Interesse der Gläubiger, III, 1. Klagberechtigt der Schuldner, die Gläubiger, ausnahmsweise Dritte, 11. Erforderniffe der Majorisirung: Insolvenz des Schuldners; Beweis derselben, 15. Schuldlosigkeit des Gemeinschuldners, 25. Prüfung des Nachlaßvertrages durch den Richter, 27. Beschränkung des Zwanges auf die Fälle des Nachlasses und des Vorgs, 27. Einwendung der Benachtheiligung durch den Vergleich, 34; gleiche Behandlung aller Gläubiger, 41. Die Bildung des Majoritätsbeschlusses und der Umfang seiner Verbindungskraft, 42. Behandlung der illiquiden und der bedingten Forderungen, 53. Behandlung der ungehorsamen Gläubiger, 58. Dissens der Gläubiger bezüglich der Vergleichssumme, 59. Ausnahmen von der Majorisirung, 61. Wirkung des freiwilligen und des erzwungenen Nachlaßvergleiches, 62; insbesondere bezüglich des Bürgen, 62. Das Verfahren: Richterliche Mitwirkung die Bedingung des Zwanges, III, 2 0. Zulässigkeit der Majorisirung ohne formelle Konkurseröffnung, 211; ohne Eviltalzitation der unbekannten Gläubiger, 214. Erklärung, das bessere Glück des Schuldners abwarten zu wollen, 217. XIII, 169. Einleitung des Verfahrens durch provocatio ex lege ri contendat; Erledigung durch ein der Rechtskraft fähiges Erkenntniß, III, 219. Die richterliche Thätigkeit bis zum Schluß, 222. Sicherstellung der Aktivmasse, 211. 224. Wiederengriff des Schuldners für den Fall

befferer Vermögensumstände, 226. Gründe zur Anfechtung eines Nachlaßvergleiches, insbesondere heimliche Begünstigung eines Gläubigers, Wirkung der Anfechtung, 229. 232. VIII, 141. XIII, 171. Bemerkungen über den Werth des Instituts, fremde Gesetze über dasselbe III, 238.
Entwurf einer allgemeinen deutschen Civilprozeßordnung, VII, 1. 216. VIII. 1.

V. Oeffentliches Recht und Verwaltung.

1. **Allgemeines.** Verwaltungsrecht und Verwaltungsjustiz in Württemberg, I, 20. XIV, 185. XV, 1. 364. 370. Organisation der Verwaltungsjustizbehörden, I, 30. Verhältniß der Verwaltungs- zu den Verwaltungsjustizsachen mit Bezug auf das Gesetz v. 13. Nov. 1855 überhaupt, III, 68. V, 311. XIV, 185. 214. 224. XV, 1. 364. 370; insbesondere: bei Bürgerrechtsstreitigkeiten, V, 819. 351; speziell bei der Zutheilung Heimathloser, III, 73. V, 323. 867. XIV, 219. 221. 222; bei der Ausweisung ortsfremder Personen, III, 82. V, 826. 374. XIV, 219; bei Armenunterstützungen, V, 329. 331; bei Bürgernutzungen, V, 329. 832; Verehelichungsstreitsachen, V, 329. 838. 851; bei Stiftungsangelegenheiten, III, 69. 88; bei Wahl- und Wählbarkeitsrechten, V, 329. 333; bei Gewerberechtssachen, III, 90. V, 836; bei Streitigkeiten über Nachdruck, V, 336. 984; über Patente, V, 339; bei Wasserstreitigkeiten, V, 339. 390; bei Wegstreitigkeiten, insbesondere bei Abstellung eines Weges, V, 241. 396. 407. 422. 432. XV, 246. 305; in Vausachen, XV, 330. 331. 364. 370. — Rechtsmittel in Verwaltungsjustizsachen, im Gegensatz zu Verwaltungssachen, III, 68. — Beschwerderecht wegen gesetz- und ordnungswidrigen Verfahrens, III, 245. XIV, 309. Grenzen des Beschwerderechtes bei den Ständekammern, III, 259.

2. **Grenzen zwischen der Civil- und Administrativjustiz.** a. im Allgemeinen: I, 30. 95. 407. 419. II, 6. V, 236. VI, 259. IX, 49. XV, 1. 3. 15. 19. 22. 24. 39. 44. 98. 249; insbesondere der Einfluß des Privatrechtstitels, 62. Die Art der Klagbegründung für die Kompetenz entscheidend, wenn der erhobene Anspruch überhaupt Gegenstand eines Privatrechtes sein kann, II, 9. 146. III, 159. V, 235. VI, 259. IX, 49. 56. XI, 254. 257. XIV, 48. XV, 106. Ausscheidung der Kompetenz beim Zusammentreffen privat- und öffentlichrechtlicher Streitpunkte, I, 407. 419. II, 10. 143. 148. 185. 186. 200. IV, 141. V, 237. VI, 256. X, 211. XI, 258. XV, 99. Einfluß von Verträgen bezüglich öffentlich rechtlicher Verhältnisse auf die Kompetenz, I, 270. 275. 411. II, 13. 312. 316. XIV, 264. XV, 69. 72. 77. 265. Begründet die bloße Be-

hauptung der privatrechtlichen Eigenschaft eines Anspruches die civilrichterliche Zuständigkeit? I, 261. 275. II, 10. 25. V, 235. XIV, 12. 17. 25. 34. XV, 106. 249. 261. Unerheblichkeit der Richtigkeit und Vollständigkeit der zur Begründung eines Privatrechtstitels vorgebrachten Thatsachen für die Kompetenzfrage, II, 12. 312. V, 235. 231. XI, 258. Ebenso der einem Anspruch entgegengesetzten Einwendungen, II, 12. V, 238. IX, 50. Die Berufung auf Herkommen und Verjährung bei öffentlichrechtlichen Verhältnissen zur Begründung der civilrichterlichen Kompetenz nicht genügend, I, 411, II, 15. 142. 311. 315. XII, 311. XIV, 14. XV, 70. 82. 132. Unzulässigkeit der Prorogation auf das Civilgericht im Falle des Ausschlusses des Civilrechtsweges, IX, 48. XV, 106. — b. Zuständigkeit im Falle der Beschränkung eines Privatrechtes durch eine im öffentlichen Interesse geschehene Verfügung, I, 414. 418. 426. 434. 449. II, 289. 296. VI, 256. X, 211. XI, 255. XII, 308. XIV, 251. XV, 34. 43. 101. — c. bei Klagen auf Schutz im Besitz eines öffentlichen Rechtes, I, 258. 266. 271. — d. bei Wasser- und Wegstreitigkeiten: Zuständigkeit bei Streit über die Qualität eines Wassers als privaten oder öffentlichen, IX, 56. XV, 68; bei Streitigkeiten über Umfang, Inhalt und Grenzen der durch Staatskonzession verliehenen Nutzungsrechte an öffentlichen und Privatwassern sind die Verwaltungsjustizbehörden zuständig, I, 252. 251. 258. 266. 268. 272. 408. 410. 438. II, 311. 315. VI, 253. X, 208. XI, 259. XII, 301. XIV, 264. XV, 46. Ausnahmen; I, 233. 269. 270. 272. 273. 411. 414. 419. 428. 432. 494. II, 315. V, 240. VI, 255. X, 209. XI, 254. 256. XII, 304; insbesondere: Zuständigkeit bei Ersatzklagen wegen durch Flößerei in einem öffentlichen Fluß an den Wasserwerken gestifteten Schadens, I, 428; bei einem Streit über Kollision der Rechte des Sandschöpfens und der Fischerei in einem Flußkanal, I, 432; bei Streitigkeiten über Tieferlegung eines aus einem öffentlichen Flusse gespeisten Mühlkanals, XI, 259; bei Streitigkeiten zwischen Anliegern eines öffentlichen Flußes über Wasserbauten zum Schutze ihres Eigenthumes, XII, 301. XV, 62; bei Streitigkeiten über die Zuleitung öffentlichen Wassers vermittelst eines Wöhrs, einer Einlaßfalle und eines Kanals, X, 209. XI, 254; bei Streit über die Wässerung aus dem von einem öffentlichen Flusse gespeisten Kanal X, 209. XI, 256; bei Streit über Eigenthum und Benützungsrecht eines in einem öffentlichen Flusse errichteten Wöhrs, XI, 114. 254. XII, 304. XV, 71. Zuständigkeit des Civilrichters bei Streitigkeiten über die Benützung von Wasser, das keinen stetigen Lauf hat, V, 391; bei Streitigkeiten über die Unterhaltung von Privatbohlen, II, 300.

Zuständigkeit bei Streitigkeiten über die Anlegung der Ellerstraßen und Kanteln, resp. die hieraus für einzelne Ortsbewohner sich ergebenden Ersatzansprüche, I, 449. II, 288. 290. 292. 296. 298. XII, 809. XV, 94. Zuständigkeit des Administrativrichters bei Streitigkeiten über die Benützung resp. Unterhaltung eines über Privateigenthum führenden Weges als eines öffentlichen; des Civilrichters, wenn es sich um eine privatrechtliche Weggerechtigkeit handelt, V, 899. 420. 424, 425. 429. 430. XV, 47. 73. 248. 253. 259. 261. Zuständigkeit des Civilrichters bei Streit über das Eigenthum an einer als Triebweg dienenden Grundfläche, XV, 251. Zuständigkeit des Administrativrichters für einen Streit über die auf einen Vertrag gestützte Unterhaltungspflicht eines Nachbarschaftsweges, XV, 264. Zuständigkeit des Administrativrichters für die Klage auf Ersatz eines zur Unterhaltung eines Nachbarschaftsweges gemachten Aufwandes gegen den Markungsinhaber, XV, 808. 812. 814. Zuständigkeit des Administrativrichters im Falle eines Streites über das Recht auf Benützung eines öffentlichen Feldweges zu anderen als Feldbauzwecken, XV, 825. — e) Bei Streitigkeiten aus Anlaß der Ablösung: Zuständigkeit der Civilgerichte für die Entscheidung über das Recht auf eine Leistung und über den Umfang des Rechtes; der Verwaltungsjustizbehörden für die Anwendung und Vollziehung der Ablösungsgesetze, II, 89. 111, 166. XV, 26. 27. 28. 29. Zuständigkeit bei der Frage, ob eine Verbindlichkeit ausschließlich auf Zehnten und Gefällen oder auch auf anderem Eigenthum ruhe, II, 39. VI, 68. 90. XV, 27. 90. Kompetenz der Ablösungsbehörden zur Feststellung der für die Last zu schöpfenden Abfindungssumme, II, 40. 41; der Civilgerichte zur Entscheidung über Urkundenedition in Ablösungsstreitigkeiten, II, 42; der Civilgerichte im Falle der Verweigerung der Leistung wegen Verzichtes oder Vertrages, VI, 97. Zuständigkeit der Civilgerichte resp. der Ablösungsbehörden im Falle der Ersatzforderung für die wegen behaupteter Ablösbarkeit verweigerten Leistungen vor resp. nach der Feststellung über die Anwendung der Ablösungsgesetze, VI, 97. XV, 28. Zuständigkeit der Ablösungsbehörden resp. der Civilgerichte in Streitigkeiten über Bannrechte und ausschließliche Gewerbeberechtigungen, XV, 28., ebenso in Weideablösungsstreitigkeiten, XV, 29., ebenso in Streitigkeiten betr. Aufhebung des Jagdrechtes auf fremdem Grund und Boden, XV, 29. — f) Bei Kirchen- und Schulhausbaulaststreitigkeiten: Zuständigkeit der Civilgerichte im Falle der Begründung der Verbindlichkeit selbst auf einen privatrechtlichen Titel, II, 0. 19. V, 288. XV, 83; des Administrativrichters im Falle ihrer Begründung auf den Staats-, Gemeinde-, Pfarr- oder Schulverband als einzigen Rechtsgrund,

II, 17. VII, 319. 326. IX, 60. XIV. 418. Begründen Verfügungen des Landesherrn als Staats- oder Kirchenoberhauptes einen civilrechtlichen Anspruch? II, 20. V, 238. XV, 83. Zuständigkeit der Administrativjustizbehörden bei Streit über das Bedürfniß und die Art der Bauten, II, 10. 26. XV, 103. Zuständigkeit der Gerichte resp. der Administrativjustizbehörden bei Streitigkeiten über den Umfang der Bauverbindlichkeit. II, 28. XV, 103., deßgleichen bei Streitigkeiten über die Zulänglichkeit des Vermögens des Prinzipalbaupflichtigen; Angriffe des Grundstocks, II, 30. 41. IV, 135. XII, 251. Zuständigkeit bei Streitigkeiten über der Ablösung unterliegende Baulasten, II, 30. III, 156. IV, 135. XV, 26. Zuständigkeit der Gerichte resp. der Administrativjustizbehörden bei provisorischen Verfügungen, II, 94. III, 407, XV, 102. — g) Zuständigkeit der Kirchenbehörde zur Entscheidung über die Suppression einer Pfründe, IV, 442. — h) Zuständigkeit der Civilgerichte für Streitigkeiten über Patronatsrechte, XV, 92. — i) Zuständigkeit des Civilrichters bei Erhebung eines privatrechtlichen Anspruches auf einen Kirchensitz, auf einen bestimmten Beerdigungsplatz, XV, 74. — k) Zuständigkeit bei Streitigkeiten über Vergebung einer Stiftung XII, 305. XV, 11. 46. — l) Zuständigkeit der Civilgerichte oder der Administrativjustizbehörden zur Entscheidung über Fortreichung der sog. Almosenbeiträge durch die Staatskasse? IX, 81. XIV, 1. 12. 15. 17. 23. 25. 37. — m) Zuständigkeit bei Ansprüchen auf Rückerstattung eines von einer Armenstiftungspflege gereichten Almosens, IV, 395. 897. 399. 409. V, 443. XV, 64. — n) Zuständigkeit bei einer von Gemeindevorstehern im Interesse eines Gemeindeangehörigen gemachten Stipulation, I, 401. — o) Zuständigkeit in Gewerbe- und Bausachen: bezüglich der gewerblichen Beschränkungen und Patente, XV, 42. 48. 72., bei Ansprüchen aus einem Gewerbelehrvertrag. III, 93. IV, 167. 318. VIII, 191. Zuständigkeit des Civilrichters resp. des Administrativrichters nach der neuen Bauordnung, XV, 357; insbesondere Zuständigkeit des Civilrichters für den Streit über die zu zahlende Entschädigung im Falle der Verpflichtung der Gemeinde zur Erwerbung einer Grundfläche, des Administrativrichters für den Streit über diese Verpflichtung selbst, XV, 356. 359. Zuständigkeit der Administrativjustiz zur Entscheidung eines Streites über Entschädigung nach Art. 8 der Bauordnung XV, 360 Zuständigkeit des Civilrichters resp. des Administrativrichters in Streitigkeiten über das Graben von Brunnen, XIV, 251. 259. XV, 43. 369. (I, 257. 438. IX, 51.) Zuständigkeit bei Streitig-

triten über bie, Nachbarn beläftigende oder gefährdende Anlagen, I, 135.
141. 145. 148. 159. XIV, 246. 312. XV, 372. — p) Zuftändigkeit des Administrativrichters in Streitigkeiten über die Gebäude-
brandverficherung, I, 193. XV, 93. — q) Zuftändigkeit
der Gerichte resp. der Administrativjuftizbehörden bei Streitigkeiten über das Marlungsverhältniß, II, 134. 137. 140. 144.
146. 149. 151. 156. 184. 169. XV, 58. 82. — r) Zuftändigkeit
bei Streitigkeiten über Schafweiderechte; Streitigkeiten über
das Weiderecht auf eigenem Grund und Boden in der Regel privatrechtlicher Natur, VI, 277. 292. XV, 59. 83. 362. Streitigkeiten
über Kommunschafweiderechte öffentlich rechtlicher Natur, II, 143.
IV, 186. VI, 379. 390. IX, 422. XV, 382. — s) Zuftändigkeit
der Gerichte, resp. der Administrativjuftizbehörden bei provifo-
rischen Verfügungen, II, 31. 302. III, 407. XI, 266. 260.
XII, 309. XV, 101. — t) Zuftändigkeit des Civil- resp. des
Administrativrichters für eine Provocationsklage, XI, 277.
XII, 408. XV, 62. — u) Zuftändigkeit der Verwaltungsstellen
zur Beschlagnahme des Vermögens widerspenstiger
Militärpflichtiger, I, 124. VI, 422. — v) Zuftändigkeit
des Administrativ- resp. des Civilrichters bezüglich der Ansprüche
der Einzelnen an das Gemeindevermögen, insbesondere
bei Streitigkeiten über Realgemeinderechte, XV, 76. — w) Zuftändigkeit des Administrativ- resp. des Civilrichters bei Streitigkeiten über öffentliche Abgaben, insbesondere über Steuerbe-
freiungen, XV, 55. 57. 61. — x) Zuftändigkeit der Admini-
ftrativjuftizbehörden bei Streitigkeiten über die Zurückforderung
einer aus einem Grunde des öffentlichen Rechts bezahlten Nichtschuld, IX. 48. — y) Zuftändigkeit des Ad-
minftrativ- resp. des Civilrichters bezüglich der vermögensrechtlichen Ansprüche des öffentlichen Dieners resp. an ihn
aus dem öffentlichen Dienste, XV, 51. — z) Vorausfetzung
für die Zuftändigkeit des Civilrichters in Rechtsverhältnissen mit
der Poft-, Eifenbahn-, Telegraphen-Anftalt, Zollbehörde, XV, 74. 75. — aa) Zuftändigkeit der Civilgerichte
in Streitigkeiten aus Theaterkontracten? XV, 94. — bb) Zuftändigkeit der Polizei in Streitigkeiten über Dienstboten-
verhältniffe, XV, 99. — cc) Kompetenzkonflikt: Voraus-
fetzungen für die Annahme eines folchen; Verfahren, IV, 333. 336.
337. 338. XIV, 26. XV, 105. Verfahren in Bezug auf Fiskal-
prozeffe, IV, 334. Beschränkung der Entscheidung eines Kompetenzkonfliktes durch das Staatsoberhaupt auf den einzelnen Fall, I, 26.

IV, 345. Dem Justizministerium steht eine Kognition über die Zuständigkeit der Civilgerichte nicht zu, IV, 337. 339. 348. 346.
8. Rechtsverhältnisse des öffentlichen Dienstes. Versetzung der württ. Staatsdiener vom Verwaltungsfach auf geringere Stellen, I, 213. Die gerichtliche Entscheidung in einer gegen öffentliche Diener geführten Kriminaluntersuchung: die Grundlage für eine Verfügung nach Art. 47 der Verfassungsurkunde, IX, 301. Einfluß des Gantes gegen einen öffentlichen Diener auf sein Amt, X, 376. Unfähigkeit eines wegen Meineids Verurtheilten zur Bekleidung der Stelle eines Gemeinderaths nach der Restitution der Ehrenrechte, IV, 373. Die Zulassung eines an sich nicht befähigten Kandidaten zu einem Gemeindebeamte im Wege der Dispensation kein Gegenstand der Verwaltungsrechtspflege, XIV, 229. Zurückweisung einer Beschwerde an den Geheimenrath wegen Nichtzulassung zur 2. höheren Dienstprüfung im Departement des Innern im Wege der Dispensation. XIV, 231. Beschwerde eines Gewerbekonkurrenten gegen die Uebertragung eines Gemeindebeamten an einen Gewerbegenossen unstatthaft, XIV, 235. Stellung des Geheimenraths im Organismus, I, 33. Der Geheimerath keine vorgesetzte Dienstbehörde, XIV, 230. 232. 237. 310. Begutachtung des Geheimenrathes über Entlassung eines öffentlichen Dieners nach §. 47 der Verfassungsurkunde bedingt durch den Antrag der Dienstbehörde, XIV, 230. Die Befugniß des Geheimenrathes nach §. 60 Z. 1. der Verfassungsurkunde auf Rechtsprechung im einzelnen Falle beschränkt, XIV, 234. Beschränkung desselben auf Entscheidung über Verfügungen der Ministerien in Verwaltungsjustizsachen, XIV, 234. 237. 240. Schadensersatzpflicht des Staates für den durch pflichtwidrige Beamte zugefügten Schaden? XV, 51.
4. Landstandschaftsrecht. Ausschluß der staatsbürgerlichen Wahlrechte durch Privatdienstverhältnisse; Begriff der Privatdienstherrschaft, V, 201. 221. Landstandschaftsrecht der Standesherren, II, 479. Dasselbe nicht mit dem standesherrlichen Gut als solchem verbunden, sondern ein Recht der standesherrlichen Familie als solcher, durch den hausgesetzlichen Besitz der reichsunmittelbaren Besitzungen bedingt, II, 480, 492. Aufhebung desselben durch jede Veräußerung, die nicht blos eine Form für die hausgesetzliche Erbfolge ist, II, 487. 491; selbst im Falle des Wiedererwerbs der veräußerten Familienbesitzungen, II, 488. 491. Voraussetzung für den Eintrag in das Verzeichniß der in Württemberg begüterten ritterschaftlichen Familien; Beschwerde beim Geheimerath wegen Nichteintragung in dasselbe, XIV, 267.
5. Amts- und Gemeindeverband. a) Allgemeines. Ausdehnung desselben auf sämmtliche Theile des Staatsgebiets,

II, 129. Umfang der Gemeinde, II, 126. Rechtsverhältnisse zusammengesetzter Gemeinden, II, 130. Bildung von neuen Gemeinden, II, 131. — b) Markungsrecht, II, 118. Allgemeine Gesichtspunkte über die Bedeutung des Markungsrechtes in öffentlich- resp. privatrechtlicher Beziehung, II, 119. 121. 178. 180. Uebersicht über die bezüglichen Gesetzesbestimmungen, II, 126. Klagebegründung bei Markungsstreitigkeiten in privat- und öffentlichrechtlicher Beziehung und Kompetenz; Rechtsmittel, II, 134. 137. 140. 144. 146. 149. 151. 166. 181. 192. Markungsumgang, II, 169. Landesvermessung und Primärkataster, 170. Güterbücher, 172. Steuerverhältnisse, 173. Verschiedenheit des Markungsverhältnisses vom Gemeinde- und Steuerverhältnisse, 177. Bedeutung des Markungsrechtes nach dem Gesetze vom 18. Juni 1849, 178. f. auch oben 2. q. — c) Kommunweiderechte sind nicht nothwendig im Markungsrecht enthalten, VI, 380. 387. 391. Im Falle der Begründung auf das Markungsrecht erstreckt das Kommunweiderecht sich auf alle Güter der Markung, aber auch nur auf diese, VI, 3'0. 381. 8f0. XV, 284. 387. 390. Vorbehalt des Rechtes als Uebertriebsrecht im Falle der Ausscheidung von Gütern aus einer Markung, VI, 391. Die Verwaltung geht von den Gemeindebehörden aus, der Ertrag fällt in die Gemeindekasse, IX, 423. Beweispflicht Desjenigen, welcher die Freiheit vom Kommunweiderecht behauptet, XV, 384. 389. 390. auch oben 2. f. q. r. — d) Bürrechts- und Verehelichungsgesetzgebung. Verpflichtung zum Einkauf der Frau in das Bürgerrecht des Mannes vor dem Gesetz von 1823; Berechtigung zur Nachforderung der Gebühr, V, 351. Bestrafung, die Bedingung der Abweisung eines Bürgerannahmegesuches wegen schlechten Prädikats, V, 359. 373. Freiwillige Kautionsstellung zur Sicherung des Nahrungsstandes zulässig und nicht rückverlangbar, V, 255. Ungiltigkeit einer Beschränkung auf gewisse Befugnisse bei der Bürgerannahme, V, 357. Ertheilung der Heirathserlaubniß durch den Gemeinderath unter der Bedingung der Aufnahme seiner mittellosen Eltern in das Haus durch den Nachsuchenden, I, 401. Ein Theilgemeinderath hat kein Beschwerderecht, V, 358. Bürgerrecht der unehelichen Kinder, V, 358. 369. 370. Rekursrecht eines Gemeinderathes im Falle der Aberkennung eines Bürgerrechtes zum Nachtheile seiner Gemeinde? V, 360. Gleichzeitige Verhandlung des Streites über die Bürgerannahme und desjenigen über die Verehelichung zulässig, V, 361. Gebundenheit des Gemeinderaths an eine zwischen ihm und dem Bürgerannahmesuchenden über diese geschlossene Uebereinkunft, V, 362. Wird, wenn der eine Ehegatte, unter Beibehaltung des bisherigen Bürgerrechtes, dasselbe in einer anderen Gemeinde für sich nachsucht, dessen oder beider Gatten

Vermögen bei der Vermögensnachweisung zu Grunde gelegt? V, 362. Nichtigkeit der Aufnahme in das Bürgerrecht wegen wissentlich falscher Vermögensangaben über den Vermögensstand, V, 364. Wirksamkeit des Verzichtes auf das Bürgerrecht, V, 366. Giltigkeit der in einem Konbominatorie vollzogenen Trauung, V, 366. Der Vorbehalt eines Bürgerrechtes muß ausdrücklich erfolgen, V, 369. 378. Das Recht des Ehemannes auf den Wohnsitz der Frau an seinem Wohnorte kein Hinderniß der Ausweisung, V, 374. Verpflichtung der Gemeinde zur Bezahlung der Krankheits- und Beerdigungskosten für arme Angehörige, V, 475. 978. Voraussetzungen der Theilnahme des Ortsgeistlichen an den bürgerlichen Nutzungen, V, 380. Grundsatz bei der Reihenfolge des Eintritts in die bürgerlichen Nutzungen, V, 381. Fortdauer ihres Genusses im Falle der Ortsabwesenheit? V, 392. Begriff des Lebens auf eigene Rechnung als Bedingung des Bezuges der Bürgernutzungen, V, 382. Unzulässigkeit des Rekurses der einzelnen Gemeindegenossen gegen einen, die bürgerlichen Nutzungen aufhebenden Gemeinderathsbeschluß, V, 388. VII, 61. Unstatthaftigkeit der actio negatoria wegen Beeinträchtigung bürgerlicher Nutzungen durch eine angesprochene Gerechtigkeit am Gegenstand der Nutzung, IX, 425. Verhältniß des Rekurses nach dem Bürgerrechtsgesetz zum Rekurs nach dem Gesetz vom 13. Nov. 1855. V, 881. Unzulässigkeit der Erhebung irgend einer Abgabe von ortsfremden Frauen, welche durch Heirath das Ortsbürgerrecht erwerben, für die Theilnahme an den Bürgernutzungen nach der Reichsgesetzgebung, XIV, 801. — e) Armengesetzgebung. Ist die Zurückforderung eines von einer Armenstiftungspflege gegebenen Almosens, wenn der Empfänger später zu Vermögen kommt, zulässig? IV, 892. V, 379. 442. (auch oben 2. m.) Verpflichtung des Besitzers von kirchlichem Vermögen zur Armenfürsorge nur im Falle eines besonderen Titels begründet, VIII, 124. XIV, 1. 28. Verpflichtung der Gemeinden zur Bezahlung der Krankheits- und Beerdigungskosten für arme Angehörige, V, 875—878. — f) Jagd. Beschwerden wegen Zuschlags des Jagdpachts unter Ausschluß des Meistbietenden nicht unter Art. 1, Absatz 1 des Gesetzes vom 13. Nov. 1855 gehörig; Befugniß der Staatsaufsichtsbehörde gegenüber den Gemeinden bei Verleihung der Jagd, XIV, 812. (auch oben 2. c.)

G. Rechtsverhältnisse der Wege. Bestimmungen der Wegeordnung über Güter- und Nachbarschaftswege und Staatsstraßen, II, 131. XV, 296. Das Schneebahnen Pflicht der Gesammtgemeinde, V, 395. 427. Abstellung eines der Kultur schädlichen oder entbehrlichen Weges, V, 397. 410. 422. 424. 426. 432. 435. 441. XV, 246. 305. Verpflichtung der Gemeinden zur Unterhaltung der sog. Kameral-

straßen, V, 398. 420. Beschränkung auf die seitherigen Wegbaulasten im Falle des Uebergangs der Wegbaulast in den nach dem
Gesetz vom 18. Juni 1849 einverleibten Grundflächen auf die Gemeinden, V, 407. 420. XV, 812. Fortbauer der bisher unabhängig
von der Pflicht, die Straße zu unterhalten, bestandenen Baulast des
Staates in Bezug auf eine Brücke, auch im Falle des Ueberganges
der Unterhaltung der Staatsstraßen auf die Gemeinde, V, 411.
Fortbauer der Unterhaltungslast des Staates in Bezug auf eine seit
unvordenklicher Zeit unterhaltene Straße oder Brücke auf Gemeindemarkung trotz des Neusteuerbarkeitsgesetzes, V, 428. 424. Eine Amtsversammlung, welche, ohne sich der Uebernahme der Baulast durch
den Markungsinhaber zu versichern, eine Brücke gebaut hat, kann
diesem nicht nachträglich die Baulast aufladen, V, 429. Rothwendigkeit
einer Brücke die Bedingung der Baulast, V, 425. 426. 440. Pflicht
des Markungsinhabers, Nachbarschaftswege in stets brauchbarem und
fahrbarem Zustande zu unterhalten, XV, 292. 294. Wieweit künstliche Anlagen, insbesondere Chaussirung, nothwendig sind, ist Thatfrage, XV, 292. 294. Thatsächliche Merkmale der Eigenschaft eines
Weges als eines Nachbarschaftsweges, XV, 270. 271. 274. 276. 280.
293. 812. Der Beweis der Eigenschaft eines Weges als öffentlichen
Nachbarschaftsweges die Bedingung für die Unterhaltungspflicht des
Markungsinhabers; Unerheblichkeit einzelner Leistungen, welche sich
auch aus der Eigenschaft eines Güter- oder Holzabfuhrweges erklären,
XV, 306. Die Pflicht des Markungsinhabers zum Ersatz eines für
die Unterhaltung eines Weges gemachten Aufwands bedingt durch
die Eigenschaft des Weges als eines öffentlichen, V, 432. 439. XV,
308. 312. Ersatz der Wegbaukosten durch eine Gemeinde, welche den
Weg in der Frohne hätte herstellen lassen, V, 440. Auch der zur
Verbindung von Parzellen mit eigener Markung dienende Weg kann
ein öffentlicher Verbindungsweg sein, XV, 303. Unterhaltungspflicht
in Bezug auf einen Vizinalweg im Falle der Trennung einer Gesammtgemeinde in mehrere selbstständige Gemeinden, V, 400. Wirkung
eines Vertrages über Unterhaltung der Nachbarschaftswege nach Veränderung der Markungsverhältnisse, V, 421. XV, 287. Vertretung
der Markung durch die Inhaber der zu derselben gehörigen Güter
bei Abschluß eines Vertrages über die Unterhaltungspflicht bezüglich
eines Nachbarschaftsweges, XV, 264. Unterhaltungspflicht in Bezug auf einen zwischen zwei Markungen befindlichen, keiner derselben
ausschließlich zugetheilten Weg, V, 420. Klage auf Duldung eines
öffentlichen Nachbarschaftsweges gegen den Eigenthümer des belasteten Gutes; Benützung desselben auf die möglichst schonende Weise,
XV, 303. Merkmale eines öffentlichen Güterweges, XV, 320. Ver-

pflichtung der Gemeinde zur Unterhaltung der öffentlichen Güterwege auf der Markung; Bedeutung des ucaugelnden Nachweises eines
gemachten Gemeindeaufwaudes und einzelner von den Güterb.sitzern
gemachten Reparaturen für eine Abweichung von dieser Regel,
XV, 820. Vertheilung der den betheiligten Gutsbesitzern obliegenden
Pflicht zur Unterhaltung eines Feldweges nach zwei Vellragsklassen
im Wege der Uebereinkunft der großen Mehrzahl derselben, XV, 323.
Benützung eines öffentlichen Güterweges zu andren Zwecken als
zur Bebauung der anliegenden Güter durch die Markungsinhaber;
Allivlegitimation einzelner zur Wegunterhaltung verpflichteter Grund-
besitzer zur Aufstellung der Klage gegen eine angeblich unberechtigte
Benützungsart, V, 306. 422. XV, 326. Berechtigung jedes beim
Bestehen eines Weges Interessirten zur Klagerhebung, V, 430. Zulassung von Einwohnern des betreffenden Orles als Zeugen in
einem Wegstreit, V, 421. Inanspruchnahme eines durch Vertrag mit
seinen Genossen von der Wegbaulast befreiten Gemeindrechtbesitzers
für die gesetzliche Anlage durch die nunmehr baupflichtige politische
Gemeinde, V, 429. Bestand eines Weges troz eines theilweisen
Verlaufens desselben in verschiedene, sich wieder vereinigende Spuren,
V, 431. Unerheblichkeit für die Oeffentlichkeit eines Weges, ob
der über ein Privatgrundstück führende Weg im Eigenthum des
Grundbesitzers ist, V, 421. 421. 425. 430. XV, 246. 2.6. 261. 303.
Einfluß der Besitzverhältnisse auf die Beweislast über die Qualität
eines Weges als eines öffentlichen, V, 424. XV, 257. Bedeutung
der Einträge im Primärkataster und in den Flurkarten für die
Eigenschaft eines Weges, V, 196. 426, 430. 439. XV, 253. 262. 261.
271. 274. 286. 203. 310. Beweiskraft des Güterbuches und des
Güterbuchprotokolles hinsichtlich der öffentlichen Eigenschaft eines
Weges, XV, 287. Bedeutung der auf Antrag des Grundbesitzers
geschehenen Extastrirung eines über sein Grundstück führenden Weges
für die Qualität des lezteren als eines öffentlichen, V, 425. 431.
Feststellung eines vertragsmäßig eingeräumten Fußweges unter Be-
schränkung auf die nächste Nachbarschaft durch administrativrichterliche
Verfügung, XV, 259. Verjährung als Grund für die Annahme
eines öffentlichen Weges; Absicht, ein öffentliches Recht auszuüben.
V, 396. 397. 419. 421. 435. 441. XV, 257. 263. 276. 278. 284.
280. 318. 365. Die opinione juris stattgehabte Benützung eines
Weges durch bestimmte einzelne Personen gibt nur einen privat-
rechtlichen Anspruch, XV, 287. Begriff der Ellerstraßen, V, 441
XV, 823. Inwiefern hat eine Gemeinde ihre Ortsstraßen ohne
Schaden für den Einzelnen und ohne Verletzung von Privatrechten
herzustellen, insbesondere Straßenkandeln anzulegen? I, 450. II, 289.

292. 295. XII, 808. XV, 34. Beschränkung des Art. 18, Abs. 2, 8 des Ges. vom 26. März 1802, betr. Feldwege c., auf die Markung außerhalb Ellers, XIV, 270. Das Beschwerderecht der in Art. 15 des zu. Gesetzes genannten mittelbaren Interessenten, XIV, 276. Berechnung der Recursfumme bei einem Streit über die öffentliche Eigenschaft eines Weges, XV, 289. Zuständigkeit der Oberämter bei Wegstreitigkeiten in erster Instanz; Ausnahmen V, 398. 429. — s. auch oben 2. d.)

7. Bau- und Gewerbesachen. Polizeiliche Aufsicht über die Gewerbe; Kompetenzvertheilung, I, 147. 148. XIV, 249. a) Mühl- und Wasserbaustreitigkeiten. Einsprache eines Wasser- werkbesitzers gegen eine Flußcorrektion, V, 888. Eine öffentlich- rechtliche Verpflichtung eines Müllers zur Reinigung des Flußbettes liegt bei einem öffentlichen Fluß nicht vor, V, 804. Sind für das Verflößen sog. eichener Schollen die für Langholzflöße regulirten Abgaben zu bezahlen? V, 859. Ein Sägmüller darf, ohne eine Wechselfalle herzustellen, beim Beginne eines neuen Schnittes beide Fallen auf kurze Zeit zustellen, V, 891. Die längere Zeit hindurch festgehaltene Ermäßigung der Weite eines Radeinganges ohne Ein- fluß für das Recht auf die ursprüngliche Weile, V, 894. — b) Bau- sachen: Die neue Bauordnung für Württemberg, XV, 843. Die Nachbarn haben kein Recht auf Einhaltung der im öffentlichen In- tereffe gegebenen Bauvorschriften, XV, 330. 331, 814. 365. 866. 367. 569. Ausnahmen; Gegenstände der Beschwerde im Administratio- justizwege, XV, 870; insbesondere Einsprache der Nachbarn gegen Gewerbebetrieb und Bauten wegen eines ihre Person und ben Ge- nuß ihres Eigenthums gefährdenden Gewerbebetriebs aus polizei- lichen Gründen, I, 141. 145. 100. XIV, 240. 312. XV, 872. (s. auch Civilrecht, Hauptstück II, A. 2.) Beschränkung des Grundeigen- thümers in der Verfügung über die auf seinem Grundstück ent- springende Quelle durch baupolizeiliche Verfügungen, XIV, 251. 259. XV, 43. 361. 363. Verfahren, insbesondere bei Beschwerden in Bausachen nach der neuen Bauordnung, XV, 874. — c) Hausir- gewerbe. Zulässigkeit einer Beschwerde bei dem Geheimenrath wegen Verweigerung des zum Betriebe eines solchen erforderlichen persön- lichen Ausweises, XIV, 242; Vorstrafe wegen Diebstahls als Grund dieser Verweigerung, XIV, 243. Begriff des Hausirhandels; Einsprache- recht von ansäßigen Gewerbetreibenden gegen Zulassung eines Aus- länders zum Hausirhandel? XIV, 244. — d) Nachdruck: Begriff einer Umarbeitung des Originals und eines Auszuges aus demselben, V, 384. Die Annahme der gleichen Titelvignette kein Nachdruck, V, 386. Der Abdruck einer unterhaltenden Erzählung aus einer

7*

Wochenschrift in einem Tagblatt kein Nachdruck, V, 386. Wann ist die Nachbildung eines Stahlstichs, einer Photographie nach einem Gemälde strafbar? V, 387. Ausdehnung des dem Verfasser verliehenen Schutzes seiner Werke auf die vor dem 1. Januar 1818 erschienenen Werke, V, 3–5. s. auch Obligationenrecht, 2. Theil, 1, 7. — c) Medizinalsachen: Begriff der im Handel nicht freigegebenen Arzneien, (R.St.G.B. §. 367 Z. 3), XV, 448. 463. Unbefugte Führung des Titels: "Spezialarzt" nach §. 147 Z. 3 der Reichsgewerbeordnung strafbar, XV, 448. 462. — t) Zwang der Polizei gegen Gewerbetreibende, in Nothfällen zu arbeiten und ihre Waaren zu verkaufen, auch nach der Reichsgewerbeordnung zulässig? XV, 31. — s. auch 2, o, und Civilrecht, Hauptstück VIII, B.
8. Gebäudebrandversicherung. s. Obligationenrecht, 2 Theil, 1, 15.
9. Die Kirchengemeinde und die kirchliche Baulast der Parochianen, VII, 281. IX, 73. XIV, 297. 804. 412. Subsidiäre Haftung der Parochianen für den kirchlichen Bauaufwand nöthigenfalls durch Umlagen, VII, 290. IX, 75. Vertretung der Kirchengemeinde in vermögensrechtlicher Beziehung, insbesondere bei einer Umlage auf die Parochianen, durch den Stiftungsrath resp. die Gesammtheit der Parochianen, VII, 299. 318. 320. IX, 73. 75. XIV, 304. 307. 412. 424. 427. 430. 431. 432. Wer ist stimmberechtigtes Gemeindeglied? VII, 324. In Altwürttemberg die politische Gemeinde subsidiär baupflichtig, VII, 327. XIV, 410. Rechtsverhältnisse der Dissidenten, Forensen, der juristischen Personen und der nach dem Gesetze vom 18. Juni 1849 steuerpflichtigen Grundstücke, VII, 324. 899. 354. 341. XIV, 417. Rechtsverhältnisse in Neuwürttemberg und bei den neu errichteten katholischen Kirchen Altwürttembergs, VII, 335. 338. 342. Ein Beschluß der Parochianen, die Kosten auf die politische Gemeinde zu übernehmen, für diese wirkungslos, VII, 325. Begründung des Uebergangs der an sich der Kirchengemeinde obliegenden Baulast auf die politische Gemeinde durch Herkommen, VII, 349. 352. Zulässigkeit der Uebernahme der den Parochianen obliegenden Baukosten auf die politische Gemeinde durch die bürgerlichen Kollegien? VII, 325. Unzulässigkeit eines Administrativerkurses des einzelnen Steuerpflichtigen gegen die von Staatsaufsichtswegen genehmigte Umlage der Kirchengemeindekosten auf die Parochianen resp. deren Uebernahme auf die politische Gemeinde, IX, 80, XIV, 237. s. auch 2. f.)
10. Ablösung von Leistungen für öffentliche Zwecke. Die Meßner gehören nicht zu den Kirchendienern im Sinne des Art. 9 des Gesetzes vom 19. April 1865, X, 289.

11. **Schulgesetzgebung.** Hausmiethereulschädigung für die Schullehrer; Maßstab für dieselbe, VI, 426.

12. **Steuergesetzgebung.** Grundsätze über die Vertheilung und den Einzug der Steuern; Neusteuerbarkeit; Dominikalsteuern; Rustikalsteuern, II, 179. Ansatz der Accise auch bei der Abfindung von Realgemeinde- und anderen Realrechten durch Abtretung von Liegenschaft; Ausnahme bei den in Ausführung der Ablösungsgesetze zwangsweise erfolgten Ablösungen, XV, 381. Ist im Falle der läuflichen Abtretung des Antheils eines Gesellschafters an den Immobilien der Gesellschaft an einen anderen Gesellschafter die Accisgebühr anzusetzen? X, 258. Berechnung der als Gesellschaftsantheil des Käufers von der Accise freizulassenden Quote des Kaufpreises im Falle des Verkaufes eines Fabriksunwesens einer offenen Handelsgesellschaft an einen Gesellschafter, XV, 846. Im Falle eines Tauschvertrages über Liegenschaften ist Gegenstand der Liegenschaftsaccise der als Aufgeld zu zahlende Mehrwerth eines Tauschobjektes, XIV, 293. Berechnung der Accise im Falle des Verkaufes von Gewerbegeräthschaften und Vorräthen mit dem Verkaufe von Liegenschaften, XV, 341. 348. Unstatthaftigkeit eines Abzugs am Kaufschilling für den idealen Werth des „Geschäftes" im Falle des Verkaufes eines Fabriksunwesens, XV, 343. — Beziehung der Ablösungsgelder für kirchliche Zwecke zur Kapitaleinkommensteuer, XIV 284., Beziehung des Kapitaleinkommens erledigter evangelischer Pfarreien zur Kapitaleinkommensteuer, XIV, 280. Beziehung der Dividenden aus den Monatseinlagen der Mitglieder einer Gewerbebank zur Kapitaleinkommensteuer, XIV, 288. Sind Photographen Berufseinkommenoder Gewerbesteuerpflichtig? XIV, 282. Anwendung der Berufseinkommensteuer auf einen im Auslande vorgenommenen Berufsakt, XIV, 298. Zuziehung eines Konsumvereines zur Gewerbesteuer in Bezug auf die Waarenverkäufe an Nichtmitglieder, XIV, 288. Bei der Klassifizirung zur Gewerbesteuer das fest angelegte, nicht zum Geschäftsbetriebe bienende Kapital einer Aktiengesellschaft nicht Gegenstand der Berechnung, XV, 337. Begriff des gewerbsmäßigen Weinhandels als Gegenstandes der Gewerbesteuer, XV, 340. Die Rückforderung, angeblich ohne Rechtsgrund bezahlter Gemeindeumlagen in der Regel nicht zulässig; Ausnahmen, XIV, 272. 273. Retention der Steuer im bisherigen Betrag im Falle einer Reklamation gegen deren Höhe unstatthaft vor der Veränderung der Katasteranlage, XIV, 272. Die Nachforderung der nicht erhobenen Amts- und Gemeindeumlagen von einem steuerpflichtigen Grundstücke bedingt durch die Katastrirung des Steuerobjektes oder wenigstens die Einstellung hiezu, XIV, 276. 278. Das Recht der Steuererhebung von

Grund und Boden begreift auch die darauf errichteten Gebäude, XIV, 278.

13. **Kriegsdienstgesetzgebung.** Abweisung eines an den Geheimenrath gestellten Antrages auf allgemeine Erläuterung einer Vorschrift des Kriegsdienstgesetzes vom 12. März 1:68 in ihrer Anwendung auf Staatsdiener, XIV, 294. f. auch 2. u.

14. **Beschwerden wegen Nichtertheilung der Dispensation von der Minderjährigkeit** beim Geheimenrath unstatthaft, XIV, 231.

15. Beschwerde beim Geheimenrath wegen Verweigerung einer Lotterleerlaubniß unstatthaft, XIV, 232.

16. **Verwaltungsstrafverfahren.** Verpflichtung der Verleger, Drucker und Redakteure zur Zeugnißablegung in einer Disziplinaruntersuchung; fortdauernde subsidiäre Anwendbarkeit der Strafprozeßordnung von 1843 in Verwaltungsstraffachen, XV, 346.

VI. Rechtspolizei und freiwillige Gerichtsbarkeit.

Organisation der Behörden für freiwillige Gerichtsbarkeit und deren Wirkungskreis, I, 37. Bemerkungen über Geschäftsbehandlung und dießfällige Einrichtungen in der freiwilligen Gerichtsbarkeit, I, 303. speziell über Beurkundungen, einfache Beglaubigungen, Zeugnisse, Zertifikate und Protokolle, I, 305. Gegen die Entscheidung eines Kompetenzkonfliktes zwischen zwei Behörden der freiwilligen Gerichtsbarkeit durch die höhere Behörde hat die betreffende Unterbehörde kein Beschwerderecht, V, 462. Entscheidet für die Zuständigkeit zur Behandlung der Erbschaftssachen der Wohnsitz oder die Staatsangehörigkeit? XIII, 127.

VII. Allgemeine Erörterungen über Gegenstände der Gesetzgebung und des Organismus.

Ueber die Rechtszustände in Württemberg, I, 4. Ueber eine neue Gesetzgebung bezüglich des Verfahrens bei Rechtsstreitigkeiten über die Hauptmängel der Hausthiere, I, 169. Gesetzgebung über das Entschädigungsprinzip der Brandversicherung für Häuser, I, 186. Gesetz über die Entlassung oder Zurücksetzung der Staats- und Korporationsdiener, Auszüge aus dem Entwurfe, den Motiven und den Kammerverhandlungen, I, 233. Das Pfändungsinstitut nach gemeinem Rechte, verschiedenen Spezialgesetzgebungen und dem Entwurfe eines Landeskulturgesetzes für Württemberg, I, 263. Bemerkungen über Geschäftsbehandlung und Einrichtungen in Sachen der freiwilligen Gerichtsbarkeit der Verwaltung, I, 303.- Das Gesetz vom 1.

Mal 1865 über einige Abänderungen des bestehenden Eherechts, II, 330. Zu dem Entwurf einer Advokatsordnung für Württemberg, VI, 322. Entwurf einer allgemeinen deutschen Civilprozeßordnung, VII, 1. 216. VIII, 1. Entwurf eines gemeinsamen Gesetzes über die Schuldverhältnisse für die deutschen Staaten, VII, 115. VIII, 226. 292. Rückblick auf die württ. Gesetzgebung seit 1841, VII, 1. Die verzinsliche Anlegung von Pflegschaftsgeldern; Vorschläge an der Hand des geltenden Rechtes, VIII, 145. Die neue württ. Gesetzgebung über Civilprozeß und Strafprozeß von 1868, XI, 292. Die Strafprozeßgesetzgebung des Königreichs Sachsen; Vergleichung mit der neuen württ. Prozeßgesetzgebung, XII, 315. Ueber Genossenschaften, insbesondere Erwerbs- und Wirthschaftsgenossenschaften, XII, 107. Das Verfahren bei Uebertretungssachen in Baiern, VII, 859. Ueber die Todesstrafe, X, 289. XI, 456.

VIII. Miszellen.

Ein langer Prozeß, 165. Merkwürdiger Ehefall, III, 203. Der erste deutsche Juristentag, IV, 206. Die deutsche Einheit auf dem Gebiete der Rechtsgesetzgebung, IX, 451.

IX. Literarische Mittheilungen.

Anzeigen und Kritiken einzelner Schriften: I, 312. 317. 321. 324. II, 101. 317. 390. 848. 856. III, 185. 201. 435. 443. 446. VI, 428. X, 289. 337. XII, 315.

Anzeigen aus Meßkatalogen: I, II, III, V, VI, VII, VIII, IX, XI, XIII.

Alphabetisches Register.

Alphabetisches Register.

(Die römische Zahl zeigt den betreffenden Band, die arabische die Seitenzahl an.)

A.

Ablehnung. Des Richters wegen Aeußerung seiner vorläufigen Ansicht über den Prozeß in der Regel nicht begründet, IV, 194.

Ablösung. Voraussetzung des Verbundenseins mit einem Vermögensbesitz für die Ablösbarkeit von Leistungen für öffentliche Zwecke, XII, 243. 377. XIV, 356. Anwendung hievon auf die Leistung einer Holzabgabe seitens einer Gemeinde zur Pfarrbesoldung, XII, 243. Anwendung auf Leistungen für kirchliche Zwecke, XII, 377. Meßner gehören nicht zu den Kirchendienern im Sinne des Art. 9 des Gesetzes vom 19. April 1865, X, 253. Ablösbarkeit der Ueberbriebsrechte, II, 133, 146. XII, 200. Voraussetzung ihrer Ablösung durch die Gemeinde, XII, 206. Deren Ablösung an die Zustimmung der Fideikommiß- oder Lehensagnaten oder des Lehensherrn nicht gebunden, VIII, 116. Unterbleiben des Ansatzes der Accise bei den in Ausführung der Ablösungsgesetze zwangsweise erfolgten Ablösungen, XV, 334. Zuständigkeit der Civilgerichte und der Administrativjustizbehörden in Ablösungssachen, s. System. Oeffentliches Recht, 2. c. f.

Ablösungsgelder. Die Beiziehung der für kirchliche Zwecke dienenden Ablösungsgelder zur Kapitalsteuer, XIV, 280.

Abrechnung. S. System. Obligat.-Recht, 2. Theil, I, 17.

Absicht. Beweis derselben bei einem Rechtsgeschäft, insbesondere einem Vertrag; Eidesjuschiebung, IV, 195. VI, 159. 269. Einrede der Simulation im Wechselverfahren, II, 510. Absicht bei der Fälschung einer öffentlichen Urkunde, IX, 274. Absicht bei der Gewerbsmäßigkeit eines Vergehens, XIII, 29. 36.

Absonderungsrecht. Steht den Baugläubigern als solchen an den Brandentschädigungsgeldern nicht zu, VI, 316.

Abwasser. Klage wegen Zubrangs desselben in Folge der Veränderung einer Wasseranlage und der Führung von Wasserkanälen I, 449. II, 293. Benützung eines gemeinschaftlichen Hofes zum Ablauf von Abwasser, VI, 152. XIV, 118. Die Benützung des Abwassers aus öffentlichen Brunnen für Privatzwecke im Zweifel widerruflich, XIV, 107. XV, 134.

Abwesende. Abschluß eines Vertrages zwischen solchen; Widerruf eines Antrages durch den Telegraphen, IX, 378. XII, 429. Fortdauer des Genusses der Bürgernutzungen im Falle der Ortsabwesenheit? V, 382.

Abwesenheitskuratel. S. System. Fam.-Recht C. 3.

Accisgebühr. S. System. Oeffentl. Recht, 12.

Actio ad exhibendum. S. System. Obligat.-Recht, 2. Th., III, 3.

Actio pauliana. S. System. Obligat.-Recht, 2. Theil, II, 3.

Abzllation. Bei der Klage auf Einräumung eines Nothweges zulässig? V, 405.

Adel. Dessen Autonomie, insbesondere bezüglich der Einrichtung von Familienfideikommissen, II, 428. 453., s. auch Ritterschaft, Standesherren.

Adjazenten eines fließenden Wassers, Rechte derselben, s. System. Civilrecht, Hauptstück, VII, 2. 3. 4. 5. Kompetenz bei Streitigkeiten zwischen Anliegern eines öffentlichen Flusses über Wasserbauten zum Schutze ihres Eigenthums, XII, 301. XV, 62.

Administrativjustiz. Organisation der Behörden, I, 30. Verhältniß derselben zur Civiljustiz, s. System. Oeffentliches Recht, 2. Verhältniß der Administrativjustizsachen zu den Administrativsachen, s. System. Oeffentliches Recht, 1., s. auch Polizei.

Administrativsachen. S. Administrativjustiz.

Adoption. S. System. Familien-Recht, B. 1.

Adventizisches Sondergut. S. Sondergut.

Advokaten, s. Beistände.

Advokatenordnung. Zum Entwurfe einer solchen für Württemberg, VI, 822.

Agent. S. System. Handelsrecht, 6.

Allbekannte Forderungen, werden vom Präklusivbescheid nicht berührt, VI, 27. IX, 181.

Aktiengesellschaft. S. System. Handelsrecht, 9. Das fest angelegte, nicht zum Geschäftsbetriebe verwendete Kapital einer Aktiengesellschaft bei der Klassifizirung der Gewerbesteuer nicht in Berechnung zu nehmen, XV, 337.

Alimentation. Fortdauer der solidarischen Obligation nach

dem Tode eines Mitverpflichteten für die andern bei einem Verpflegungsvertrag Betheiligten, 111, 401. Alimente der Frau im Falle des Mannes; provisorische Verfügung, IV, 182. Alimentation der getrennt lebenden Ehefrau durch den Mann, s. System. Familienrecht, A. 7, Alimentation der ehelichen Kinder während der Ehe und nach deren Trennung und Scheidung, s. System. Familienrecht, B. 2. b. Verbindlichkeit der väterlichen und mütterlichen Aszendenten zur Alimentation der ehelichen Enkelkinder, IV, 179. Alimentation verarmter Eltern durch die Kinder; verschuldete Armuth, III, 408. Ersatzklage der Kinder für den Eltern geleistete Wart und Pflege nur zulässig im Falle der ausgesprochenen Absicht des Ersatzes bei Leistung der Dienste, XIV, 379. Alimentenanspruch wegen Tödtung bedingt durch den wirklichen Verlust des Lebensunterhaltes, XV, 169. Cession einer Alimentenforderung zulässig, XV, 417. Verträge, worin das ganze gegenwärtige und zukünftige Vermögen gegen lebenslängliche Verpflegung einem Dritten überlassen wird, nicht nothwendig Dispositionen von Todeswegen, sondern Leibrentenverträge, XV, 434. Alimentation unehelicher Kinder, s. System. Familienrecht D.

Allobilitation eines Lehens ohne Einfluß auf die Rechte der Agnaten, XV, 125.

Almosen, Almosenbeiträge. Sind Armenunterstützungssachen Verwaltungs- oder Verwaltungsjustizsachen? V, 829. 831. Verpflichtung der Gemeinden zur Bezahlung von Krankheits- und Beerdigungskosten für arme Angehörige, V, 375—378. Ist die Zurückforderung eines von einer Armenstiftungspflege gereichten Almosens zulässig, wenn der Empfänger später zu Vermögen kommt? IV, 392. V, 379. 442. Gehört die Entscheidung hierüber vor den Civilrichter oder vor die Administrativjustizbehörde? IV, 395. 397. 399. 400. V, 379. 443. XV, 64. Verhältniß des kirchlichen Vermögens zur Armenunterhaltung, VIII, 124. Zuständigkeit der Civilgerichte oder der Administrativjustizbehörden zur Entscheidung über die Fortreichung der sog. Almosenbeiträge durch die Staatskasse? IX, 81. XIV, 1. 12. 15. 17. 23. 25. 37. Diese Almosenbeiträge im Zweifelsfalle widerrufliche Leistungen, XIV, 28.

Altar. Gegenstand der Kirchenbaulast, II, 69.

Altersungleichheit. Dispensation von derselben erheblich für einen Schadensersatzanspruch wegen Verlöbnißbruches, XII, 392.

Altersvormundschaft. S. System. Familienrecht, C. 1.

Amortisation der Inhaberpapiere, insbesondere der von Privaten ausgestellten, V. 107. Zuständigkeit VIII, 109. IX, 893.

Amtsschabenumlagen. S. Gemeindeumlagen.

Amtsverband. Dessen Ausdehnung auf alle Theile des Staatsgebietes, II, 129.

Amtsversammlung, Amtskorporation. Baulast derselben in Bezug auf eine Brücke, wenn sie dieselbe, ohne sich der Uebernahme der Baulast durch den Markungsinhaber zu vergewissern, gebaut hat, V, 429. Stillschweigende Willenserklärung einer Amtskorporation, XIV, 242.

Anerkennungsklagen, in Bezug auf persönliche Verbindlichkeiten, dingliche Rechte und einen Vertrag über eheliches Güterrecht, s. System. Civilrecht, Hauptstück I, B. 8.

Anerkennungsvertrag. S. System. Obligat.-Recht, 2. Theil, 17.

Anklageänderung. S. System. Strafprozeß, 9.

Anlieger. S. Adjazenten.

Anstiftung zu einer Urkundenfälschung, Thatbestand, III, 813. 816. Zuständigkeit der Schwurgerichte für die Anstifter, IV, 11.

Auswälle. S. Beistände. Untreue derselben, s. System. Strafrecht B. 41.

Anwaltszwang. S. System. Civilprozeß A. 9.

Anwärter. Sicherung ihrer Rechte auf ein Familienfideikommiß durch Eintrag im Güterbuch, XI, 129.

Anweisung. S. System. Obligat.-Recht, 2. Theil, I, 11.

Anzündung. S. System. Strafrecht, B. 32.

Apothekerkonzession, persönliche; Verlauf einer solchen unstatthaft, XV, 425.

Appellation, Appellabilität, s. Berufung.

Aquae pluviae arcendae actio, s. System. Obligat.-Recht, 2. Theil, III, 2.

Armenrecht, Armenanwalt. Ist derselbe verpflichtet, eine offenbar unrechtmäßige oder unehrenhafte Sache zu vertreten? XV, 107. 205.

Armenfürsorge, Armenunterstützung, s. Almosen.

Arrest, Arrestverfahren, s. System. Civilprozeß, G. 7.

Arrogation. Ein Vertrag über solche kein Erbvertrag, XV, 176.

Arzneien. Begriff der im Handel nicht freigegebenen, R.Gl.-G.B. §. 367, Z. 3, XV, 448. 463.

Assignation, s. Anweisung.

Assistenz, passive, bei der katholischen Trauung einer gemischten Ehe zulässig, II, 333.

Altkallivtraft des Sanirs, X, 86. 372. 406.

Aufenthaltsort, Gerichtsstand desselben, XIII, 138.

Aufgebot, kirchliches, in seiner geschichtlichen Entwicklung und nach dem bestehenden Rechte dargestellt, III, 201.

Auflauf. S. System. Strafrecht, B. 4.

Aufruhr. S. System. Strafrecht, B. 6.

Aufstreich. S. Versteigerung.

Auftrag. S. Mandat.

Ausland, Ausländer. Hochverrath gegen das Ausland, im Inlande verübt, IX, 276. Herabgehen von Gefängniß- auf Geldstrafe im Falle des Art. 5 des St.G.B. — Gerichtsstand für im Ausland begangene Verbrechen, im Zusammenhang mit im Inlande begangenen, II, 561. Fähigkeit der Ausländer zur Bekleidung kaufmännischer Richterstellen, VIII, 456. Ausländer genießen denselben Rechtsschutz, wie Inländer, VI, 122. XII, 129. Zuständigkeit der württemb. Gerichte für Arrestklagen eines Ausländers gegen einen Ausländer, IV, 413. VI, 116. 122. XIII, 129. Zuständigkeit bei Klagen gegen Ausländer wegen Prozeßkosten, III, 154, 155. Kann der im Ausland wohnende Württemberger, insbesondere ein Standesherr, vor dem württemb. Gerichte seines früheren Wohnsitzes belangt werden? V, 454. X, 218. XIII, 125. 137. Voraussetzungen des Gerichtsstandes des Vertrages zur Begründung der Kompetenz ausländischer Gerichte gegen Württemberg, V, 456. Arrestverfügung eines ausländischen Richters; Kognition des inländischen Richters hierüber, VI, 295. Prozeßform bei Requisitionen ausländischer Gerichte, III, 150. Kollision des ausländischen und des inländischen Prozeßrechtes bezüglich der Zulässigkeit gewisser Beweismittel, III, 160. Sicherungsmittel gegen einen Ausländer bei einer Wechselklage, II, 527. Vermuthung für die Legalität eines im Ausland aufgenommenen Wechselprotestes, X, 271. Testamentarische Anordnung der pflegschaftlichen Verwaltung des Pflichttheils eines im Auslande befindlichen minderjährigen Notherben in Württemberg, XV, 180, s. auch Statutenkollision. Einspracherecht ansäßiger Gewerbetreibender gegen Zulassung eines Ausländers zum Hausirhandel? XIV, 244. Anwendung der Berufseinkommensteuer auf einen im Ausland vorgenommenen Berufsakt, XIV, 296.

Ausschlußbescheid. S. System. Civilprozeß G. 10. c.

Ausstattung. S. Heirathgut.

Ausweisung ortsfremder Personen, Verwaltungs- oder Verwaltungsjustizsache? III, 82. V, 326. 374. XIV, 219. Das Recht des Ehemannes auf den Wohnsitz der Frau an seinem Wohnort steht der Ausweisung nicht entgegen, V, 374.

Autonomie. Des Adels in Bezug auf Errichtung von

Familienfideikommissen, II, 428. Der Verkehrsanstalten in Bezug auf ihre Haftbarkeit, IV, 69.

B.

Baden. S. Jurisdiktionsverträge.
Bäche. S. Flüsse.
Bayern. Jurisdiktionsverträge. Das Verfahren in Ueberweisungssachen in Bayern, VII, 359.
Bande. Begünstigung einer solchen, f. System. Strafrecht B. 8.
Bannrechte. Zuständigkeit in Streitigkeiten über solche, XV, 28.
Banquerott, betrügerischer, f. System. Strafrecht B. 30.
Baptisten. Civilehe derselben, II, 894.
Baugläubiger. S. Absonderungsrecht.
Baulast. Kirchen-, Pfarrhaus- und Schulhausbaulast, f. System, Civilrecht, VI, 2. Oeffentliches Recht, 2. f. 9. Baulast bei einer Superfizies, XIII, 213. Wegbaulast, f. System. Oeffentliches Recht, 2. d.) 6.
Bauordnung, die neue für Württemberg, XV, 346.
Baupolizei S. System. Oeffentliches Recht 7. c.
Bausachen. Zuständigkeit in solchen, f. System. Oeffentliches Recht, 2. o. f. auch 7. c.
Bedingungen. S. System. Civilrecht, I, E. 6.
Beerdigungskosten. Verbindlichkeit der Gemeinden zu deren Tragung im Falle der Armuth des Verstorbenen, V, 376.
Beerdigungsplatz. Zuständigkeit des Civilrichters bei Erhebung eines privatrechtlichen Anspruches auf einen bestimmten Beerdigungsplatz, XV, 74.
Begünstigung. S. System. Strafrecht A. 12. B. 6. 35. Zuständigkeit der Schwurgerichte für den Begünstiger, IV, 11. Heimliche Begünstigung eines Gläubigers bei einem Nachlaßvergleich; Anfechtung des Vergleiches, III, 229. 232. VIII, 141, XIII, 171.
Belehrungen. S. Ehefrau, Ehemann, Ehegatten.
Beichtstuhl, kein Gegenstand der Kirchenbaulast, II, 71.
Beihilfe. S. System. Strafrecht A. 11. Zuständigkeit der Schwurgerichte für die Gehilfen, IV, 11.
Beistände der Parteien, f. System, Civilprozeß A. 9.
Belehnung. Erwerb von Wassernutzungsrechten durch dieselbe, f. System, Civilrecht VII, 4. b.
Beneficium. S. Pfründe.
Beneficium cedendarum actionum. S. Klagenabtretung.

Beneficium competentiae. S. System. Obligat.-Recht,
I. Theil, IV, 8.

Bereicherung. Haftung Minderjähriger im Falle einer solchen; Beweislast, XII, 383. 399. XV, 419.

Berufseinkommensteuer. S. Einkommensteuer.

Berufung, Berufungssumme. S. System. Civilprozeß E. 1.

Beschlagnahme, vorläufige, in Wechselsachen, s. System Civilprozeß G. 5. Zuständigkeit zur Beschlagnahme des Vermögens widerspenstiger Militärpflichtiger, I, 124. VI, 422.

Beschwerden, Beschwerderecht. Allgemeines Beschwerderecht in Württemberg, I, 23. Beschwerderecht wegen gesetz- und ordnungswidrigen Verfahrens in Justizsachen, III, 245. Grenzen des Beschwerderechtes bei den Ständekammern, III, 259. Beschwerden in Strafsachen, s. System. Strafprozeß 13. a). Beschwerden in Ehesachen, s. System. Familienrecht A. 5. Beschwerde in Betreff der Legitimation von Ehebruchskindern, III, 275. Beschwerde bei Strafen wegen muthwilliger Streitsucht, III, 169; bei Prodigalitätserklärungen, III, 169. VI, 319; gegen provisorische Verfügungen, II, 37. III, 165; gegen die den Gant vorbereitenden Verfügungen, X, 357. Beschwerde des Käufers bei einem Exekutionsverkauf, III, 170, IX, 899. Beschwerden in Wechselsachen, II, 628; gegen prozeßleitende Verfügungen, insbesondere in geringfügigen Sachen, I, 51. III, 168. VI, 267. XI, 274. Beschwerde gegen die Ablegung des Eides in der Synagoge, III, 167; im Falle der Zulassung eines als unfähig angefochtenen Zeugen, XI, 274. Beschwerde gegen ein, die Einrede des geendigten Rechtsstreites verwerfendes Urtheil, III, 165. Beschwerderecht eines Untergerichtes resp. der Partei gegen die Entscheidung eines Kompetenzkonfliktes mit einem anderen Untergerichte durch das höhere Gericht? IV, 198. V, 462. IX, 345. Nothwendigkeit der Unterzeichnung einfacher Beschwerden in Handelssachen durch einen Rechtsanwalt, IX, 850. Beschwerden in Administrativjustizsachen, III, 63. Beschwerden an den Geheimenrath, allgemeine Grundsätze über ihre Zulässigkeit, §. 86 und §. 60 der Verf.-Urkunde III, 180. 909. Ges. vom 13. Nov. 1855. III, 80. V, 311. XIV, 214. Ein Theilgemeinderath hat in Bürgerrechtssachen kein Beschwerderecht, V, 959. Beschwerderecht eines Gemeinderaths im Falle der Aberkennung eines Bürgerrechtes zum Nachtheil seiner Gemeinde? V, 360. Unzulässigkeit einer Beschwerde der einzelnen Gemeindegenossen gegen einen die bürgerlichen Nutzungen aufhebenden Gemeinderathsbeschluß, V, 383. VII, 61. Beschwerde eines hiezu an sich nicht befähigten Kanbibaten zu einem Gemeinbebienst im Wege der Dispensation beim Geheimenrath unzulässig, XIV, 229. Deßgleichen betr. Zulassung zur höheren Dienstprüfung im Departement des Innern im Wege der Dispensation, XIV, 231. Deßgl. betr. die Einleitung eines Entlassungsverfahrens gegen einen öffentlichen Diener auf Grund des §. 47 der B.U., XIV, 230. Deßgl. betr. Nichtertheilung der Dispensation von der Minderjährigkeit, XIV, 231. Deßgl. betr. Verweigerung der Lotterieerlaubniß, XIV, 232. Deßgl. gegen eine Ministerialverfügung, welche die Betretung des Rechtsweges offen gelassen hat, XIV, 232. 233. Deßgl. der Beschwerde eines Gewerbekonkurrenten gegen die Uebertragung eines Gemeinbeamtes an einen Gewerbegenossen, XIV, 235. Deßgl. Beschwerde gegen eine im Verwaltungsweg erlassene Ministerialverfügung, XIV, 237, 240; insbesondere gegen eine von Aufsichtswegen einen Beschluß des Stiftungsrathes, wodurch das Defizit der Stiftungspflege auf die Kirchspielgenossen umgelegt wird, für zulässig erklärende Ministerialverfügung, XIV, 237, und gegen eine auf Eintheilung eines Walds in einen Gemeindeverband gerichtete, als Verwaltungsmaßregel bezeichnete Ministerialverfügung, XIV, 240. Zulässigkeit einer Beschwerde beim Geheimenrath wegen Verweigerung des zum Betriebe eines Hausirgewerbes erforderlichen persönlichen Ausweises, XIV, 242. Beschwerde ansäßiger Gewerbetreibender gegen Zulassung eines Ausländers zum Hausirhandel; Begriff des letzteren, XIV, 244. Voraussetzungen für die Zulässigkeit einer Beschwerde beim Geheimenrath wegen Ertheilung oder Verweigerung einer gewerblichen Konzession, XIV, 249. 911, insbesondere: Kann die Einsprache der Nachbarn gegen die Errichtung einer Fabrik wegen Gefährdung und Entwerthung ihres Eigenthums im Wege der Beschwerde an den Geheimenrath gebracht werden? XIV, 246. 812. Beschwerde beim Geheimenrath, betr. die Nichteintragung in das Verzeichniß der in Württemberg begüterten ritterschaftlichen Familien, XIV, 267. Beschwerderecht der im Gesetz über die Feldwegregulirung Art. 15 genannten mittelbaren Interessenten, XIV, 270. Verfahren bei Beschwerden in Bausachen nach der neuen Bauordnung, XV, 374.

Besitz, Besitzprozeß, Besitzstand. S. System. Civilrecht 1. F. Civilprozeß G. 8. Einfluß des Besitzstandes auf die Beweislast bei einem Streite über das Bestehen eines öffentlichen Weges, V, 424. XV, 257. Zuständigkeit bei Klagen auf Schutz im Besitze eines öffentlichen Rechtes, I, 258. 266. 271.

Besoldungen. Können zukünftige Raten derselben zur Gantmasse gezogen werden? VI, 310. IX, 401. 412.

Besoldungslast. S. System. Civilrecht VI, 1. 2.

Beilelei, erschwerte. S. System. Strafrecht B. 11.

Beirug. S. System. Strafrecht B. 27. und Civilrecht, Hauptstück I, E. 2. c.

Beirug beim Schuldenwesen. S. System. Strafrecht B. 29.

Bevollmächtigte in Rechtsgeschäften. S. Stellvertretung, Mandat, Prozeßbevollmächtigte.

Beweggrund, Irrthum in Bezug auf denselben, XIII, 292.

Beweiden eines Grundstückes, zum Nachweis des Eigenthumsbesitzes geltend gemacht, IX, 32.

Beweis zum ewigen Gedächtniß, S. System, Civilprozeß C. 2.

Beweisanticipation, XI, 434.

Beweisantritt, XI, 455.

Beweisaufnahme. S. System. Civilprozeß C. 1. h. i.

Beweiseinreden. Wann dieselben vorzubringen sind? XI, 369. 428.

Beweislaſt. S. System. Civilprozeß C. 1. g. Beweislast des das Teſtehen eines öffentlichen Weges Behauptenden ohne Rücksicht auf den Besitzstand, V, 424. XV, 267. Beweispflicht dessen, der die Befreiung vom Kommunweiberecht behauptet, XV, 364. 389. 390.

Beweismittel. S. System. Civilprozeß C. 1. d.

Beweisverbindung. S. System. Civilprozeß C. 1. h.

Beweisverfügung. S. System. Civilprozeß C. 1. f.

Blantoindoſſament. S. Wechſelindoſſament.

Bleichanstalt; deren Erhaltung und Betrieb als Gegenstand einer Realtaft XIII, 247.

Blinde. Können dieselben schriftlich teſtiren? X, 182.

Blödsinn, als Grund der Teſtirunfähigkeit, XIII, 283.

Borgfriſt. Folgen der Ertheilung einer solchen an den Schuldner für den Bürgen bei einer belagten Forderung, IX, 213. XV, 184. Borgfriſt liegt nicht in der Einwilligung des Gläubigers in die Sistirung der Exekution auf eine gewisse Zeit, VI, 296. Bedeutung einer Borgfriſt für eine Handelsſchuld, bis der Schuldner nach seiner eigenen moralischen Ueberzeugung im Stande sei, zu bezahlen, XIV, 176. ſ. auch Zahlungsaufschub.

Borgvergleich ſchließt den betrügerischen Banquerott nicht aus, III, 569. IX, 802.

Brandentſchädigungsgelder. S. Abſonderungsrecht.

Brandstiftung. S. System. Strafrecht B. 81.

Brandverſicherungsbeiträge sind von dem Kirchenbaupflichtigen zu bezahlen, II, 84, ſ. auch Verſicherungsvertrag.

8*

Briefmarke, eine öffentliche Urkunde, IX, 276.

Brunnen. Die Speisung von Privatbrunnen aus öffentlichen Wasserleitungen im Zweifel widerruflich, XIV, 107. XV, 134. Zuständigkeit der Administrativjustizbehörden bezüglich der polizeilichen Beschränkung des Rechtes des Grundeigenthümers, auf seinem Grund und Boden nach Wasser zu graben, XIV, 251. XV. 43. 303. (I, 257 438. IX, 54.)

Brücken, Baulast in Bezug auf dieselben; deren Nothwendigkeit die Bedingung der Baulast, V, 411. 425. 428. 440. Fortdauer der bisher unabhängig von der Pflicht, die Straße zu unterhalten, bestandenen Baulast des Staates in Bezug auf eine Brücke, auch wenn die Staatsstraße in die Unterhaltung der Gemeinden übergeht, V, 411. Fortdauer der Unterhaltungslast des Staates in Bezug auf eine seit undenklicher Zeit unterhaltene Brücke auf Gemeindemarkung trotz des Neusteuerbarkeitsgesetzes, V, 428. 434. s. auch Amtsversammlung.

Bürgerliche Ehre. S. System. Familienrecht A. 8.

Bürgerannahmegesuche. S. System. Oeffentliches Recht 5. d)

Bürgernutzungen. Streitigkeiten hierüber Verwaltungsoder Verwaltungsjustizsachen? V, 329. 382. 390. Einzelne Rechtsverhältnisse in Bezug auf die Nutzungen, s. System. Oeffentliches Recht 5. d). Gehören die Bürgernutzungen zur Gantmasse? X, 402.

Bürgerrecht, Bürgerrechtsstreitigkeiten. S. System. Oeffentliches Recht 1. 5. d).

Bürgschaft. S. System. Obligat.-Recht 2. Theil, I, 18.

Burschenschaft, ein erlaubter Verein von Studierenden, IX, 207.

C.

Cautio damni infecti. S. System. Obligat.-Recht 2. Theil III, 1.

Cession von Forderungen. S. System. Obligat.-Recht 1. Theil, V. s. auch Klagenabtretung.

Civilehe. S. System. Familienrecht A. 3.

Civiljustiz. Grenzen derselben gegenüber der Administrativjustiz, s. System. Oeffentliches Recht 2.

Civilpartei. Zuständigkeit zur Ertheilung von Einwendungen gegen den Vollzug schwurgerichtlicher Urtheile in Betreff der Ersatzansprüche der Civilpartei, IV, 21.

Civilprozeß. Quellen und Grundzüge des württemb. Prozesses nach der älteren Gesetzgebung, I, 7. Verfahren vor den Handelsgerichten, VIII, 64. Prozeß in Württemberg nach der Gesetzgebung von 1868, XI, 292. 319. 855; insbesondere: Gang des ordentlichen mündlichen Verfahrens vor den Kreisgerichten, XI, 859, vor den Oberamtsgerichten XI, 876, außerordentliches schriftliches Verfahren, XI, 856, Verfahren vor den Drisgerichten, XI, 378. Die Hauptgrundzüge des hannoverischen Civilprozeßes, dessen Verhältniß zum württemb. Verfahren, V, 8. Entwurf einer allgemeinen deutschen Civilprozeßordnung, VII, 1. 216. VIII, 1.

Civilrecht. Quellen des in Württemberg geltenden, deren Verhältniß zu einander, I, 4. Literatur desselben, I, 10.

Clausula codicillaris. S. System. Erbrecht G. 1.

Clausula omni meliori modo, deren Bedeutung bei Testamenten, XI, 104. XIII, 181. 428.

Communio incidens. S. System. Obligat.-Recht 2. Theil, I, 13.

Confessoria actio, des Reallastberechtigten, VI, 105.

Condictio causa data causa non secuta. S. System. Obligat.-Recht 2. Theil, I, 22.

Condictio indebiti. S. System. Obligat.-Recht 2. Theil, I, 21.

Condictio sine causa. S. System. Obligat.-Recht, 2. Theil, I, 23.

Congrua, des Geistlichen, von der Kirchenbaulast befreit, II, 47. Zuständigkeit der Gerichte für die Frage von der Freilassung der congrua, II, 28, der Verwaltungsbehörden für die Bestimmung ihrer Größe, II, 28.

Constitutum possessorium., bei von einem Orte zum andern versandten Waaren; XII, 488

Contumazialerkenntniß in Schwurgerichtssachen, S. System. Strafprozeß 14.

Contumazialverfahren in Wechselsachen, II, 500. 522. IX, 130. 852, in Civilsachen nach der Pr.D. von 1868, XI, 889. 387.

Courswerth, bei Berechnung der in einer auswärtigen Münzsorte ausgedrückten Wechselsumme, II, 501.

D.

Damni infecti cautio. S. System. Obligat.-Recht 2. Th. III, 1.

Darlehensvertrag. S. System. Obligat.-Recht 2. Th., I, 3.

Dalowechsel. S. Wechsel, Wechselzahlungszeit.

Delikt. Gerichtsstand des Deliktes, s. Gerichtsstand. Kollision der Rechtsnormen bezüglich der Statthaftigkeit von Deliktsklagen bei im Ausland vorgenommenen Handlungen, XIV, 150.

Delicta propria, deren Strafbarkeit, wenn sie von Personen verübt werden, welche nicht mit sämmtlichen erforderlichen Eigenschaften versehen sind, V, 153.

Deliktsschulden. Haftung des einen Ehegatten für solche des andern im Falle der allgemeinen Gütergemeinschaft, VI, 286.

Depositär. Lieferung von Fabrikaten aus einem andern Geschäft, als von welchem er ein Depot zu haben behauptet, berechtigt zur Nichtannahme derselben, XII, 439.

Deposition, der Urtheilssumme im Wechselproteß zur Sicherheil der in die Widerklage verwiesenen Einreden, II, 522. Deposition mangelhafter Waaren keine Pflicht, X, 265.

Deserviten in Strafsachen, f. System. Strafprozeß 7, der Civilsachen f. System. Civilprozeß A. 9.

Drulschlatholiken. Civilehe derselben, II, 834.

Diebstahl. S. System. Strafrecht B. 26; f. auch Fragestellung.

Dienstbarkeiten, f. System. Civilrecht II, B.

Dienstboten. Gerichtsstand des Wohnortes, V, 451. Zuständigkeit der Polizei in Streitigkeiten über Dienstbotenverhältnisse, XV, 93.

Dienstentlassung. S. System. Strafrecht A. 7, f. auch Oeffentliche Diener.

Dienstgehalte. Wiefern gehören sie in die Gantmasse? VI, 319. X, 401. 412.

Dienstmiethsvertrag. S. System. Obligat.-Recht 2. Theil, I, V.

Dienstprüfung. Beschwerde an den Geheimenrath wegen Nichtzulassung zur höheren Dienstprüfung im Departement des Innern im Wege der Dispensation unzulässig, XIV, 231.

Dienstvergehen. S. System. Strafrecht B. 35.

Diffamation. Provocatio ex lege Diffamari; Voraussetzung für die Zuständigkeit des Civilrichters, XI, 277. XII, 408.

Differenz. Klage auf solche bei der Verkaufskommission, III, 142. Preisdifferenz beim Verzuge des Verkäufers, XII, 446.

Diffession, Diffessionseid. S. System. Civilprozeß. O. 6. G. 5.

Disziplinarstrafverfahren. Verpflichtung der Verleger, Drucker und Redakteure zur Zeugnißablegung in einem solchen, XV, 846.

Dispensation geschiedener Ehegatten zum Zwecke der Wiederverheirathung, I, 296. Einfluß der Nothwendigkeit der Dispensation von der Altersungleichheit auf die Zulässigkeit einer Ent-

Schädigungsanlage wegen Verlöbnißbruchs, XII, 392. Landesherrliche Dispensation von früher indispensabeln Ehehindernissen, II, 338. Dispensationen gehören nicht zum Geschäftskreis des Geheimenrathes, XIV, 229. 231.

Disposition, Stellung zur, f. Rauf.

Dispositionsfähigkeit, f. Handlungsfähigkeit

Dissentienten. Civilehe derselben, II, 234. Deren Beziehung zu den Kirchengemeindeloften, VII, 334. 339. 354. XIV, 417.

Dividenden aus den Monatseinlagen der Mitglieder einer Gewerbebank, Gegenstand der Kapitaleinkommensteuer, XIV, 288.

Dohlen. Verbindlichkeit des Grundeigenthümers zu deren Erhaltung in einem für die Nachbarn unschädlichen Zustand, II, 800. Kompetenz bei Streitigkeiten hierüber, II, 803.

Dolus, f. Betrug.

Dominikalsteuern, deren Begriff, II, 176.

Domizil, f. Wohnort

Domizilwechsel, f. Wechsel.

Dritte. Vertrag über Sachen eines Dritten, XI, 162. 167. Versprechen der Leistung eines Dritten, IX, 392. Wirkung der zu Gunsten Dritter geschlossenen Verträge für die Dritten, XIII, 441. 446. 452. I, 362. 401. Im Falle der Lebensversicherung zu Gunsten Dritter haben die Gläubiger des Versicherungsnehmers kein Recht auf die Versicherungssumme, XIII, 433. Einfluß der Ehescheidung auf die Rechte Dritter, X, 240. Recht des bedachten Nichtkontrahenten bei einem Erbvertrag; Befugniß der Vertragschließenden zum Widerruf einer solchen Zuwendung, III, 195. Beginn der Wirksamkeit einer offenen Handelsgesellschaft gegenüber von Dritten mit dem Zeitpunkte des begonnenen Geschäftes, IX, 881. Wirkungen des Ganterkenntnisses in Bezug auf die Rechtsverhältnisse Dritter zum Gemeinschuldner, X, 427. Klagerechte Dritter auf Herbeiführung eines Nachlaßvergleiches, III, 12.

Drohungen, lebensgefährliche; deren Begriff beim Raub, III, 808.

Drucker. Verpflichtung derselben zur Zeugnißablegung in einer Disziplinaruntersuchung, XV, 346.

Duell, f. Zweikampf.

Dunkelarrest, f. System. Strafrecht A. 5.

E.

Ediktalladung. Zulässigkeit der Majorifirung bei einem Nachlaßvergleich ohne Ediktalladung der unbekannten Gläubiger, III, 214. Voraussetzungen der Ediktalladung im Wechselprozeß, V, 263.

Ehe, Eheschließung. S. System. Civilrecht, Hauptstück, IV, A. 2. 8.

Ehebruch. Erpressung im Fall eines solchen, IX, 285. Unerheblichkeit eines von der Ehefrau verübten Ehebruchs für den Gegenbeweis gegen die Rechtsvermuthung der ehelichen Vaterschaft, IX, 453. X, 6. 20. 27. Voraussetzung der Alimentenklage der Ehefrau gegen den angeblichen außerehelichen Vater ihres in der Ehe geborenen Kindes, X, 16. Ehebruchskinder. Deren Legitimation durch Rescript und nachfolgende Ehe, III, 266. XI, 247. 265. XII, 265. XIII, 174. Erbunfähigkeit derselben gegenüber ihren väterlichen und mütterlichen Verwandten, III, 266. XI, 247. XII, 265. XIII, 174. Erbunsähigkeit der Eltern gegenüber den im Ehebruch erzeugten Kindern, XIII, 175. Ehefrauen. Der Verzicht einer in Errungenschaftsgesellschaft lebenden Frau auf ihr zustehende Forderungen ohne Zustimmung des Mannes unwirksam, III, 194. Haftung der in Errungenschaftsgesellschaft lebenden Frau für eine Sozialschuld bei erst nachträglicher Verpflichtung für dieselbe, III, 149. XII, 396. Haftbarkeit einer Ehefrau im Falle einer von beiden Eheleuten unterschriebenen Wechselerklärung ohne Beobachtung der Interzessionsformen, II, 494. 495. III, 173. V, 275. XII, 165. Haftung der im Gant ihres Mannes zu den weiblichen Freiheiten zugelassenen Frau für die ganze unbefriedigt gebliebene ursprüngliche Hälfte der mit ihrem Manne kontrahirten Schuld, IV, 426. Alimente der Ehefrau im Gante ihres Mannes, IV, 182. Voraussetzungen für die Pflicht des Ehemannes zur Alimentirung der von ihm getrennt lebenden Ehefrau, XIV, 391. s. auch Ehemann, Frauen.

Ehegatten. Dispensation geschiedener Ehegatten zum Zweck der Wiederverehelichung, I, 295. Schenkungen unter Ehegatten bedürfen keiner Insinuation, VI, 178. Haftung des einen Gatten für Delictsschulden des andern im Falle allgemeiner Gütergemeinschaft, VI, 280. Verfügungsrecht des überlebenden Ehegatten über das gemeinschaftliche Vermögen im Falle der Unterlassung einer Eventualtheilung, VI, 238. Zeitpunkt für die Berechnung von Zinsen aus dem Beibringen des überlebenden Ehegatten im Falle der Trennung der Ehe durch den Tod, VI, 240. Das statutarische Erbrecht der Ehegatten nicht bedingt durch die Errungenschaftsgesellschaft, XV, 178. Testament zu Gunsten des zweiten Gatten bei dem Vorhandensein von Kindern erster Ehe, XIII, 403. XV, 399. Gemeinschaftliches wechselseitiges Testament der Ehegatten; Rogation der Zeugen, XIII, 394. 409. Abgabe der Willenserklärung in Einem Akt. XIII, 385. Widerruf eines solchen Testamentes durch einen Ehegatten, XIII,

400. XV, 190. Erbverzichte der Ehegatten successorische Erbverträge?
VI, 233. XV, 177. Wird, wenn der eine Gatte, unter Beibehaltung
seines bisherigen Bürgerrechtes, dasselbe in einer neuen Gemeinde
für sich nachsucht, dessen oder beider Gatten Vermögen bei der Vermögensnachweisung zu Grunde gelegt? V, 302. S. auch Ehemann,
Ehefrau.

Ehegericht. Aufhebung des Verlöbnisses durch dasselbe Bedingung einer wirksamen Auflösung, insbesondere einer Entschädigungsklage, IV, 456. Ausschluß des Beschwerderechtes bei Verfügungen
der Gerichtshöfe in Ehesachen, insbesondere den unter das Gesetz
vom 1. Mai 1855 fallenden, III, 106.

Ehehindernisse. S. System. Familienrecht A. 2.

Ehemann. Befugniß desselben, aus dem Beibringen seiner
in Errungenschaftsgesellschaft lebenden Frau eine remuneratorische
Schenkung zu machen, IV, 178. Veräußerungsrecht desselben bezüglich des zur Errungenschaft gehörigen Vermögens, auch ohne Vortheil für die Errungenschaftsgesellschaft, III, 194. X, 105. Gründe
für das Aufhören des Verwaltungsrechtes des Ehemannes über das
Vermögen der Frau, IX, 397. 400; insbesondere: Einfluß des Ganterkenntnisses auf dasselbe, X, 394; Veräußerung von Sondergut-
liegenschaft der Frau durch den Mann ohne Nennung der Frau
in der Vertragsurkunde; nachträgliche Genehmigung der Frau ohne
Beurkundung der Genehmigung, XI, 161. Unerheblichkeit des Rechtes
des Ehemannes auf den Wohnsitz der Frau an seinem Wohnort für
die Ausweisung, V, 874, s. auch Ehefrauen.

Ehesachen. Beschwerden in solchen, II, 841. III, 166. Beleuchtung des Sportelwesens in Ehesachen, V, 178. Berichtigungen
zu Haubers Eherecht, III, 429. Merkwürdiger Ehefall (Miszelle),
IV, 206.

Ehescheidung. Erziehung und Alimentation der Kinder
nach der Scheidung, IV, 433. 437. X, 239. XI, 234. XII, 304.
Verlust des Heirathgutes durch die Ehescheidung, IV, 441. Nicht
verfallene Pensionsbezüge nicht Gegenstand der Privationsstrafe,
XIV, 867. Recht des unschuldigen Gatten nach der Scheidung an
der ihm zufallenden Vermögensstrafe, III, 195. Nutznießungsrecht
der überlebenden Mutter an dem ihrem Kinde nach der Scheidung
der elterlichen Ehe von dessen Vater zugefallenem Vermögen, VI,
243. Wirkung der Ehescheidung für die Rechte Dritter, X, 240.
Scheidung von Tisch und Bett nach voraltösterreichischem Rechte,
IV, 457.

Eheschließung. S. System. Familienrecht A. 3.
Eheverlöbniß. S. System. Familienrecht A. 1.

Eheverträge, successorische, s. System. Familienrecht A. 7. Erbrecht E.

Ehrenkränkung. S. System. Strafrecht B. 23. Zuständigkeit der Strafkammern zur Aburtheilung der Ehrenkränkung durch die Presse, XIII, 91, s. auch Injurienklage, ästimatorische.

Ehrenrechte. Restitution derselben, ihre Folgen, insbesondere für die Zeugnißfähigkeit eines wegen Meineids Bestraften und dessen Fähigkeit, Gemeinderath zu sein, IV, 873. Frist für die Restitution nach einer auf der Festung zu erstehenden Arbeitshausstrafe, IX, 265.

Eid, als Beweismittel im Prozeß. S. System. Civilprozeß O. 6.

Eidesabnahme. S. System. Civilprozeß O. 6.

Eidesunfähigkeit eines wegen Meineids Bestraften nach der Restitution der Ehrenrechte, IV, 873.

Eideszuschiebung, Eideszurückschiebung. S. System. Civilprozeß O. 6.

Eigenthum, Eigenthumserwerb, Eigenthumsklage. S. System. Civilrecht, II, A.

Eigenthumsbeschädigung. S. System. Strafrecht B. 83.

Eigenthumsbeschränkungen bei Grundstücken, s. System. Civilrecht, II, A. 2.

Eigenthumsvergehen. Das Münzverbrechen des Art. 209 des St.G.B. ein Rückfall in solche, IX, 273.

Eigenthumsvorbehalt. Bedeutung desselben nach gemeinem und württemb. Rechte, XV, 209. VI, 185.

Einfahrt, gemeinschaftliche. Deren Benützung durch die Miteigenthümer, XIII, 235. XIV, 118. Unzulässigkeit der Theilung bei der Nothwendigkeit gemeinschaftlicher Benützung, VI, 152. IX, 44. 444.

Einkaufskommission. S. System. Handelsrecht A. 12.

Einkindschaft. Wesen derselben, X, 170.

Einkommensteuer. S. System. Oeffentliches Recht 12.

Einlaßfalle. Ist sie Gegenstand des Privateigenthums? I, 275. XI, 115. 116. XII, 805. Kompetenz bei Streitigkeiten über die Zuleitung öffentlichen Wassers durch eine solche, X, 209. XI, 254.

Einreden. S. System. Civilprozeß B. 3. s. auch Exceptio, Beweiseinreden, Wechseleinreden.

Einschleichen, s. Diebstahl.

Einstellung, s. Voruntersuchung.

Einspruch. Dessen Begriff und Voraussetzungen, XI, 371.

Einsteigen, s. Diebstahl.

Einwerfung. Pflicht zu derselben bei einer elterlichen Vermögensübergabe, X, 172. Einwerfung des Erlöses im Falle der

Veräußerung einer der Einwerfung unterliegenden Liegenschaft, XIV, 402.

Einzelhaft. Deren Bedeutung und Durchführung, 11, 817. Deren Einführung für weibliche Zuchtpolizeihaus- und Arbeitshausgefangene, IX, 256. Ausnahme für Festungsstrafe und jugendliche Verbrecher, IX, 257. 264.

Einzelrichter. Ueber die Nothwendigkeit ihrer Einführung, XI, 308.

Eisenbahnen. Entwendung einer Reisetasche aus einem Eisenbahnwagen ein ausgezeichneter Diebstahl, IX, 289. Haftpflicht der Eisenbahnen für den Transport, f. Frachtvertrag. Ausschluß der cautio damni infecti und der actio aquae pluviae arcendae bei Eisenbahnanlagen, II, 297. XIII, 262.

Eisenbahnfahrkarten sind öffentliche Urkunden, IX, 274.

Eisenbahnverwaltung. Die württembergische ist Kaufmann im Sinne des Handelsgesetzbuches, IX, 147. Zuständigkeit in Rechtsverhältnissen mit derselben, XV, 74. 75.

Elterntestament, f. Testamentsform.

Enterbung, f. System, Erbrecht D.

Entmündigung. Testirfähigkeit der Entmündigten, XIII, 275. f. auch Verschwender.

Entscheidungsgründe. Abfassung und Mittheilung von solchen in. Wechselsachen, II, 525. Eröffnung des Prioritätsurtheils ohne Entscheidungsgründe, III, 409. Rechtskraft der Entscheidungsgründe, III, 417. IV, 245.

Entwährung. S. System. Obligat.-Recht 1. Theil, III, A. 9.

Erbe. Dessen Anwesenheit bei der Testamentserrichtung XIII, 327.

Erbeinsetzung. S. System. Erbrecht C. 3. D.

Erbfähigkeit. S. System. Erbrecht A.

Erbrechen, f. Diebstahl.

Erbschaft. Wann gehört dieselbe zur Gantmasse? X, 419. Entziehung der Erbschaft, f. Unwürdigkeit. Gerichtsstand der Erbschaft, f. Gerichtsstand.

Erbschaftsantritt, f. System. Erbrecht F. 1.

Erbschaftsausschlagung. Im Falle einer dolosen bleiben die Vermächtnisse aufrecht erhalten, XV, 193.

Erbschaftssachen. Entscheidet für die Zuständigkeit zu deren Behandlung der Wohnsitz oder die Staatsangehörigkeit? XIII, 127.

Erbverträge. S. System. Erbrecht E.

Erbverzichte der Ehegatten successorische Eheverträge? VI, 233. XV, 177.

Erfüllung der Obligationen. Ort, Zeit derselben, Folgen der Nichterfüllung, s. System. Obligat.-Recht 1. Theil, IV, 1. 2. 4.

Unmöglichkeit der Erfüllung eines Vertrages wegen schon zur Zeit des Abschlusses entgegenstehender Hindernisse; Kenntniß derselben von Seiten des Mitkontrahenten, VI, 168.

Ergänzungseid, zum Beweis der Ächtheit einer Urkunde, X, 229.

Erkenntniß, gerichtliches. Erkenntniß über Servituten, s. System. dingliche Rechte B. 3. Bei der Wegveräußerung einer Pertinenz von einem Hause, IX, 43. Erkenntniß bei Reellasten, bei einem Selbgeding, Wohnungsrecht, s. System. Civilrecht VI, 1. Obligat.-Recht, 2. Theil, I, 14. Die Verweigerung des gerichtlichen Erkenntnisses über einen Liegenschaftskauf kann auf die Annahme der Ungiltigkeit desselben nicht mehr gebaut werden, wenn der Kauf durch ein rechtskräftiges Urtheil eines Gerichtes für giltig erkannt ist, XI, 177.

Erpressung. S. System. Strafrecht B. 24.

Errungenschaft, Errungenschaftsgesellschaft. Gemeinschaftliche Erwerbungen Verlobter im Zweifel Errungenschaft, III, 194. X, 164. Die Errungenschaftsgesellschaft keine Bedingung für das statutarische Erbrecht der Ehegatten, XV, 178. s. Ehefrau, Ehegatten, Ehemann.

Ersatz, freiwilliger, als Strafmilderungsgrund; dessen Voraussetzungen, I, 277. IX, 296.

Ersitzung. Das Verbot der neuen Begründung eines Rechtes schließt auch dessen Ersitzung aus, X, 115. Guter Glaube durch die Unentschuldbarkeit des Irrthums nicht ausgeschlossen, XII, 218. Bedingungen der Ersitzung einer Reallast, IV, 417. Servitutenersitzung, s. System. Civilrecht II, B. 3. b). Ersitzung von Wassernutzungsrechten, s. System. Civilrecht VII, 4. c.

Erweiterung der Kirchen- und Schulgebäude. Wiefern liegt die Pflicht hiezu in der kirchlichen Baulast, II, 63. 94. XV, 445.

Erwerbsgenossenschaften, s. Genossenschaften.

Erziehungsrecht der Eltern: während der Ehe und nach der Scheidung, s. System. Familienrecht B. 2. a). Recht des unehelichen Vaters zur persönlichen Erziehung des Kindes, XIV, 362.

Etterstraßen. Begriff derselben; V, 441. XV, 325. Inwiefern sind die Ortsstraßen ohne Schaden für den Einzelnen und ohne Verletzung von Privatrechten herzustellen, insbesondere Straßenlandeln anzulegen? Kompetenz bei Streitigkeiten hierüber, I, 450. II, 268. 292. 295. XII, 308. XV, 34. Beschränkung des Art. 18,

Abs. 2. 3. des Gesetzes vom 26. März 1862, betr. Feldwege, auf die Markung außerhalb Etters, XIV, 270.

Eventualmaxime. S. System, Civilprozeß A. 11. e).

Eventualtheilung. Einfluß ihrer Unterlassung auf das Recht des überlebenden Gatten am gemeinschaftlichen Vermögen, VI, 298; auf die nachträgliche Anrufung der weiblichen Freiheiten durch die Wittwe resp. ihre Erben, XII, 257. 895.

Eviction, s. System. Obligat.-Recht. 1. Theil III, A. 9.

Exceptio competentiae, s. System. Obligat.-Recht, 1. Theil, IV, 3.

Exceptio doli generalis, beseitigt die Wirkung der Versehlung gegen die Formvorschriften des Liegenschaftsgesetzes nicht, XI, 174.

Exceptio excussionis, s. Bürgschaft.

Exceptio non (non rite) adimpleti contractus, s. System. Obligat.-Recht, 1. Theil III, A. 8.

Exceptio non numeratae pecuniae, nach Ablauf der gesetzlichen Zeit; Unstatthaftigkeit des direkten Gegenbeweises gegen den Inhalt des Schuldscheines durch Eidesschiebung, IX, 419.

Exceptio rei judicatae, s. Rechtskraft.

Exekutionsverfahren, Exekutionsverlauf, s. System. Civilprozeß F.

Exlastrirung. Bedeutung der auf Antrag des Grundbesitzers geschehenen Exlastrirung eines über sein Grundstück führenden Weges für die Qualität des letzteren als eines öffentlichen, V, 425. 491.

Expertise, keine Pflicht bei mangelhaften Waaren, X, 256.

Expropriation, s. System. Obligat.-Recht, 2. Theil, I, 1. d).

F.

Fälschung von öffentlichen Urkunden, s. System. Strafrecht B. 14. von Privaturkunden, s. Strafrecht, B. 23, s. auch Rechnungsfälschung, Wechselfälschung, Fragestellung.

Familiendiebstahl oder gemeiner Diebstahl? IX, 295.

Familienfideikommisse, s. System. Civilrecht VI, 5.

Familienstiftungen, s. Stiftungen.

Faustpfandrecht, Faustpfandbestellung, Faustpfandgläubiger, s. System. Civilrecht II, D. 2.

Feldwege, s. Wege.

Ferien, ehegerichtliche, II, 347. Anwendung der Ferienordnung auf die Handelsgerichte, IX, 385.

Feuerversicherung, s. Versicherungsvertrag.

Fideikommiß, s. Vermächtniß.

Fideikommissarische Erbeinsetzung. S. System. Erbrecht C, 3. G. 8.

Fiduziarerbe. Folgen seines Vorabsterbens für die Fideikommissarische Erbeinsetzung, X, 206. XIII, 431.

Fiduziarische Kaution. Unstatthaftigkeit des Abzuges der trebellianischen Quarte von dem sicherzustellenden Vermögen, VI, 250.

Filialkirchen. Die Baulast in Bezug auf dieselben regelmäßig in der Baulast an der Mutterkirche begriffen, II, 72. Deren Erhebung zu einer selbständigen Pfarrkirche oder die Umpfarrung zu einer anderen Parochie an sich ohne Einfluß auf die Baulastverhältnisse, II, 74. s. auch Stiftungsrath.

Fiskus, s. juristische Personen.

Fischerei. S. System. Civilrecht VII, B. 6. Oeffentliches Recht, 2. d).

Fixgeschäft. Begriff desselben; Voraussetzungen der Schadensersatzklage statt Erfüllung; Berechnung des Schadens; maßgebender Börsenpreis, IX, 405. XIV, 171. 178. XV, 428. Erfüllungsort bei Lieferungsverträgen, XIII, 183.

Flößerei. S. System. Civilrecht VII, B. C. Oeffentliches Recht 2. d). Sind für das Verflößen sog. eichener Schollen die für Langholzstöße regulirten Abgaben zu bezahlen? V, 889.

Floßbares Wasser ein öffentliches Wasser; Begriff, VI, 150. XV, 68.

Flußbett. Begriff des Ufers eines öffentlichen Gewässers im Verhältniß zum Bett, XV, 440. Das Bett eines öffentlichen Flusses eine öffentliche Sache, III, 886. XI, 114. 118. XII, 810. Wiefern verändert die Anlage eines künstlichen Bettes, überhaupt eine künstliche Anlage zur Fassung der Wasserkraft, die öffentliche Natur eines Wassers? I, 262. 269. 273. II, 814. X, 209. XI, 118. 255. 257. Wem fällt bei künstlicher Anlegung eines neuen Flußbettes das Eigenthum des alten zu? III, 886. Verpflichtung zur Herstellung und Erhaltung des Flußbettes, I, 249. V, 894. Einsprache eines Wasserwerkbesitzers gegen eine Flußkorrektion, V, 888.

Flußkorrektion, s. Flußbett.

Flüsse, s. öffentliche Wasser.

Forensen, deren Beiziehung zu den Kirchengemeindekosten, VII, 824. 841.

Frachtvertrag, s. System, Handelsrecht A. 14.

Frachtwagen. Entwendung von auf einem solchen befindlichen Gegenständen, s. Diebstahl.

Fragerecht des Richters im Civilverfahren, XI, 383. 415.

410. 431. 432. Anordnung des persönlichen Erscheinens der Parteien zum Zweck ihrer Befragung, XI, 416.

Fragestellung an die Geschworenen, s. System, Strafproceß 10.

Frauen. Umfang ihrer Beseelung von der Beweislast bei der condictio indebiti, XII, 384, s. auch Interzessionen, Wechselfähigkeit, Ehefrauen. Verpflichtung zum Einkauf der Frau in das Bürgerrecht des Mannes vor dem Gesetz von 1828; Berechtigung zur Nachforderung der Gebühr, V, 361. Das Recht des Ehemannes auf den Wohnsitz der Frau an seinem Wohnorte kein Hinderniß der Ausweisung, V, 374. Unzulässigkeit der Erhebung irgend einer Abgabe von ortsfremden Frauen, welche durch Heirath das Ortsbürgerrecht erworben, für die Theilnahme an den Bürgernutzungen nach der Reichsgesetzgebung, XIV, 301.

Freiheitsstrafen, s. System. Strafrecht A. 5.

Freiwillige Gerichtsbarkeit in Würtemberg. S. System. VI.

Fristen. Allgemeines, s. System. Civilproceß A. 11. f). Appellationsfrist, F. 1. G. 6. Berechnung der Bekanntmachungsfrist bei Exekutionsvorläufen, XI, 290. Fristen im Wechselproceß, s. System. Civilproceß G. 5. — Wiedereinsetzung in den vorigen Stand gegen den Ablauf der Frist zur Anmeldung der Nichtigkeitsklage gegen ein schwurgerichtliches Urtheil, XIII, 87.

Frohnen. Ersatz der Wegbaukosten durch eine Gemeinde, welche den Weg in der Frohne hatte herstellen lassen, V, 440.

Furcht bei einer Testamentserrichtung; Eidesjuschiebung, XIII, 299.

Fußwege. Rechtsverhältnisse derselben. Kompetenz des Civil- oder Administrativrichters bei Streitigkeiten über solche Wege, s. System. Civilrecht I; D. Oeffentliches Recht 1. 2. d). 6.

G.

Gant, Gantproceß. S. System. Civilproceß G. 10. Begriff des „bevorstehenden Gantes" bei betrügerischem Schuldenwesen, IX, 302.

Ganterkenntniß. Dessen Bedingungen und Wirkungen, s. System. Civilproceß G. 10. a).

Ganteröffnung. Deren Bedingungen und Wirkungen, s. System. Civilproceß G. 10. a). Die formelle Ganteröffnung für die Majorisirung in einem Nachlaßvergleich nicht erforderlich, III, 211.

Gantgläubiger. Rechtsverhältniß derselben zum Gemeinschuldner, X, 416. Deßgl. unter sich, X, 424. Deßgl. zu Dritten bezüglich der zwischen diesen und dem Gemeinschuldner bestehenden

Rechtsverhältnisse, X, 418. 128. S. System. Civilproceß G. 10. a). S. auch Liquidation, Präklusivbescheid, Prioritätserkenntniß, Güterpfleger, Vorzugsrechte, Nachlaßvergleich.

Ganimann. Dessen Handlungsfähigkeit. S. System. Civilproceß G. 10. a).

Ganimasse. Was gehört dazu? S. System. Civilproceß G. 10. b). Bedeutung der Erklärung eines Gläubigers, auf Befriedigung aus der Ganimasse zu verzichten, unter Vorbehalt besserer Glücksumstände des Schuldners, III, 217. XIII, 160. Ist die Berufung gegen das Prioritätsurtheil vom Bestand der Aktivmasse abhängig? III, 411. Sicherstellung der Ganimasse im Falle der Verhandlung über einen Nachlaßvergleich, III, 211. 224. Voraussetzung für die Regreßklage einer Ganimasse, gegen welche ein Wechsel liquidirt ist, II, 503.

Gebäudebrandversicherung, s. Versicherungsvertrag.

Gebäudekataster, s. Primärkataster.

Gedächtniß, Beweisaufnahme zum ewigen, s. System. Civilproceß G. 2.

Gebränge einer versammelten Menge. Diebstahl in einem Kaufladen ist kein erschwerter, IX, 294.

Gefahr. Uebergang derselben beim Kauf, X, 258. Gefahr bei unbefugter Retournirung, X, 266.

Gefälle, s. Komplexlasten.

Gefängnißverbesserung, II, 317.

Geheimerath. S. öffentlicher Dienst, öffentliche Diener. Verfügungen der Ministerien im Verwaltungswege nicht Gegenstand der Beschwerde beim Geheimenrath, XIV, 237. 240. Bitte an den Geheimenrath um Belassung einer Konzession mit weiteren Bedingungen unstatthaft, XIV, 248. Beschwerde beim Geheimenrath wegen gesetz- und ordnungswidrigen Verfahrens bedingt durch das Vorliegen eines Falles der Vers.-Urk. §. 60, Z. 1). 2). XIV, 231. 309.

Geistesschwäche, Testirfähigkeit eines wegen solcher Entmündigten, XIII, 276.

Selbstrafe. Herabgehen auf dieselbe im Falle des Art. 5 des St.G.B. IX 266.

Gemeinde, Gemeindekorporation. Umfang der Gemeinden, II, 128. Rechtsverhältnisse zusammengesetzter Gemeinden, II, 130. Bildung neuer Gemeinden, II, 181. Besitz und Eigenthumserwerb durch eine Gemeinde, IX, 36. Voraussetzungen für die stillschweigende Willenserklärung einer Gemeindekorporation, VI, 166. IX, 42. XIV, 340. Verpflichtung der Gemeinde zur Zahlung von

Krankheits- und Beerdigungskosten für arme Angehörige, V, 875. 378. S. auch Kirchengemeinde.

Gemeinderath, Gemeindebehörden. Wirkung von Stipulationen der Gemeindebehörden zu Gunsten Dritter; Kompetenz, I, 401. Gemeinderathsmitglieder in Prozessen ihrer Gemeinden unzuläßige Zeugen, XII, 312. Verfahren vor den Gemeinderäthen in Civilsachen, s. System. Civilprozeß G. 3. Ein Theilgemeinderath hat kein Beschwerderecht in Bürgerrechtssachen, V, 858. Rekursrecht eines Gemeinderaths im Falle der Aberkennung eines Bürgerrechtes zum Nachtheile seiner Gemeinde, V, 860. Gebundensein des Gemeinderaths an ein zwischen ihm und dem die Bürgerannahme Suchenden über diese geschlossene Uebereinkunft, V, 862. Zulässigkeit der Uebernahme der den Parochianen obliegenden Baulast auf die politische Gemeinde durch die bürgerlichen Kollegien, VII, 325. s. auch Öffentliche Diener.

Gemeindenutzungen, s. Bürgernutzungen.

Gemeindepfleger. Unbefugter Verzicht eines solchen hebt das Pfandrecht nicht auf; Schadensersatzklage gegen denselben, IV, 176.

Gemeinderecht, s. Realgemeinderecht

Gemeindeumlagen. S. System. Öffentliches Recht 12.

Gemeindeverband. Umfang desselben; gehört an sich dem öffentlichen Recht an, II, 126. 141. Dessen Ausdehnung auf alle Theile des Staatsgebietes, II, 129. Dessen Bedeutung für die Zuständigkeit bei Unterpfandsbestellungen und Insinuation von Verträgen über liegende Güter, II, 132. 133. Zuständigkeit der Administrativjustizbehörden im Falle der Begründung einer Baulast auf den Gemeindeverband, II, 17. VII, 319. 326. IX, 80. XIV, 418. s. auch Neusteuerbarkeit.

Gemeindevermögen. Zuständigkeit bezüglich der Ansprüche Einzelner an dasselbe, XV, 76.

Gemeinschaft, s. System. Obligat.-Recht, 2. Theil, I, 18.

Gemeinschuldner. Öffentliche und privatrechtliche Wirkungen des Ganterkenntnisses für denselben, s. System. Civilprozeß G. 10. a). Voraussetzung der Befreiung des Schuldners durch Zahlung an seinen im Gante befindlichen Gläubiger, III, 199. Vertretung des Gemeinschuldners durch den Konkrabiktor, X, 91. 229, s. auch Kompetenz. Rechtswohlthat derselben.

Genossenschaften. Theilung des Eigenthums einer der deutschrechtlichen Realgemeinden nachgebildeten Genossenschaft, XII, 384. Erwerbs- und Wirthschaftsgenossenschaften, s. System. Obligat.-Recht, 2. Theil, 12.

Gerichtsbarkeit. Abgrenzung derselben in Strafsachen, s.

System. Strafprozeß 2; in Civilsachen, s. System. Civilprozeß A. 4.
Freiwillige Gerichtsbarkeit s. System VI.

Gerichtsgebrauch. Begründung eines Gewohnheitsrechtes durch denselben, IV, 283. VI, 11. 138. XI, 32. XII, 222.

Gerichtsstand in Straffachen, s. System. Strafprozeß 9; in Civilsachen, s. System. Civilprozeß A. 5. Die Art. 4, 3. 8 und Art. 97 der D.W.D. über Wohnort und Zahlungsort enthalten keine Vorschriften über die Zuständigkeit des Gerichtes, II, 513. III, 177.

Gerichtsverfassung in Straffachen, s. System. Strafprozeß 2; in Civilsachen, s. System. Civilprozeß A. 2.

Gerichtsvollzieher. Frage ihrer Einführung, XI, 401.

Geringfügige Sachen. Verfahren in solchen, s. System. Civilprozeß G. 3.

Gesandte. Klagerecht des betreffenden Gesandten bei Ehrenkränkungen gegen fremde Staaten, IX, 284.

Gesammtausgabe. Unzulässigkeit der Aufnahme eines in Verlag gegebenen Werkes in eine solche, einem anderen Verleger übertragene, X, 138.

Gesammtschuldverhältnisse, s. System. Obligat.-Recht, 1. Theil, 1.

Geschäftsführung, s. System. Obligat.-Recht, 2. Theil, I, 10.

Geschworene. Wahrspruch derselben, s. Wahrspruch. Wahl der Ersatzmänner für den Bezirksausschuß, IV, 18. Zuständigkeit zur Festsetzung ihrer Reisekostenentschädigung, XIII, 26. Fähigkeit zum Geschworenendienst, X, 376. XII, 919.

Gesellschaftsvertrag, s. System. Obligat.-Recht, 2. Theil, I, 12. Ist im Falle der läuflichen Abtretung des Antheils eines Gesellschafters an den Immobilien der Gesellschaft an einen andern Gesellschafter die Accisgebühr anzusetzen? X, 238. Berechnung der als Gesellschaftsantheil des Käufers von der Accise freizulassenden Quote des Kaufpreises im Falle des Verkaufs eines Fabrikanwesens einer offenen Handelsgesellschaft an einen Gesellschafter, XV, 845.

Gesetzgebung. Rückfall auf die württembergische seit 1841, VII, 1. Gemeinsame Gesetzgebung für Deutschland, IX, 451, f. auch System VII.

Gesetzwidriges Verfahren in Justizsachen; Beschwerderecht bei solchen, III, 245. Beschwerde beim Geheimenrath wegen solchen Verfahrens bedingt durch das Vorliegen eines Falles des §. 60, Z. 1), 2) der Verf.-Urk., XIV, 309.

Geständniß. Verhandlung vor den Geschworenen auch im Falle eines Geständnisses, XII, 919, in Civilsachen, s. System. Civilprozeß O. 7.

Gewährleistung wegen Entwährung, s. Syßem. Obligat.
Recht, I. Theil, III, A. 9; wegen physischer Mängel, s. Syßem,
cod. 11, Handelsrecht 11, s. auch Syßem. Civilprozeß G. 4.
Gewährsmängel, s. Gewährleißung.
Gewerbebank. Belzlehung der Stolbenben aus den Monats-
einlagen der Mitglieder einer solchen zur Kapitaleinkommensteuer,
XIV, 288.
Gewerbebetrieb, Gewerberecht S. Syßem, Civilrecht
VIII, B. Oeffentliches Recht 2, c. o. 7. Eintrag in das Handels-
register bei den Gewerben des Staates und öffentlicher Korporationen,
IX, 115.
Gewerbesteuer. S. Syßem. Oeffentliches Recht 12.
Gewerbsmäßigkeit. Begriff der Gewerbsmäßigkeit in straf-
rechtlicher Beziehung, XIII, 29. 86. Begriff der Gewerbsmäßigkeit
als Bedingung für die Annahme eines kaufmännischen Betriebs von
Handelsgeschäften, IX, 157. 164. Begriff des gewerbsmäßigen Wein-
handels als Gegenstandes der Gewerbesteuer, XV, 310.
Gewohnheitsrecht, s. Syßem. Civilrecht I, A. 2.
Glaube, guter; durch unentschuldbaren Irrthum nicht aus-
geschlossen, XII, 218.
Glaubenseib der Erben, X, 276.
Gleichförmigkeit der Urtheile; Appellabilität, IV, 202.
VI, 285. 286.
Graben, s. Kanal.
Grundbienstbarkeiten. S. Syßem. bingliche Rechte B. 2.
Güterbücher. S. Syßem. Civilrecht I, B. 5. Beweiskraft
des Güterbuches und des Güterbuchprotokolles hinsichtlich der öffent-
lichen Eigenschaft eines Weges, XV, 237.
Gütergemeinschaft, allgemeine. Einfluß des Gantes auf
das Vermögen der Ehegatten, X, 890. Kann im Falle allgemeiner
Gütergemeinschaft ein von den Ehegatten errichtetes wechselseitiges
Testament von dem einen Gatten einseitig abgeändert oder wider-
rufen werden? XIII, 415. Haftung des einen Gatten für Deliktsschulden des andern bei allgemeiner Gütergemeinschaft, VI, 296.
Güterpfleger. Dessen Funktionen und Verhältniß zum
Kontrahiktor, s. Syßem. Civilprozeß G. 10. g).
Güterrecht, eheliches. Klage auf Anerkennung eines Vertrages über dasselbe, XII, 389.
Güterwege, öffentliche. Rechtsverhältnisse in Bezug auf dieselben. Kompetenz bei Streitigkeiten wegen solcher, s. Syßem. Civilrecht I, D, öffentliches Recht, 1. 2. d). C.

H.

Haft, f. Untersuchungshaft.

Hand- und Spanndienste. Konstanzer Observanz über deren unentgeltliche Leistung durch die Pfarrgenossen bei Kirchen- und Pfarrhausbauten, III, 198.

Handelsbücher, f. System. Handelsrecht 4.

Handelsfirmen, f. System. Handelsrecht 2.

Handelsgerichte. Deren Organisation, Zuständigkeit und Verfahren nach dem Gesetz vom 13. August 1865, f. System. Civilprozeß G. 6. Zur Eröffnung derselben, VIII, 450. Bedingungen der Fähigkeit zu kaufmännischen Richterstellen, VIII, 456. IX, 116. Wahlprüfung, IX, 123. Aufhebung dieser Handelsgerichte und Umgestaltung durch die Gesetzgebung von 1868, XI, 880.

Handelsgeschäfte, f. System. Handelsrecht 10. 2.

Handelsgesellschaft, offene; f. System. Handelsrecht 8.

Handelsgesetzbuch, deutsches. Literatur zu dessen Einführung in Württemberg, VIII, 454. IX, 126.

Handelsregister, f. System. Handelsrecht 1.

Handelssachen, Handelsstreitsachen. Verfahren in solchen, f. System. Civilprozeß G. 6, f. auch System. Civilrecht VIII, A. 10.

Handlungsagent, f. System. Handelsrecht 6.

Handlungsbevollmächtigte, f. System. Handelsrecht 6.

Handlungsfähigkeit, f. System. Civilrecht I, E. 1. Civilprozeß A. 8. a). Versicherung über die Dispositionsfähigkeit des Wechselbeklagten vor seiner Ladung, II, 520.

Handlungsgehilfe, f. System. Handelsrecht 7.

Handlungsreisender, f. System. Handelsrecht 6.

Handwerkerbank. Kann sich eine solche dieser Firma im Wechselverkehr bedienen? XII, 293.

Handwerksgesellen. Deren Gerichtsstand des Wohnsitzes, V, 451.

Hannover. Darstellung des Civilprozesses daselbst, dessen Verhältniß zum württemb. Verfahren, V, 8.

Hauptbürge, f. Bürgschaft.

Hauptmängel, f. Gewährsmängel.

Hauptschlüssel, f. Diebstahl.

Hauptschuldner, f. Bürgschaft.

Hauptverhandlung vor den Geschwornen im Falle eines Geständnisses, XII, 319.

Hausirgewerbe. Zulässigkeit einer Beschwerde an den Geheimenrath wegen Verweigerung des zum Betrieb eines solchen er-

133

forderlichen persönlichen Ausweises, XIV, 242. Vorstrafe wegen Diebstahls als Grund dieser Verweigerung, XIV, 243. Begriff des Hausirhandels; Einspracherecht einheimischer Gewerbetreibender gegen Zulassung eines Ausländers zum Hausirhandel? XIV, 244.

Hauskinder. Fähigkeit volljähriger Hauskinder zur selbständigen Verpflichtung durch Verträge nach württemb. Recht; Ausnahmen, XIV, 341. Wechselunfähigkeit derselben; Einfluß der Volljährigkeit, XII, 145. Verträge zwischen Hausvater und Hauskind sind nichtig, XV, 421, f. auch Handlungsfähigkeit.

Hausmiethbeschädigung für die Schullehrer; Maßstab für dieselbe, VI, 425.

Hausstand, eigener, hebt die väterliche Gewalt auf; Voraussetzungen, X, 170. Begriff des Lebens auf eigene Rechnung als Bedingung des Bezuges der Bürgernutzungen, V, 382.

Hausthiere, Hauptmängel derselben; s. Gewährsmängel.

Heimathlose. Zutheilung solcher; ob durch polizeiliche Verfügung oder durch Administrativjustizerkenntniß? Rechtsmittel hiebei, III, 68. 73. V, 323. 367. XIV, 219.

Heimathort, Gerichtsstand desselben, XIII, 13ʳᵉ.

Heirathgut. Wiefern begründet die Ehescheidung den Verlust desselben? IV, 441. Größe des von den Eltern den Kindern aus deren hinterfälligem Vermögen zu gebenden Heirathgutes, IX, 28. X, 163. Verbindlichkeit der Eltern zur Ausstattung des Kindes im Falle der Verehelichung des Kindes wider den Willen der Eltern X, 166. Voraussetzung der Zulässigkeit der Erbrinsetzung eines Rotherben auf das empfangene Heirathgut, VIII, 127. XIII, 428. XV, 179.

Herkommen. Dessen Unterscheidung vom Gewohnheitsrecht; dasselbe als Titel eines subjektiven Rechtes, VII, 845. VIII, 112. IX, 71. 72. Die Erweiterung von Kirchen und Schulen an sich in der auf Herkommen beruhenden Baupflicht nicht enthalten, II, 85. 88. 93. XV, 445. Beschränkung der auf Herkommen beruhenden Besoldungslast auf das ausgeübte Maß, II, 90. Berufung auf Herkommen in öffentlichrechtlichen Verhältnissen begründet nicht die civilrechtliche Kompetenz, II, 15. 112. 311. 315. XII, 311. XV, 70. Begründung des Ueberganges der an sich der Kirchengemeinde obliegenden Baulast auf die politische Gemeinde durch Herkommen, VII, 349. 352.

Hinterfälliges Vermögen. Größe des vom überlebenden Gatten aus demselben zu gebenden Heirathgutes, IX, 28. X, 166.

Hinterlistiger Anfall. Dessen Begriff, IX, 281.

Hochaltar, Gegenstand der Baulast, II, 69.

131

Hochverrath. S. System. Strafrecht I.
Hofraum. Verbot der Veräußerung eines solchen von einem Hauseweg, IX, 43. Untheilbarkeit eines gemeinschaftlichen Hofes, VI, 152. IX, 44. 444. Benützung eines gemeinschaftlichen Hofraumes zum Ablauf von Abwasser, VI, 152. XIV, 118.
Holzabgabe einer Gemeinde zur Pfarrbesoldung; Ablösbarkeit derselben, XII, 243.
Holzfällen, auf einem Grundstück, zum Nachweis des Eigenthumsbesitzes geltend gemacht, IX, 92.
Holzfrevel ist auch die Entwendung an stehendem Waldholz außerhalb des Forstgrundes, IX, 267, nicht aber die Entwendung junger Fichtenpflanzen aus einer umzäunten Saalschule, IX, 268.

J.

Jagb. Beschwerden wegen Zuschlags des Jagdpachtes unter Ausschluß des Meistbietenden nicht unter Art. 1, Abs. 1 des Gesetzes vom 13. Nov. 1855 gehörig; Befugnisse der Staatsaufsichtsbehörde gegenüber den Gemeinden bei Verleihung der Jagd, XIV, 312. Zuständigkeit in Streitigkeiten über Aufhebung des Jagdrechtes auf fremdem Grund und Boden, XV, 29.
Jegbfrevel, s. System. Strafrecht V. 24.
Identität des Getäuschten und des Benachtheiligten beim Betruge nicht erforderlich, IV, 324. Identität des Testators; deren Beweis durch die gewöhnlichen Beweismittel, III, 195. X, 201. XIII, 807. 971. Identität des Rechtsstreites beim Vorbringen von nova in 2. Instanz, XI, 392. 428.
Indignität, s. System. Erbrecht H.
Indossament, s. Wechselindossament.
Ingenieur. Der Dienstvertrag eines solchen mit einer Maschinenfabrik ist Handelssache, XII, 422.
Inhaberpapiere. S. System. Civilrecht VIII, C.
Injurienklage, äftimatorische, findet wegen Rothzucht nicht statt, IX, 417, auch nicht wegen leichtsinniger Denunziation bei der Obrigkeit, XIV, 860.
Inkameration des Kirchenvermögens. Wiesern begründet dieselbe einen privatrechtlichen Titel für Tragung der kirchlichen Baulast? II, 20. XV, 90. Beschränkung der auf den Einzug des Kirchenvermögens begründeten Baulast auf das eingezogene kirchliche Vermögen, II, 53. Begrenzung der Baupflicht durch die Größe des baupflichtigen Vermögens; Beweislast, II, 54.
Inkorporation. Bei inkorporirten Pfarreien kann der dem Pfarrer aus dem Kirchenvermögen zugewiesene Gehalt zu den kirch-

lichen Baukosten nicht beigezogen werden, II, 45. Beschränkung der
aus der Inkorporation einer Pfarrkirche entsprungenen kirchlichen
Baupflicht auf das inkorporirte kirchliche Vermögen, II, 50. Beweislast über den Besitz solchen Vermögens, II, 52. Begrenzung der
Baupflicht durch die Größe des baupflichtigen Vermögens; Beweislast, II, 54.

Insinuation. Instruktion der Wechselgerichtsboten betr.
die Insinuation von Ladungen, II, 516, s. auch Zustellung. Zuständigkeit des Gemeinderaths des Markungs- resp. Steuerorts für die
Insinuation der Verträge über liegende Güter, II, 133. 175. 179.
Insinuation des Vertrages über Bestellung einer Realservitut, s. System. Civilrecht II, B. 8. Insinuation eines Leibgebings, Wohnungs-
rechts, s. System. Obligationenrecht, 2. Theil, I, 14. Insinuation
von Schenkungen, s. System. Obligationenrecht, 2. Theil, I, 16.

Insolvenz. Dieselbe begründet keine rechtliche Unmöglichkeit
der Erfüllung, XII, 219. Vermögensunzulänglichkeit Bedingung
des Gantcrkenntnisses und eines Nachlaßvergleiches; ihre Konstatirung, III, 15. X, 348. Insolvenzerklärung, X, 347. Einfluß der
Insolvenzerklärung des Wechselschuldners auf das wechselrechtliche
Verfahren, II, 508. 627. III, 160. V, 303. IX, 354. X, 83. 86. 91.
Bloße Besürchtung der Ueberschuldung des Acceptanten kein Grund
zum Regreß auf Sicherstellung wegen Unsicherheit des Acceptanten,
VI, 396. Begriff der für die actio pauliana vorausgesetzten Zahlungsunfähigkeit des Schuldners, XIII, 266.

Intercessionen, insbesondere von Frauen, s. System.
Obligationenrecht, 2. Theil, I, 18.

Interdictum de fonte, I, 447.

Interdictum retinendae possessionis, s. Besitz,
Besitzprozeß.

Interimslokale. Wer hat solche während eines Kirchen-
bauwesens herzustellen? II, 82.

Interimschein. Klage des Inhabers eines solchen auf
Herausgabe der Gesellschaftsaktie, XIII, 11. Natur des Interimscheines
als Inhaberpapier, XIII, 24.

Interusurium, s. Zwischenzinse.

Irrthum. S. System. Civilrecht I, E. 2.

Israeliten. Eidesablegung derselben in der Synagoge;
Beschwerde hiegegen, III, 167.

Jugendliche Verbrecher. S. System. Strafrecht A. 13.

Jurisdiktionsverträge. Anwendung der Verträge mit
Baden und Bayern auf die gegenseitige Rechtshilfe wegen der in
Civilstreitigkeiten angesetzten Sportel, X, 223. Bestimmungen der-

selben über Statutenkollision in Bezug auf die Form der Rechtsgeschäfte, XI, 176. 177. XIII, 225. Gerichtsstand der Widerklage nach dem Vertrag mit Baden, XI, 260. Voraussetzung der Vollstreckbarkeit eines von einem badischen Gerichte gefällten Urtheils durch die württemb. Gerichte, XI, 279. Sicherheitsleistung des Klägers für die Prozeßkosten nach dem Vertrage mit Bayern, VI, 421.
Juris quasi possessio. Erfordernisse derselben, I, 257. 425. 434. 437. 442. 443. 444. 456. III, 385. IV, 302. IX, 62. XIV, 109. 107. XV, 138.
Juristische Personen. S. System. Civilrecht, Hauptstück I, 0. 2. Beitragspflicht derselben zu den für kirchliche Zwecke gemachten Umlagen, VII, 341.
Juristentag, der erste deutsche, IV, 206.
Jus deliberandi. Versendungsrecht ex jure deliberandi VI, 251.
Justizministerium. Demselben steht eine Kognition über die Zuständigkeit der Civilgerichte nicht zu, IV, 337. 339. 348. 346.

K.

Kameralstraßen. Rechtsverhältnisse bezüglich derselben, s. System. Civilrecht I, D, Oeffentliches Recht 1. 2. d). 6.

Kanal. Gehören die zur Leitung des Wassers aus einem öffentlichen Flusse angelegten Kanäle zu den öffentlichen Sachen? I, 263. 274. 275. XI, 114. 116. 118. XII, 305. Der Mühlkanal Pertinenz der Mühle, XI, 116. Wiesern verändert das Graben eines Kanals und überhaupt eine künstliche Anlage zur Fassung der Wasserkräfte die öffentliche Natur eines Wassers? I, 262. 269. 273. II, 814. X, 209. XI, 118. Zuständigkeit bei Streitigkeiten über die Zuleitung öffentlichen Wassers vermittelst eines Kanals, X, 209 XI, 254; bei Streitigkeiten über Wässerung aus einem von einem öffentlichen Fluß gespeisten Mühlkanal, X, 209. XI, 256. Zuständigkeit bei Streitigkeiten über Tieferlegung eines aus einem öffentlichen Flusse gespeisten Mühlkanals, XI, 260. Die an Grund und Boden geknüpfte Verbindlichkeit zur Theilnahme an den Kosten einer gemeinsamen Wiesenwässerungsanstalt als Reallast, XIV, 128.

Kandeln. Klage wegen Zudrangs des Wassers in Folge einer solchen; Kompetenz bei Streitigkeiten über deren Anlegung, I, 449. II, 288. 290. 292. 296. 293. XII, 309. XV, 34.

Kanzel, ist von dem Kirchenbaupflichtigen herzustellen, II, 70.

Kapellen. Die Baulast in Bezug auf sie nicht in der an der Hauptkirche enthalten, II, 73.

Kapitaleinkommensteuer, s. Einkommensteuer.

Kaſſationshof. Verurtheilung durch benſelben, III, 375. Deffentliche Verhandlung vor demſelben über eine Nichtigkeitsklage, wenn keine Ausführung der Beſchwerde eingekommen, XIII, 68. Möglichkeit der ſchriftlichen Geltendmachung der Nichtigkeitsgründe bis zu dem Termin der mündlichen Verhandlung, XIII, 68. Kompetenz des Kaſſationshofes für Beſchwerden über Durchſtriche von Anrechnungen in Schwurgerichtsſachen, IV, 89. 94. Entſcheidungen deſſelben in ſtrafrechtlichen und ſtrafprozeßualiſchen Fragen, III, 280. IV, 1, VII, 380. 431. IX, 255. XIII, 28. Der württemb. Kaſſationshof und die Vertheidigung, insbeſondere mit Bezug auf Art. 218. des Schwurgerichtsgeſetzes von 1849 und die Ordnungsſtrafen wegen Mißbrauchs des Beſchwerderechtes, VII, 83.
Kaſſatoriſche Klauſel bei Ratenwechſeln, ſ. Ratenwechſel.
Kaſſenreſt, ſ. Rechnungsfälſchung.
Kataſter, ſ. Primärkataſter.
Kauf, ſ. Syſtem. Döllg.-Recht, 2. Theil, 1, 1, Handelsrecht 11.
Kaufleute, ſ. Syſtem. Handelsrecht 3.
Kaution, ſ. Sicherheitsleiſtung.
Kinder. Rechtsverhältniſſe derſelben zu den Eltern, ſ. Syſtem. Familienrecht B. D. Können die Kinder, wenn nach dem Tode der Mutter eine Eventualtheilung unterlaſſen wurde, nachträglich die weiblichen Freiheiten anrufen? XII, 257. Berechtigung des Leibdingers zur Aufnahme ſeiner Kinder in die Leibgedingswohnung? X, 159. Teſtament der Eltern unter Kindern, ſ. Teſtamentsform. Erbunfähigkeit der Ehebruchskinder gegenüber ihren väterlichen und mütterlichen Verwandten, III, 266. XI, 217. XII, 265. XIII, 174. Erbunfähigkeit der Eltern gegenüber den im Ehebruch erzeugten Kindern, XIII, 175. Vorausſetzung für das Erbrecht der unehelichen Kinder gegenüber ihrem Vater, XII, 263. Teſtament zu Gunſten eines Adoptivkindes bei Nichtigkeit der Adoption, XIII, 401. Widerrufung einer Schenkung wegen nachgeborener ehelicher Kinder, XV, 139. Vertretung der Kinder im Prozeß durch die Mutter, I, 84. Wohnſitz der Kinder, welche einen ſolchen noch nicht gewählt haben, VI, 148. Bürgerrecht der unehelichen Kinder, V, 358. 369. 370.
Kirchenbaulaſt. S. Syſtem. Civilrecht, VI, 2, Deffentliches Recht 2. f. g. .
Kirchendiener, ſ. öffentliche Diener.
Kirchengebäude. Baulaſt in Bezug auf dieſelben, ſ. Syſtem. Civilrecht VI, 2.
Kirchengemeinde, die und die kirchliche Baulaſt der Parochianen; deren Vertretung, VII, 281. 299. 318. 320. IX, 73. 75. XIV, 237. 304. 412, ſ. Syſtem. Deffentliches Recht 9.

Kirchengemeindekosten. S. Kirchengemeinde.
Kirchengesetze. Repertorium derselben, X, 337.
Kirchenglocken; nicht von dem Kirchenbaupflichtigen herzustellen, II, 71.
Kirchenopfer. Berücksichtigung derselben gegenüber dem subsidiär Baupflichtigen, V, 902.
Kirchenpfründe, s. Pfründe.
Kirchensatz. Rechtliche Bedeutung dieses Ausdrucks in den Lagerbüchern, XV, 390.
Kirchenstühle; kein Gegenstand der Kirchenbaulast, II, 71. Zuständigkeit des Civilrichters bei Erhebung eines privatrechtlichen Anspruches auf einen bestimmten Kirchensitz, XV, 74.
Kirchenuhren; kein Gegenstand der Kirchenbaulast, II, 72.
Kirchenvermögen. Dessen Verhältniß zur Armenunterhaltungspflicht, VIII, 124. XIV, 1, s. auch Inkammeration, Inkorporation.
Kirchhof. Der bei der Kirche befindliche ist mit der Umfassungsmauer von dem Kirchenbaulastpflichtigen herzustellen, II, 63.
Kirchthurm, ist von dem Kirchenbaupflichtigen herzustellen, II, 62. Angebliche gegentheilige Würzburger Observanz, II, 63.
Klagen. S. System Civilrecht I. B. 3, Civilprozeß B. 1, s. auch Wechselklage.
Klagenabtretung. Wiefern kann sie an den Bürgen nach geschehener Zahlung erfolgen? III, 390. IX, 92. 95. 485. Einrede der Klagenabtretung gegen die Ueberbürgen des Klägers, III, 394. Recht des zahlenden Bürgen auf die Klagenabtretung gegen den Käufer der für die verbürgte Schuld bestellten Unterpfänder, VI, 195.
Klagänderung. Unstatthaftigkeit derselben, XI, 386. 392. 428.
Klagebegründung. Deren Bedeutung für die Feststellung der Kompetenz der Civilgerichte resp. der Administrativjustizbehörden, s. System. Oeffentliches Recht 2.
Klagegrund. Sachlegitimation ein Theil desselben, I, 80.
Klagenhäufung. Erweiterung der Gerichtsbarkeit durch objektive und subjektive Klagenhäufung, VI, 17. Klagenhäufung im Wechselverfahren, II, 519.
Klagenverbesserung, XI, 405.
Klagenverjährung. S. System. Civilrecht, I, B. 4.
Klagverzicht. Zeitpunkt für dessen Zulässigkeit bei einer Körperverletzung im Sinne des Art. 261 des württ. St.G.B., IX, 266. Uebernahme der Untersuchungskosten auf den Staat im Falle eines Klageverzichtes, IX, 266.
Kodizille, Kodizillarklausel. S. System. Erbrecht G. 1.

Körperverletzung. S. System. Strafrecht B. 21, s. auch Fragestellung. Haftung für Schadensersatz wegen derselben, s. System. Obligationenrecht, 2. Theil, II, 1.
Kollation, s. Einwerfung.
Kollegialgerichte. Deren Begriff und Bedeutung, XI, 309.
Kollision, der Rechtsnormen, s. System. Civilrecht 1, A. G. Civilprozeß A. 3 Entscheidet für die Zuständigkeit zur Behandlung der Erbschaftssachen der Wohnsitz oder die Staatsangehörigkeit? XIII, 127. Kollision mehrerer Forderungen, s. System. Obligat.-Recht, 1. Theil, IV, 5.
Kommission, s. System. Handelsrecht 12.
Kommunweiberecht. S. System. Oeffentliches Recht 2, r. 5. c.
Kompensation. S. System. Obligationenrecht, 1. Theil, VI, 2, s. auch Prozeßkosten.
Kompetenz des Santurianues. Was gehört dazu? X, 409.
Kompetenz, Einrede derselben. S. System. Obligat.-Recht, 1. Theil, IV, 3.
Kompetenz, (Zuständigkeit). S. Gerichtsverfassung, Gerichtsbarkeit, Gerichtsstand. Grenzen zwischen der Kompetenz der Verwaltung und der Verwaltungsjustiz, s. System. Oeffentliches Recht, 1. Grenzen zwischen der Kompetenz der Civilgerichte und der Administrativjustizbehörden, s. System. Oeffentliches Recht, 2. Kompetenz des Civil- oder des Strafrichters zur Entscheidung über den Ersatz der in Strafsachen dem Beschädigten oder dem Angeklagten durch freiwillige Zuziehung eines Rechtsanwalts erwachsenen Kosten? VI, 341. Kompetenz des Gemeinderaths des Marlungs- resp. des Steuerortes zu Unterpfandsbestellungen und zum Erkenntniß über liegende Güter betreffende Verträge, II, 132. 178. Kompetenz zur Aufhebung der über das Vermögen eines Verschollenen angeordneten Kuratel, XII, 406. Kompetenz zur Behandlung von Erbschaftssachen, XIII, 127. Kompetenz zur Entscheidung über die Verbindlichkeit zur Zeugnißablegung, V, 453. Kompetenz zur Verfügung der Wechselexekution, IX, 360. Kompetenz des Oberamtes bei Wegstreitigkeiten in erster Instanz; Ausnahmen, V, 398. 429.

Kompetenzkonflikt. Zwischen Civilgerichten und Administrativjustizbehörden, s. System. Oeffentliches Recht, 2. cc). Im Falle eines solchen zwischen zwei Untergerichten hat das Untergericht keine Beschwerde gegen die Entscheidung des höheren, V, 462. Ebenso im Falle der Entscheidung eines Konfliktes zwischen zwei Behörden der freiwilligen Gerichtsbarkeit, V, 462. Beschwerderecht der Partei bis zum höchsten Gericht, IV, 437. V, 462. IX, 345.

Komplexlasten. Voraussetzung des Verbundenseins mit einem

Vermögensbesitz für die Ablösung der Leistungen für öffentliche Zwecke, XII, 243. 377. XIV, 356. Kompetenz und Beweislast bei einem Streit über die Komplexlasteneigenschaft einer Leistung, II, 30. VI, 68. 90. 99. XI, 217. XV, 27. 90. Zulässigkeit einer Klage auf ein Erkenntniß, ob ein Anspruch nur auf Zehnten und Gefällen oder auch auf anderem Eigenthum ruhe, VI. 93. XII, 6. Die sog. Almosenbeiträge im Zweifel keine Komplexlasten, XIV, 23.
Komplott. S. System. Strafrecht A. 10. Zuständigkeit der Schwurgerichte für die Komplottanten, IV, 11.
Kompromiß. S. System. Obligat.-Recht, 2. Theil, I, 20.
Konkubinatorl. Gültigkeit der in einem solchen vollzogenen Trauung, V, 366.
Konkurrenz von Verbrechen. S. System. Strafrecht A. 14. Gerichtsstand im Falle des Zusammentreffens von im Auslande begangenen Vergehen mit im Inland verübten und von Landstreicherei mit andern Vergehen, II, 861. Zuständigkeit der Schwurgerichte für konkurrirende Vergehen, IV, 11. Abänderung resp. Verwandlung einer von einem anderen Gerichte wegen eines zusammentreffenden Vergehens erkannten, noch nicht oder noch nicht ganz vollzogenen Strafe durch die Schwurgerichte, IV, 10.
Konkurs, Konkursprozeß. S. Cant. Cantprozeß.
Konnexität. Gerichtsstand derselben, s. Gerichtsstand.
Konstanz, Diözöse. Angebliche Observanz derselben über die Befreiung des kleinen Zehnten von der kirchlichen Baulast, II, 61. Angebliche Observanz über die Baupflicht der Lalenzehnten, III, 196. Ueber die Baulast in Bezug auf die innere Einrichtung des Kirchengebäudes, II, 66. 69. XII, 250. Ueber die Verpflichtung der Pfarrgenossen zu unentgeltlichen Hand- und Spanndiensten bei Kirchen- und Pfarrhausbauten, III, 198.
Konsumvereln. Zuziehung eines solchen zur Gewerbesteuer in Bezug auf die Waarenverkäufe an Nichtmitglieder, XIV, 288.
Kontrabiklor. Dessen Verhältniß zum Güterpfleger, X, 91. 229. Eidesbzuschiebung an denselben, X, 385.
Konventionalstrafen. S. System. Obligat.-Recht, 1. Th., III, A. 7.
Konzessionen. Deren Bedeutung für die Eigenschaft eines Wassers, 1, 271. Erwerb von Wassernutzungsrechten durch Konzession; Zuständigkeit, s. System. Civilrecht VII, 4. a). 6, Öffentliches Recht, 2. d), 7.
Kopierbuch. Voraussetzungen für dessen Beweiskraft, XII, 409.
Korporation, s. Juristische Personen.
Korrealschuldner. S. System. Obligat.-Recht, 1. Theil, I.

Krankheitskosten. Verpflichtung der Gemeinde zu deren Bezahlung für arme Angehörige, V, 375–378. Klage auf Ersatz der noch nicht bezahlten Kurkosten wegen Körperverletzung zulässig, III, 395.

Kreisgefängniß. Verlegung des Civil- und Militärgefängnisses, IX, 257.

Kriegsdienstgesetzgebung. Abweisung eines an den Geheimenrath gestellten Antrages auf allgemeine Erläuterung einer Vorschrift des Kriegsdienstgesetzes, XIV, 234.

Kriegsdienstpflichtige. Zuständigkeit zur Beschlagnahme des Vermögens widerspenstiger Kriegsdienstpflichtiger, I, 124. VI, 422.

Kritische Zeit, bei dem Beweise der Vaterschaft zu ehelichen resp. unehelichen Kindern, II, 408. III, 193. IX, 452. X, 1. XI, 227. XIII, 278.

Kultkosten. Der Besitz von kirchlichem Vermögen begründet für sich allein nicht die Verpflichtung zur Bestreitung sämmtlicher Kultkosten, II, 66. XII, 250. Hat der zur Bezahlung der Kultkosten Verpflichtete auch den Aufwand für die Orgel zu bestreiten? XI, 224.

Kulturveränderungen. Recht zu Vornahme solcher auf dem weidedienstbaren Grundstück; Anlegung desselben zu Wald, X, 160.

Kuppelgeld. Dessen Klagbarkeit, III, 191.

Kuratel, s. Vormundschaft.

Kurkosten, s. Krankheitskosten.

L.

Läsion, Bedingung der Nichtigkeitsbeschwerde, III, 420.

Laienelement. Dessen Bedeutung und Berechtigung in der Rechtspflege, XI, 310. 341. Das kaufmännische Laienelement, V, 288, 289. XI, 343. Das Laienelement in Strafsachen, XI, 348, 351. 352. XII, 315. 317. 326.

Laienzehnten. Angebliche Konstanzer und Würzburger Observanz über deren kirchliche Baupflichtigkeit, III, 196. VI, 227.

Landesherr. Begründen Verfügungen desselben als Staats- oder Kirchenoberhaupt einen civilrechtlichen Anspruch auf Uebernahme der Baulast? II, 20. V, 238. XV, 68.

Landesvermessung. Deren Geschichte und Bedeutung für die Rechtsverhältnisse überhaupt, II, 170, für Besitz und Eigenthum, IX, 38. 41, für die Eigenschaft eines Weges, V, 398. 426. 430. 489. XV, 253. 262. 264. 271. 274. 266. 293. 319.

Landfriedensbruch. S. System. Strafrecht B. 9.

Landstandschaftsrecht. S. System. Oeffentliches Recht, 4.

Landstreicherei. S. System. Strafrecht B. 10. Gerichtsstand im Falle des Zusammentreffens der Landstreicherei mit anderen Vergehen, II, 361.

Laubstreurecht. Gegen dessen unbeschränkte Ausübung zu jeder Zeit kann sich auf forstwirthschaftliche Rücksichten nicht berufen werden, XIII, 144. Das Laubstreuleserecht lein nothwendiges annexum des Waldweiderechts; Frage der privatrechtlichen Natur des ersteren, IX, 63. XIII, 297.

Lebensversicherungsvertrag. S. Versicherungsvertrag.

Legate, s. Vermächtnisse.

Legitimation, der Kinder. S. System. Familienrecht B. I, s. auch Prozeßlegitimation, Sachlegitimation.

Lehenrecht, s. System. Civilrecht, VI, 4.

Lehrvertrag. Kompetenz für die Entscheidung von Ansprüchen, insbesondere Entschädigungsansprüchen aus einem solchen, III, 93. IV, 187. 348. VIII, 131.

Leibesfrucht. Deren sahrlässige Vernichtung oder Beschädigung, s. System. Strafrecht B. 20.

Leibgedingsvertrag. S. System. Obligat.-Recht, 2. Theil I, 14.

Leibrentenvertrag. S. System. Obligat.-Recht, 2. Theil, I, 14.

Leibzuchtsrecht, s. Leibgedingsvertrag.

Leinpfad. Pflicht zu dessen Duldung, s. System. Civilrecht, VII, 8. Streitigkeiten über den Leinpfad Gegenstand der Administrativjustiz, XV, 46.

Leseholzgerechtigkeit, der armen Bürger einer Gemeinde in den einem Dritten gehörigen Waldungen Gegenstand der Rechtserwerbung; Vertretung der Berechtigten durch die Gemeinde, XIII, 150.

Lesensunkundige. Errichtung eines gemeinrechtlichen schriftlichen Testaments durch einen solchen, XIII, 330. Die Wechselverpflichtung eines des Lesens Unkundigen ist wirksam, XV, 199.

Licht- und Luftrecht. Das Recht, dem Nachbar die Beschränkung von Licht und Luft zu untersagen, IV, 286.

Lieferungsverträge. Erfüllungsort nach Handelsrecht bei denselben, XIII, 183. Voraussetzung für den Rücktritt im Falle der Nichteinhaltung der Lieferungszeit, VI, 168. IX, 405. XIV, 170. 173. XV, 428.

Liegenschaftsaccise, s. Accise.

Liegenschaftsgesetz vom 23. Juni 1853, s. System. Oblig.-Recht, 5. Theil, I, 1. b), 2). Unanwendbarkeit des Gesetzes bei

reeller Theilung gemeinschaftlichen Eigenthums, XII. 230. XV, 148.
Nichtanwendung des Liegenschaftsgesetzes auf die Beendigung der Gemeinschaft durch die Abfindung des einen Gesellschafters bei Auflösung der Gesellschaft, XV, 147. Anwendung des Art. 421 des Gl.G.B. auf Art. 4 des Liegenschaftsgesetzes, IX, 309.

Limitum, bei Verkaufskommissionen, III, 142.

Liquidation, f. Schuldenliquidation.

Literarische Mittheilungen. S. System. IX.

Litigiosität. Ist die Cession litigiöser Forderungen nach heutigem, speziell nach württ. Rechte, noch verboten, insbesondere auch dann, wenn die Cession dem Beklagten nicht nachtheilig ist? VI, 1.

Litisdenunziation, f. Streitverkündigung.

Löschung des Unterpfandsrechts, f. Unterpfandsrecht.

Lokationserkenntniß, f. System. Civilprozeß G. 10 f.

Losungsrecht. S. System. Obligat.-Recht, 2. Theil, 1. c.

Lotterieanlehen-Loose. Theilung gemeinschaftlicher, II, 460.

Lotterieerlaubniß. Beschwerde beim Geheimenrath wegen Verweigerung derselben unstatthaft, XV, 332.

Lügen vor der Obrigkeit, liegt in einer Fälschung ohne dösliche Absicht, IX, 274.

Lungenseuche des Rindviehs ein gesetzlicher Gewährsmangel in Württemberg, Baden und Hohenzollern? VIII, 409.

M.

Mäklervertrag, f. System. Oblig.-Recht, 2. Theil, I, 9.

Mängel, f. Gewährsmängel.

Majorisirung im Gant, f. Nachlaßvertrag.

Mandat, f. System. Obligat.-Recht, 2. Theil, I, 9.

Manifestationseid, f. Offenbarungseid.

Marklosung, Begriff derselben, II, 132.

Markungsgrenzen. Deren Bereinigung und Regulirung, II, 126. 142. 144. 187.

Markungsrecht, Markungsstreitigkeiten. S. System. Oeffentliches Recht, 5. b. 12. q.

Markungssteine. Deren Bedeutung, II, 121.

Markungsumgang, II, 169.

Markungsverband. Bedeutung für Insinuation von Verträgen über liegende Güter und Unterpfandsbestellungen, II, 132. 175. 179.

Maschinen. Deren Anschaffung im Handelsgeschäft, IX, 391.

Maschinenfabrik. Der Dienstvertrag einer solchen mit einem Ingenieur ist Handelssache, XII, 422.

Maſſegläubiger ſollen nicht unter den Präkluſivbeſcheid IX, 185.

Meineid. S. Syſtem. Strafrecht B. 15. Strafe wegen Meineids macht trotz der Reſtitution der Ehrenrechte eidesunfähig und unfähig zur Stelle eines Gemeinderaths, IV, 373. Wiederaufnahme des ſchwurgerichtlichen Verfahrens wegen Meineids von Belaſtungszeugen. ſ. Wiederaufnahme. Siſtirung der Eidesabnahme in einem Prozeß wegen Beſorgniß des Meineids, IX, 352.

Meßner ſind keine Kirchendiener im Sinne des Geſetzes vom 19. April 1865, X, 233. Bedingungsweiſe Verbindlichkeit des Kirchenbaulaſtpflichtigen zur Herſtellung einer Meßnerswohnung, II, 76.

Meßwechſel, Zahlungstag bei einem ſolchen, II, 601. Miethe, Miethvertrag. S. Syſtem. Obligat.-Recht, 2. Theil, I, 4, ſ. auch Pacht, Dienſtmiethe.

Milde Stiftungen, ſ. Stiftungen.

Militärperſonen. Vorladung derſelben im Wechſelprozeß, II, 615. Exekution eines Wechſelerkenntniſſes gegen dieſelben, II, 515. 610, ſ. auch Offiziere.

Militärpflichtige. Kompetenz zur Beſchlagnahme ihres Vermögens im Falle der Widerſpenſtigkeit, I, 124. VI, 422.

Militärſtrafanſtalt. Deren Verlegung nach Ulm, IX, 257.

Minderjährige. Deren Handlungsfähigkeit, insbeſondere in Bezug auf Gewerbebetrieb und Dienſtverträge, ſ. Syſtem. Civilrecht, I, E. 1. Klagen gegen Minderjährige wegen Bereicherung aus einem ohne Zuſtimmung des Vormundes geſchloſſenen Vertrag, XII, 388. XV, 419. Erbſchaftsantritt durch den Pfleger eines Minderjährigen, XI, 258. Einrede der Minderjährigkeit eines Offiziers gegen die Wechſelklage, III, 174. Gegen minderjährige Erben eines Wechſelſchuldners kann der Wechſelprozeß erkannt werden, II, 494. Iſt nach württemb. Rechte bei einer Interzeſſion für ein von Minderjährigen ohne Zuſtimmung des Vormundes eingegangenes Rechtsgeſchäft die Berufung auf die Minderjährigkeit Seitens der Interzedenten zuläſſig? XV, 151. Beſchwerde wegen Richtertheilung der Diſpenſation von der Minderjährigkeit beim Geheimenrath unſtatthaft, XIV, 231.

Miszellen. S. Syſtem VIII.

Miteigenthum. S. Syſtem. Civilrecht II, A. 4.

Miterben. Rechtsverhältniß unter denſelben, ſ. Syſtem. Erbrecht F. 3.

Mittelloſigkeit. Einfluß derſelben auf die Richterfüllung einer Verbindlichkeit, VIII, 117. XII, 219.

Allwissenschaft ist keine Theilnahme an einem Vergehen, III, 283.

Mobiliarbrandversicherung, s. Versicherungsvertrag.

Monatseinlagen. Beziehung der Dividenden aus solchen Einlagen der Mitglieder einer Gewerbebank zur Kapitaleinkommensteuer, XIV, 283.

Mora, s. Verzug.

Mord. S. System. Strafrecht B. 16, s. auch Fragestellung.

Mühlen. Deren Errichtung und Rechtsverhältniß, s. Wassernutzungsrechte. Präjudizien von Administrativbehörden in Mühlstreitigkeiten, V, 388. f.

Mühlkanal, s. Kanal.

Mühlwehr in einem öffentlichen Fluß, s. Wehr.

Mündlichkeit des Verfahrens. S. System. Civilprozeß A. 11. d.

Mündliche Verhandlung in Civilsachen, XI, 862; ist ein Akt, auch wenn sie in mehrere Tagfahrten zerfällt, XI, 425. 482. Schluß derselben und Folgen der Wiederaufhebung des Schlusses, XI, 482.

Münzverbrechen, s. System. Strafrecht B. 13.

Mutterkirche. Begreift die Baulast in Bezug auf sie die an einer Filialkirche? II, 72.

N.

Nachbarrecht. Recht der Nachbarn zur Einsprache gegen einen ihre Person und den Genuß ihres Eigenthums wesentlich störenden Gewerbebetrieb in dem Nachbargebäude, I, 135. 143. 144. 159. XI, 122. XIV, 246. 312. XV, 373. Beschwerde beim Geheimenrath zulässig? XIV, 246. Die baupolizeilichen Vorschriften über Entfernung der Gebäude von Waldungen wegen Feuersgefahr geben dem Besitzer der gefährdeten Objekte, abgesehen von privatrechtlichen Einwendungen, kein im Administrativjustizwege geltend zu machendes Einspracherecht, XV, 829. Haben die Nachbarn ein Recht auf Einhaltung öffentlicher Baupolizeivorschriften, insbesondere auf Einhaltung des Abstandes der Häuser? XV, 331. 364. 365. 366. 367. 869. Einräumung eines Nothweges; Voraussetzungen, III, 881. IV, 165. Benützung einer gemeinschaftlichen Einfahrt zum Fahren, XIII, 235. XIV, 118. Benützung eines gemeinschaftlichen Hofraumes zum Abwasser, VI, 152. XIV, 118. Voraussetzungen des Ersatzes für Beschädigung eines Grundstückes durch ein Nachbargrundstück, VI, 161.

Nachbarschaftswege. Rechtsverhältnisse in Bezug auf dieselben, s. System. Civilrecht, I, D, öffentliches Recht, 1. 2. d). 6.

Württ. Archiv. Justizamt. und alphabet. Register. Bd. I–XV.   10

Nachdruck. Streitigkeiten hierüber sind Administrativjustiz-
sachen, V, 388. 384, s. auch System. Oeffentliches Recht, 7. d),
Obligat.-Recht, 2. Theil, I, 7.
Nachlaßvertrag. S. System. Obligat.-Recht, 1. Theil, VI,
4. Erzwungener Nachlaßvergleich, s. System. Civilprozeß G. 10. h).
Nachlaßvergleich schließt den betrügerischen Banqueroit nicht aus,
III, 369. IX, 302.
Nahrungsstand. Freiwillige Raukionsstellung zur Sicherung
desselben zulässig und nicht rückverlangbar, V, 853.
Naturaltheilung oder Theilung durch öffentliche Versteigerung? IX, 489.
Nebenbestimmungen bei Rechtsgeschäften, s. System. Civil-
recht, I, E. 5.
Negatorienklage, auch gegen nur eventuelle Dienstbarkeits-
anmaßung zulässig, IV, 417. Negatoria des die Freiheil von einer
Reallast Behauptenden, VI, 105. Freitheil des negatorischen Klägers
von der Beweislast, XV, 350. Actio negatoria de stillicidio vel
flumine, I, 463. II, 297. Unstatthaftigkeit der actio negatoria
wegen Beeinträchtigung bürgerlicher Nutzungen durch eine angesprochene Gerechtigkeit am Gegenstand der Nutzung, IX, 425.
Neubau eines baufälligen oder zu kleinen Kirchen- oder Schulgebäudes; Verpflichtung hiezu, II, 96. XV, 170.
Neusteuerbarkeit. Begriff und historische Bedeutung, II,
176. Einfluß des Neusteuerbarkeitsgesetzes auf die Weg- und Brücken-
baulast, s. System. Oeffentliches Recht, 6. Beitragspflicht der nach
dem Gesetz vom 18. Juni 1849 steuerpflichtigen Grundstücke in
Altwürttemberg zu den für kirchliche Zwecke gemachten Umlagen,
VII, 841.
Nichtigkeitsbeschwerde gegen das Verweisungserkenntniß
des Anklagesenates, s. System. Strafprozeß 19. b; gegen ein schwur-
gerichtliches Erkenntniß, s. eod. 13. c; in Civilsachen, s. System.
Civilprozeß E. 2.
Nichtigkeitsklage, s. Nichtigkeitsbeschwerde.
Notar. Erforderniß seiner persönlichen Bekanntschaft mit dem
Testirer, III, 195. XIII, 805. 371. Aufzeichnung eines mündlichen
Privattestaments nach der 4. Landrechtsform durch einen Andern,
als den Notar, XII, 275. XIII, 375.
Nothbedarf. Einrede desselben, s. Kompetenz.
Notherbe, Notherbrecht. S. System. Erbrecht D.
Nothfristen, s. Fristen.
Nothweg. Unnütlichkeit des Grundstückes des Antragstellers
ohne denselben Voraussetzung; stillschweigende Errichtung desselben,

III, 381. Abzitation bei der Klage auf Einräumung eines Noth«
wegs zuläsfig? V, 465.

Rothzuchl. Wegen derselben findet die äftimatorische Injurien«
klage nicht statt, IX, 447.

Nova. Deren Zulässigkeit in der Berufungsinstanz nach der
Pr.«O. von 1869, XI, 428. Beschränkung dieses Rechtes; Erhaltung
der Identität des Rechtsstreits, Verbot der Klagänderung, XI, 392.
Novation. S. System. Obligat.«Recht, 1. Theil, VI, 3.
Nutznießungsrecht. Elterliches, s. System. Familienrecht
B. 2. «L Ende der Alimentationspflicht des parens während der
Dauer der ftatutarischen Nutznießung, VI, 249. — Können zukünf«
tige Nutznießungserträgnisse des Ganimanns zur Ganimasse ge«
zogen werden? VI, 317. X, 402.

O.

Oberamtsgerichte. Geschichtliche Erklärung ihrer Zusammen«
setzung, XI, 384. Ausdehnung ihrer Kompetenz in Civilsachen, XI,
335. Verfahren vor denselben in Civilsachen, XI, 876.
Obertribunal. Präjudizien desselben, s. Präjudizien.
Obervormundschaft, s. Vormundschaftsbehörde.
Obligationenrecht Entwurf eines deutschen, VII, 115.
VIII, 226. 232.
Observanz, lokales Gewohnheitsrecht; Unterschied vom Her«
kommen, VII, 345. VIII, 112. s. auch Konstanz, Würzburg.
Oeffentliche Abgaben. Zuständigkeit der Administratio«
justizbehörden bei Streitigkeiten über solche, XV, 70.
Oeffentliche Anlagen. Ausschluß der cautio damni In-
fecti bei solchen In öffentlichem Interesse gemachten Anlagen, insbe«
sondere Eisenbahnanlagen, II, 297. XIII, 262. Ausschluß der actio
aquae pluviae arccudae bei benselben, II, 297. 300. XIII, 268.
Oeffentliche Bücher. Sicherung, Wahrung der Rechte
durch Eintrag in dieselben, s. System. Civilrecht, I, A. 5.
Oeffentlicher Dienst, Oeffentliche Diener. S. System.
Oeffentliches Recht, 8. Vergehen öffentlicher Diener, IX, 804. Delicta propria, von nicht mit sämmtlichen erforderlichen Eigenschaften
versehenen Personen verübt, V, 158. Postpraktikanten sind öffent«
liche Diener im Sinne der Z. 3 des Art. 399, des St.G.B. IX,
304. Ebenso Postbriefträger im Sinne der Z. 5) des zit. Art. IX,
408. Meßner gehören nicht zu den Kirchendienern des Art. 9 des
Gesetzes vom 19. April 1865, X, 238. Beschädigung durch Versehen
öffentlicher Diener, s. System. Obligat.«Recht, 2. Theil, II, 4. Zu«
ständigkeit bezüglich der vermögensrechtlichen Ansprüche des öffent«

10*

lichen Dieners resp. an ihn aus dem öffentlichen Dienst, XV, 51.

Oeffentliche Sachen. S. Syſtem. Civilrecht, I, D. VII, 1. Oeffentliches Recht, 2. d) G. 7.

Oeffentliche Urkunden, ſ. Urkunden.

Oeffentliche Waſſer. S. Syſtem. Civilrecht, I, D. VII, 1. Oeffentliches Recht 2. d) 7.

Oeffentliche Wege. S. Syſtem. Civilrecht, I, D, Oeffentliches Recht 1. 2. d) G.

Oeffentlichkeit des Verfahrens, ſ. Syſtem. Civilprozeß A. II. c.

Oekonomiegebäude, pfarrliche; von dem Kirchenbaupflichtigen herzuſtellen, II, 76.

Offenbarungseid. S. Syſtem. Civilprozeß C. 6.

Offert. Wann gelten unbeſtellte Waaren im Falle des Stillſchweigens auf ein briefliches Offert als angenommen? IX, 376. X, 242. 245. XII, 420. Widerruf eines Antrages durch den Telegraphen, XII, 420.

Offiziere. Wechſelunfähigkeit der minderjährigen, III, 174. S. auch Militärperſonen.

Oralſtbeilkommiß. Deſſen Beweis nur zuläſſig durch Eidesauſchiebung an den Onerirten, XV, 168.

Ordinationen. S. Syſtem. Civilprozeß E. 9.

Orderpapiere. Amortiſation derſelben, VIII, 109.

Organiſation der Gerichte, ſ. Gerichtsverfaſſung. Der Behörden für freiwillige Gerichtsbarkeit, I, 87. Der Verwaltungsjuſtizbehörden, I, 90.

Orgel iſt kein Gegenſtand der Kirchenbaulaſt, II, 70. Hat der zur Tragung der geſammten Kultkoſten einer katholiſchen Kirche Verpflichtete auch den Aufwand für die Orgel zu tragen? II, 70. XI, 224.

Ort der Erfüllung, ſ. Syſtem. Obligat.-Recht, 1. Theil, IV, 1. Bezeichnung des Orts des Vertragsſchluſſes in der Urkunde bei Liegenſchaftsveräußerungen, XI, 168. XIII, 254. Ort der Errichtung eines Teſtaments nach der neuen Landrechtsform, XIII, 358.

Ortsfremde. Ausweiſung derſelben durch polizeiliche Verfügung oder durch Adminiſtrativjuſtizerkenntniß? III, 69. 82. V, 820. 871.

Ortsgerichte. Verfahren vor denſelben, ſ. Syſtem. Civilprozeß, G. 3.

Ortsvorſteher. Kann die Stelle eines ſolchen von einem Gantmanne bekleidet werden? X, 375. Unzuläſſigkeit der Fungi-

rung bes Ortsvorstandes als Aktuar bei einem mündlichen Privattestament nach der 4. Landrechtsform im Falle des Vorhandenseins
eines Rathschreibers, XV, 185. Schadensersatzklage gegen einen als
Gast im Wirthshause anwesenden Schultheißen wegen einer dort ertheilten Auskunft unstatthaft, XV, 166.

P.

Pacht. S. System. Obligat.-Recht, 2. Theil, I, 4. Der Gerichtsstand des Wohnorts des Pächters nach Umständen am Pachtsitz, X, 211.

Pactum ne dolus praestetur. Verbot desselben für den
Transport durch die Eisenbahn und die Post, IV, 122. 132.

Pactum reservati dominii, f. Eigenthumsvorbehalt.

Papiere auf die Inhaber, f. Inhaberpapiere.

Parochianen. Die Kirchengemeinde und die kirchliche Baulast der Parochianen, VII, 281. IX, 73. XIV, 287. 304. 412. f. System. Oeffentliches Recht, 9. Konstanzer Observanz über die Verpflichtung der Parochianen zu unentgeltlichen Hand- und Spanndiensten bei Kirchen- und Pfarrhausbauten, III, 198.

Partikularkonkurs, X, 366.

Partikularrecht, das württembergische im Verhältniß zum
gemeinen Recht, I, 6. Eigenthümlichkeiten desselben, I, 7.

Patent. Streitigkeiten über solches sind Administrativjustizsachen, V, 339. XV, 48.

Patronatrechte. Zuständigkeit der Civilgerichte für Streitigkeiten über solche, XV, 92.

Paulianische Klage. S. System. Obligat.-Recht, 2. Theil,
II, 8.

Pensionsbezüge. Können solche zur Ganlmasse gezogen
werden? VI, 317. X, 401. 412. XIV, 338. Nicht verfallene Pensionsbezüge frei von der Privationsstrafe, XIV, 387.

Personen, physische. S. System. Civilrecht, I, O. 1.

Personen, juristische. S. cod. 2.

Personalexekution, f. System. Civilprozeß G. 5.

Pertinenzen, f. System. Civilrecht, I, D.

Petitorium, f. Bestprozeß.

Pfandentwicklungsgesetz. Nichtanwendbarkeit des
Art. 15 auf Realservituten, IX, 423, dagegen Anwendung desselben
auf Reallasten, Leibgedinge und Wohnungsrechte, IX, 424.

Pfandgesetz. Art. 65 nicht anwendbar auf Realservituten,
IX, 423, wohl aber auf Reallasten, Leibgedinge und Wohnungsrechte,

I, 861. 873. 875. 385. IX, 121. Der Art. 68 bezieht sich nicht auf Wohnungsrechte, I, 392.

Pfandhilfsbeamter. Giltigkeit einer unter Mitwirkung eines hiezu nicht legitimirten Pfandhilfsbeamten erfolgten Unterpfandsbestellung, III, 275. Haftung desselben gleich einem anderen Mitglied der Unterpfandsbehörde für deren Beschlüsse, VI, 222.

Pfandrecht, Pfandgläubiger, s. System. Civilrecht, II, D.

Pfandrechtstitel der milden Stiftungen und der katholischen Pfarrpfründen, XIII, 207.

Pfandscheine. Legal einer Geldsumme, in. gerichtlichen Pfandscheinen zahlbar; Haftung für Uneinbringlichkeit, VIII, 130.

Pfändungsrecht, das, nach gemeinem Recht, einigen Spezialgesetzen und dem Entwurfe eines württemb. Landesskulturgesetzes, I, 288.

Pfarrer. Voraussetzung seiner Theilnahme an den bürgerlichen Nutzungen, V, 891, s. auch Congrua, Inkorporation, Pfründe.

Pfarrbesoldung. Holzabgabe einer Gemeinde zu derselben; Ablösbarkeit derselben, XII, 219.

Pfarrgenossen, s. Parochianen.

Pfarrhausbaulast. S. System. Civilrecht, VI, 2.

Pfarrpfründen, s. Pfründen.

Pfarrverband. Zuständigkeit der Administrativjustizbehörden im Falle der Begründung einer Baulast auf denselben, II, 17. VII, 319. 326. IX, 80. XIV, 318.

Pfleger, s. Vormund.

Pflegschaftsgelder, deren verzinsliche Anlegung, gemeines Recht, württemb. Recht und Vorschläge, VIII, 145, insbesondere Schadenersatzpflicht des Vormundes wegen ungenügend gesicherter Anlage derselben, IV, 177. VIII, 148. XII, 400.

Pflichttheil. S. System. Erbrecht D. Kann nach württ. Recht dem Vater die Nutznießung vom Pflichttheil seines Kindes entzogen werden? X, 175.

Pfründe, beneficium, heutiger und früherer Begriff, II, 49. Die katholischen Pfarrpfründen haben den Pfandrechtstitel und das Vorzugsrecht der milden Stiftungen gegenüber ihren Verwaltern, XIII, 267. Zur Entscheidung über die Suppression einer Pfründe sind die Civilgerichte nicht zuständig, IV, 442. Die Belehnung des Kapitaleinkommens erledigter evangelischer Pfarreien zur Kapitaleinkommensteuer, XIV, 280.

Photographen. Sind sie gewerb- oder berufseinkommensteuerpflichtig? XIV, 292.

Piacausen, s. Stiftungen.

Platzgeschäft. Begriff desselben, XII, 442.
Platzrecht, Superfizialrecht, s. System. Civilrecht, II, C.
Polizei. Deren Thätigkeit bei Errichtung neuer, die Nachbarn beeinträchtigender gewerblicher Anlagen, I, 185. 140. 145. 147. 148. 160. 161. XIV, 246. 312. XV, 872. Ausschluß einer Entschädigung auf Grund des §. 30 der G.-U. und der civilrichterlichen Kompetenz im Falle der Beschränkung eines Privatrechtes durch eine im öffentlichen Interesse geschehene polizeiliche Verfügung, I, 257. 414. 418. 426. 484. 449. 452. 455. II, 268. 296. VI, 256. X, 211. XI, 255. 260. XII, 306. Zuständigkeit der Polizei in Streitigkeiten über Dienstbotenverhältnisse, XV, 93. Zwang der Polizei gegen Gewerbetreibende, zu arbeiten und ihre Waaren zu verkaufen, auch nach der Reichsgewerbeordnung zulässig? XV, 31.
Polizeiaufsicht. Stellung unter dieselbe nach erstandener Strafe, IX, 261.
Possessorium, s. Besitzprozeß.
Post. Deren Haftung für den Transport, s. Frachtvertrag. Zustellung von Prozeßverfügungen durch die Post, VIII, 97. IX, 196. 343. Zuständigkeit in Rechtsverhältnissen mit der Postbehörde, XV, 74. 75.
Postbeamte, Vergehen derselben, s. System. Strafrecht, 40.
Postbriefmarken sind öffentliche Urkunden, IX, 273.
Postbriefträger sind öffentliche Diener im Sinne der §. 5. des Art. 399 des St.G.B., IX, 304.
Postprakticanten, öffentliche Diener im Sinne der Ziff. 3 des Art. 399 des St.G.B. IX, 304.
Prädikat, schlechtes, als Grund der Abweisung eines Bürgerannahmegesuches, setzt Bestrafung voraus, V, 353. 378.
Präjudizien des Obertribunals und des Kassationshofes in strafrechtlichen und strafprozeßualischen Fragen, 1, 277. III, 280. IV, 1. VII, 380. 481. IX, 255. XIII, 28; des Obertribunals über Civilrecht und Civilprozeß, III, 140. 381. IV, 157. 416. V, 450. VI, 193. 422. VIII, 112. IX, 28. 386. X, 100. 432. XI, 114. XII, 200. XIII, 144. 190. 255. XIV, 100. 163. 341. XV, 180. 205. 421; des Obertribunals und des Oberhandelsgerichtes in Wechsel- und Handelssachen, III, 173. 421. V, 246. VI, 393. IX, 113. 323. X, 77. 258. XII, 145. 293. 409. XIII, 163. 191. XIV, 170. 161. XV, 197. 202. Präjudizien der Administrativbehörden, V, 384. 388. 395. 412; des Geheimenrathes XIV, 229. XV, 246.
Präjudizialklagen. S. System. Civilrecht, 1, B. 3.
Präklusivbescheid. Begriff und Wirkungen, s. System. Civilprozeß 6. 10. e.

Präsentation, f. Wechselpräsentation.
Präsumtion, f. Rechtsvermuthung.
Prävention. Ausschluß derselben beim Zusammentreffen von schwurgerichtlichen Vergehen mit nicht schwurgerichtlichen, III, 972.
Preisdifferenz, f. Differenz.
Preisminderung. Klage auf solche beim Verkauf von nur der Gattung nach bestimmten Waaren im Falle vertragswidriger Beschaffenheit zulässig? XII, 440.
Presse. Ehrenbeleidigungen durch dieselbe, f. Ehrenkränkung. Zu deren Aburtheilung die Strafkammer zuständig, XIII, 91.
Primärlatafier. Begriff und Bedeutung, II, 170. Instruktion für ihre Anlegung, II, 128. 170. Bedeutung desselben für die Annahme eines gesonderten Eigenthums an einzelnen Stockwerken und Gelassen eines Hauses, XII, 359. Bedeutung in Wegstreitigkeiten, V, 398. 426. 430. 439. XV, 253. 262. 264. 271. 274. 260. 293. 319.
Prioritätserkenntniß. S. System. Civilprozeß G. 10. f.
Privatblensverhältnisse. Deren Einfluß auf die staatsbürgerlichen Wahlrechte, V, 201. 221. Entlaßbarkeit eines auf Lebensdauer angestellten Privatdieners wegen injuriösen Benehmens gegen die Dienstherrschaft, VI, 229.
Privatdohlen, f. Dohlen.
Privationsstrafe erstreckt sich nicht auf nicht verfallene Pensionsbezüge, XIV, 367.
Privatrechte. Verhältniß derselben zu den im öffentlichen Interesse erlassenen Verfügungen der Administrativbehörden; Ausschluß einer Entschädigung auf Grund des §. 30 der V.U. und der civilrichterlichen Kompetenz wegen Verletzung von Privatrechten durch solche Administrativverfügungen, I, 257. 414. 418. 426. 484. 450. 452. 455. II, 289. 296. VI, 256. X, 211. XI, 255. 269. XII, 208. XV, 34. 43. 101, insbesondere bei Anlegung von Straßen, Straßenlanden, I, 450. II, 288. 292. 295. XII, 308, f. überhaupt auch System. Oeffentliches Recht, 2.
Privaturkunden, f. Urkunden.
Privaturkundenfälschung, f. Fälschung.
Privatwasser. S. System. Civilrecht, I, D. VII, 1, Oeffentliches Recht, 2. d).
Privatwege, f. Wege.
Probe. Kauf nach Probe; Beweislast, XII, 383.
Probigalitätserklärung, f. Entmündigung.
Prohibitivgesetz. Scheinvertrag zur Umgehung eines solchen, XIII, 155.

153

Prokuristen. Ausschluß solcher bei den Gewerben des Staates und der öffentlichen Korporationen, IX, 114.
Prolongation, s. Wechselprolongation.
Propregeschäft, s. Kommission.
Prorogation, stillschweigende, VI, 255, in Handelsstreitsachen, IX, 331. Unzulässigkeit derselben auf das Civilgericht im Falle des Ausschlusses des Civilrechtsweges, IX, 48. XV, 106.
Protest, Protestkosten. S. Wechselprotest, Wechselregreß.
Provision, s. Wechselregreß.
Provisorische Verfügungen, insbesondere Zuständigkeit für solche, s. System. Civilprozeß G. 2, Öffentliches Recht, 2. s. n.
Provokation, Provokationsprozeß. S. System. Civilprozeß G. 9.
Prozeß, ein langer (Mißzelle), I, 165.
Prozeßbetrieb, nach der Civilprozeßordnung von 1868, durch Vermittelung der Gerichte, XI, 399.
Prozeßbevollmächtigte, s. System. Civilprozeß A. 9.
Prozeßgesetze. Kollision, Rückanwendung derselben, s. System. Civilprozeß A. 3.
Prozeßkosten in Strafsachen, s. System. Strafprozeß 12, in Civilsachen, s. System. Civilprozeß A. 8. c). Gerichtsstand in Streitigkeiten über solche, s. Civilprozeß A. 4. f. Exekution der Kostenersatzforderung in Wechselsachen, II, 524.
Prozeßlegitimation. S. System. Civilprozeß A. 8. a.
Prozeßleitende Verfügungen. Beschwerde gegen solche, s. Beschwerde.
Prozeßzinsen. S. System. Oblg.-Recht, 1. Theil, II, 1.
Pupillarsubstitution. S. System. Erbrecht C. 3. G. 3.
Purifikation, s. Eid.
Puiativehe. Wirkungen derselben für den unschuldigen Theil und die Kinder, II, 355.

Q.

Quelle, entspringt, wo das Wasser an der Erdoberfläche zu Tage tritt, IX, 57. Verfügungsrecht des Eigenthümers des Grundstückes, auf welchem die Quelle entspringt, über dieselbe; Beschränkung durch baupolizeiliche Verfügungen; Unzuständigkeit des gegen solche angerufenen Civilrichters, I, 257. 434. 438. 445. IX, 54. 57. 59. 60. XIV, 251. 259. XV, 49. 363.
Quittungen. Beweiskraft solcher, welche die Art der Zahlung nicht oder nicht genau enthalten, VI, 261.

R.

Rasuren in Wechseln, nach allgemeinen civilrechtlichen Grundsätzen zu beurtheilen, XII, 183. XIII, 189.

Ralenwechsel nach der neuen D. W.O. giltig? Raffalorische Klausel, IV, 309.

Rathsertheilung von Privaten nur im Falle der Arglist ein Grund für Schadensersatz, XV, 168.

Rathschreiber. Unzulässigkeit der Funktion des Ortsvorstandes für den Rathschreiber als Aktuar bei einem mündlichen Privattestamente nach der 4. Landrechtsform, XV, 165.

Raub. S. System. Strafrecht B. 23, f. auch Fragestellung.

Rauch. Einsprache der Nachbarn wegen Belästigung durch solchen, XI, 122.

Raufhändel. Sind alle, welche sich bei einem solchen an dem Gelöbnien oder Verletzten vergriffen haben, für den Schadensersatz solidarisch haftbar? III, 148. V, 118, f. auch System. Strafrecht B. 21.

Realgemeinde. Theilung des Eigenthums einer solchen und der einer solchen nachgebildeten Genossenschaft, XII, 384. XIV, 343. Klage auf Wiederaufhebung der Theilung eines Realgemeindewaldes, XIV, 347. Zuständigkeit bei Streitigkeiten über Realgemeinderechte, XV, 76. Ansatz der Accise bei der Abfindung von Realgemeinde- und anderen Realrechten durch Abtretung von Liegenschaft, XV, 334. Inanspruchnahme eines durch Vertrag mit seinen Genossen von der Wegbaulast befreiten Gemeinderechtsbesitzers für die gesetzliche Umlage durch die nunmehr baupflichtige politische Gemeinde, V, 423.

Reallasten, f. System. Civilrecht, VI, 1.

Realservituten, f. Dienstbarkeiten.

Receptum, Haftung aus demselben; Begriff der vis major, IV, 96.

Rechnungsfälschung. S. System. Strafprozeß B. 30.

Rechnungsstellung, Klage auf solche; Inhalt und Umfang derselben, III, 189. IV, 166. Appellabilität bei solchen Klagen, IV, 200.

Rechtshängigkeit, f. System. Civilprozeß B. 2.

Rechtsirrthum, f. Irrthum.

Rechtskraft der Entscheidungsgründe; Appellabilität, III, 417, IV, 245. 243. 256. 257. 259. 260. 261. Wirkung der Rechtskraft auf versäumte Einreden, VIII, 138. Eidesabnahme vor der Rechtskraft des Erkenntnisses zulässig? VI, 264. Rechtskraft bezüglich der Beurtheilung des Wechselbeklagten in die Kosten des Wechselprozesses, II, 521. Ausschluß der exc. rei jud. bei obligatorischen Ansprüchen durch Aenderung des Erwerbsgrundes, XIV, 163.

Rechtsmittel in Straffachen, s. System. Strafprozeß 13, in Civilsachen, s. System. Civilprozeß E. F. G., in Verwaltungsjustiz-sachen, III, 63.

Rechtsquellen für das würtlemb. Strafrecht und den Strafprozeß, I, 12. 13. XI, 303, für das würtlemb. Civilrecht, I, 4, für den Civilprozeß, I, 7. XI, 303. 353, für das Verwaltungsrecht und die Verwaltungsjustiz, I, 22.

Rechtsvermuthung. S. System. Civilprozeß C. 1. g). Rechtsvermuthung der ehelichen Vaterschaft, Gegenbeweis gegen dieselbe, s. System. Familienrecht B. 1.

Rechtszustände. Orientirung über die in Würtlemberg in Bezug auf Civilrecht, Civilprozeß, Strafrecht, Strafprozeß, Verwaltungsrecht, Verwaltungsjustiz und freiwillige Gerichtsbarkeit, I, 4. VII, 1.

Redakteur. Verpflichtung eines solchen zur Zeugnißablegung in einer Dißziplinarstraffache, XV, 346.

Regenten fremder Staaten. Bei Ehrenkränkungen gegen solche hat der Gesandte ein Klagerecht, IX, 284.

Register. Verpflichtung des Verlegers zum Abdruck und zur Honorirung eines solchen über das von ihm verlegte We.l? X, 445.

Regreßanspruch. Regreß eines zahlenden Gesammtschuldners an seinen Mitschuldner nur im Falle eines besonderen Rechtsverhältnisses zulässig, IX, 96. 386. 427. XII, 225. Faustpfandbestellung zur Sicherung der künftigen Regreßforderung eines Bürgen, XI, 126. Regreßklage des als Selbstschuldner verpflichteten Bürgen gegen seine Mitbürgen; Einrede der Vorausklage, III, 392. Regreß gegen einen Mitbürgen; Einrede der Theilung und der Klagenabtretung gegen die Ueberbürgen des Klägers, III, 394, s. auch Wechselregreß und System. Oblig.-Recht, 2. Theil, II, 6.

Reichsdeputationshauptschluß vom 26. Februar 1803, begründet eine kirchliche Bau- und Besoldungslast nicht, XI, 220.

Reise eines Kindes. Merkmale, II, 424. Gegenbeweis gegen die Rechtsvermuthung der ehelichen Vaterschaft durch den Reisegrad des Kindes, III, 194. IX, 453. X, 28. Beweislast, X, 29. Gegenbeweis gegen die Rechtsvermuthung der Vaterschaft zu einem unehelichen Kinde durch dessen Reise, II, 415, III, 193. IX, 452. XI, 227. XIII, 273.

Rekurs. Abschaffung des Rekurses in Straffachen, XI, 313. Nichtigkeitsbeschwerde neben dem Rekurs in geringfügigen Sachen? V, 145. Verhältniß des Rekurses nach dem Bürgerrechtsgesetz zum Rekurs nach dem Gesetz vom 13. November 1855, V, 361, s. auch Beschwerde.

Repertorium der Kirchengesetze, X, 337.

Requisitenkästen sind nicht vom Kirchenbaulastpflichtigen herzustellen, II, 71.

Requisitionen. Bei solchen ausländischer Gerichte wird in der Regel das inländische Prozeßgesetz angewendet, III, 150.

Res publicae. S. System. Civilrecht, I, D.

Rescriptum principis. Legitimation der Ehebruchskinder durch solches, III, 266. XI, 247. XII, 265. XIII, 174.

Resumé des Vorsitzenden des Schwurgerichtes, XII, 322. XIII, 88.

Restitution gegen den Ablauf der Frist zur Anmeldung der Nichtigkeitsklage gegen ein schwurgerichtliches Urtheil, XIII, 87, gegen ein rechtskräftiges Civilerkenntniß, f. System. Civilprozeß E. 4. Restitution gegen civilprozeßualische Versäumnisse, f. System. Civilprozeß E. 5. Ausschluß der Restitution bei der Verpflichtung Minderjähriger im Gewerbebetrieb und durch Dienstverträge, XII, 29. 36. 48. Restitution gegen die Wechselverjährung, VI, 400, f. auch Ehrenrechte.

Retentionsrecht. Der Vermiether hat kein Retentionsrecht an den vom Miether eingebrachten Sachen zur Sicherung seiner Miethforderung, XV, 393.

Reurecht, bei bedingten Verträgen überhaupt resp. bei bedingten Kaufverträgen nach württemb. Recht, II, 208, insbesondere bei Liegenschaftsveräußerungen, II, 236. VIII, 121.

Ritterschaft, Ritterschaftsmatrikel. Voraussetzung für den Eintrag in das Verzeichniß der in Württemberg beglüterten ritterschaftlichen Familien; Beschwerde beim Geheimenrath wegen Nichteintragung, XIV, 267.

Rogation der Testamentszeugen, f. Testamentszeugen.

Rückfall. S. System. Strafrecht A. 15.

Rückforderung wegen irrthümlicher Leistung einer Nichtschuld, f. System. Oblig.-Recht, 2. Theil, I, 21, wegen Nichteintritts der Voraussetzung, f. eod. 22, wegen grundlosen Habens, f. eod. 23.

Rückwechsel, f. Wechselregreß.

Rückwirkung, der Gesetze, insbesondere neuer Prozeßgesetze, VIII, 191.

Ruhegehalt, f. Pension.

Rustikalsteuern. Begriff derselben, II, 176.

S.

Saalschule. Entwendung von jungen Fichtenpflanzen aus einer umzäunten Saalschule ist nicht Holzfrevel, sondern Diebstahl, IX, 288.

Sachen, s. System. Civilrecht, I, D.

Sachenmiethe. Einfluß des Ganses auf dieselbe, X, 418. 428. 429.

Sachlegitimation. S. System. Civilprozeß A. 8. b. Legitimation eines Jeden bei dem Besehen eines Weges Interessirten zur Klagerhebung, V, 430, s. auch Wechselklage.

Sachverständige im Strafprozeß, s. System. Strafprozeß b., in Civilsachen, s. System. Civilprozeß C. 4.

Sammelwerk. Recht des Autors zu anderweitiger Herausgabe der in ein solches gegebenen Beiträge, X, 144.

Sandschöpfen. Zuständigkeit bei der Kollision der Rechte des Sandschöpfens und der Fischerei in einem Flußkanal, I, 482.

Schadensersatz, s. System. Obligat.-Recht, 1. Theil, II, 2.

Schafübertriebsrechte, s. Weiderechte.

Schafweiderechte, s. Weiderechte.

Schalttag. Bei Berechnung der für die Vaterschaft entscheidenden kritischen Zeit, II, 44.

Scheidung, s. Ehescheidung.

Scheinvertrag, s. Willenserklärung.

Schenkung, s. System. Obligat.-Recht, 2. Theil, I, 18.

Schenkung von Todeswegen, s. System. Erbrecht C. 4.

Schiedsvertrag, s. System. Obligat.-Recht, 2. Theil, I, 20.

Schifffahrt, s. System. Civilrecht, VII, 3. 6.

Schlüssel, heimliches Zurhandnehmen desselben, s. Diebstahl.

Schneebahnen. Verpflichtung der Gesammtgemeinde hiezu, V, 395. 427.

Schöffen, s. Laienelement.

Schriftenvergleichung Ergänzungseid zum Beweis der Aechtheit einer Urkunde auf Grund derselben, X, 221.

Schriftlichkeit des Verfahrens. Deren Bedeutung nach der Pr.O. von 1868, XI, 360. 376. 380. 384. 385. 387. Schriftliches Verfahren mit mündlicher Schlußverhandlung nach dieser Pr.O. XI, 356.

Schriftsteller. Rechte und Pflichten desselben gegenüber dem Verleger, s. Verlagsvertrag.

Schriftkundige. Gemeinrechtliches schriftliches Testament eines solchen, XIII, 320. Testament eines solchen nach der 2. Landrechtsform, XIII, 341. Die Wechselverpflichtung eines Schriftunkundigen ist wirksam, XV, 199.

Schuldanerkennungsvertrag, s. Anerkennungsvertrag.

Schuldenliquidation. S. System. Civilprozeß G. 10. c.

Schuldverhältnisse. Entwurf eines gemeinsamen Gesetzes über dieselben für die deutschen Staaten, VII, 115. VIII, 226. 232.

Schulhausbaulaſt. S. Syſtem. Civilrecht, VI, 2, Deffentliches Recht, 2. f.

Schullehrer, Hausmietheentſchädigung derſelben; Maßſtab für die Berechnung, VI, 425.

Schulverband. Zuſtändigkeit der Adminiſtrativjuſtizbehörden im Falle der Begründung einer Baulaſt auf denſelben, II, 17. VII, 319. 326. IX, 80.

Schwangerſchaft. Bildet der Verdacht der Schwangerſchaft einer Verlobten von einem Dritten einen Grund zum Rücktritt vom Verlöbniß? XI, 226, f. auch Reiſe.

Schwurgerichte, Verfahren vor denſelben, ſ. Syſtem. Strafprozeß, 10, deren Kompetenz für den Verſuch, die Mitſchuldigen, die Begünſtigung und im Zuſammenhang mit ſchwurgerichtlichen Verbrechen ſtehende Vergehen, IV, 1.

Schwurgerichtshof. Enthebung eines Schwurrichters, IV, 1. Unfähigkeit deſſelben wegen Theilnahme an der Berathung des verwieſenen Falles als Diszplinarſache im Plenum des Gerichtshofes? IV, 4. Zuſtändigkeit des Hofes zur Abänderung reſp. Verwandlung einer durch ein anderes Gericht erkannten, noch nicht vollzogenen Strafe, IV, 30. Zuſtändigkeit deſſelben zur nachträglichen Entſcheidung über die Koſten, III, 325. Zuſtändigkeit des Hofes zur Entſcheidung von Einwendungen gegen den Vollzug des Erkenntniſſes bezüglich der Unterſuchungskoſten und des Erſatzanſpruches der Civilpartei, IV, 24. Zuſtändigkeit für Beſchwerden über Durchſtriche von Anrechnungen in Schwurgerichtsſachen, IV, 33. Beſchwerden gegen Verfügungen des Hofes; Zuſtändigkeit, IV, 84. VII, 380. XIII, 89.

Schwurgerichtspräſident. Reſumé deſſelben, XII, 322. XIII, 88. Beſchwerden gegen Verfügungen deſſelben, XIII, 69.

Selbſtbefreiung, ſ. Syſtem. Strafrecht B. 17.

Selbſtentleibung des Verſicherungsnehmers; Wirkung auf den Anſpruch aus dem Lebensverſicherungsvertrag, XIII, 190.

Selbſtſchuldner, ſ. Bürgſchaft.

Senatus consultum Vellejanum, ſ. Interzeſſionen.

Separatiſten. Fallen ſie unter den Präkluſivbeſcheid? IX, 182.

Servituten, ſ. Dienſtbarkeiten.

Sicherheitsleiſtung im Civilprozeß, ſ. Syſtem. Civilprozeß, A. 8. f. Cautio damni infecti, ſ. Syſtem. Obligat.-Recht, 2. Theil, III, 1, ſ. auch Fiduziariſche Kaution. Wechſelregreß auf Sicherſtellung, ſ. Syſtem. Wechſelrecht zu Art. 25. 29. Freiwillige Kautionsſtellung zur Sicherung des Nahrungsſtandes zuläſſig und nicht rückverlangbar, V, 355.

Sicherung der Rechte durch Eintrag in die öffentlichen Bücher, s. **System. Civilrecht, I, B. 5. Sicherungsmittel** im **Wechselverfahren** II, 526. 527. V, 304. **Sicherungsmaßregeln** bei **Einleitung** des Ganles, X, 357.

Sichtwechsel, s. **Wechsel.**

Simulation, s. **Willenserklärung.**

Sitzungsprotokoll. Feststellung des Ergebnisses der mündlichen Verhandlung im Civilverfahren durch dasselbe, XI, 364. 388.

Solennitätszeugen, deren juristischer Charakter, IV, 453. Qualifikation der Zeugen bei einem successorischen Ehevertrag als Solennitäts- und Beweiszeugen, VI, 229. Verwandte des Gläubigers oder Schuldners als Beurkundungszeugen im Sinne des Art. 15 des Prioritätsgesetzes, IV, 453.

Solidarische Haftbarkeit. S. **System. Obligat.-Recht** 1. Theil, l.

Sondereigenthum. Ist es möglich an einzelnen Stockwerken oder Gelassen eines Hauses? XII, 329. XIII, 193. Befugnisse des einen Eigenthümers an einem so getheilten Haus in Bezug auf dessen einzelne Theile? XIII, 231.

Sondergut der Ehefrau, s. **Ehemann. Adventizisches Sondergut;** Nutznießung und Verwaltung hieran, s. **System. Familienrecht** B. 1. 2. d.

Sozialschuld. Ausschluß der weiblichen Freiheiten im Falle der nachträglichen Verbindlichkeitserklärung einer Ehefrau für eine solche, III, 143. XII, 396. Haftung der im Ganle ihres Mannes zu den weiblichen Freiheiten zugelassenen Frau für die ganze unbefriedigt gebliebene ursprüngliche Hälfte der mit ihrem Manne kontrahirten Schuld, IV, 426. Haftbarkeit einer Ehefrau im Falle einer von beiden Gatten unterschriebenen Wechselerklärung ohne Beobachtung der Interzessionsform, II, 494. III, 179. V, 275. XII, 105.

Spanndienste, s. **Hand-** und **Spanndienste.**

Speditionsgeschäft, s. **System. Handelsrecht** 19.

Spezialarzt. Unbefugte Beilegung dieses Titels nach §. 147. 3. 8 der Reichsgewerbeordnung strafbar, XV, 449. 462.

Sportelwesen. Anwendbarkeit der Jurisdiktionsverträge mit Baden und Bayern auf Beitreibung der in Civilstreitigkeiten angesetzten Sporteln, X, 229. Sportelberechnung in Wechselsachen, II, 529. Sportelrechtliche Entscheidungen aus dem handelsgerichtlichen Verfahren, IX, 324. 380. Beleuchtung des Sportelwesens in Ehesachen, V, 173. Sportel für die Wiederverehelichung des beklagten Theiles bei Quasidesertion, II, 357.

Staatsangehörigkeit. Entscheidet sie oder der Wohnsitz über die Zuständigkeit in Erbschaftssachen? XIII, 127.

Staatsanwalt. Einsendung der Untersuchungsakten an denselben in schwurgerichtlichen Sachen, III, 364. Nothwendigkeit seiner Anhörung vor Beschlußfassung des Anklagesenats, III, 367. VII, 885. Sein Antrag auf Grund der Voruntersuchung an den Anklagesenat ist dem Angeklagten und den Deribeidigern zur Einsicht zu stellen, IV, 5. Mitwirkung des Staatsanwalts bei der Fragestellung an die Geschworenen, XII, 322. Organisation der Staatsanwaltschaft nach der Gesetzgebung von 1868, XI, 330.

Staatsdiener, s. öffentliche Diener.

Staatsstraßen, s. öffentliche Wege.

Staatsverband. Kompetenz der Administrativjustizbehörden im Falle der Begründung einer Baulast auf denselben, II, 17.

Standesherrn. Gerichtsstand eines im Ausland wohnenden, im Verhältniß eines württemb. Unterthanen stehenden Standesherrn, X, 218. Deren Landstandschaftsrecht, s. System. Deffentliches Recht, 4.

Ständekammern. Grenzen des Beschwerderechtes an dieselben, III, 269.

Stattgeben. Erfordert dasselbe bei einer Wechselklage ein Erkenntniß? II, 524. V, 295. IX, 396.

Statutarisches Erbrecht der Ehegatten, s. System. Erbrecht B.

Statutenkollision, s. Kollision.

Steinsatz. Dessen Beweiskraft für Besitz und Eigenthum, IX, 41.

Stellvertretung bei Rechtsgeschäften, s. System. Civilrecht, I, D. 4, Obligat.-Recht, 1. Theil, III, A. 5. Stellvertretung im Prozeß, s. Prozeßbevollmächtigte.-

Steuern, s. System. Deffentliches Recht 12.

Steuerfreiheit. Zuständigkeit des Civilrichters für Entscheidung über das Vorhandensein einer solchen, XV, 79.

Steuerverband verschieden von Markungsverband, II, 132. 175. 179.

Steuerzahlung von einem Grundstück, zum Nachweis des Eigenthumsbesitzes geltend gemacht, IX, 32.

Stiftungen. Entscheidung von Ansprüchen an solche, ob im Administrativ- oder Administrativjustizwege, hängt vom einzelnen Falle ab; Rechtsmittel hiebei, III, 63. 88. Verhältniß der Zuständigkeit der Administrativjustizbehörden und der Civilgerichte, XII, 305. XV, 10. 46. Begriff der milden Stiftungen, XIII, 267, dahin auch die katholischen Pfarrpfründen gehörig, XIII, 267. Deren

Pfandrechtstitel und Vorzugsrecht im Ganle ihrer Verwalter, XII, 267. Ist der einem Kinde zustehende Genuß einer Familienstiftung Gegenstand der elterlichen Nutznießung? VI, 241. Verleihung der juristischen Persönlichkeit an Stiftungen durch die Staatsgewalt nothwendig? XIV, 66. Auch Festsetzung von Preisen für die Förderung der Wissenschaft überhaupt eine pia causa, XIV, 69, s. auch Almosen.

Stiftungsrath. Ist derselbe in Württemberg der Vertreter der Kirchengemeinde in vermögensrechtlicher Beziehung, insbesondere der Stiftungsrath des Mutterortes auch der Vertreter der Filialisten aus selbständigen Gemeinden? VII, 299. IX, 73. XIV, 304. 412. Verfügungsrecht des Stiftungsrathes über die Zuwendung von Vermächtnissen zu wohlthätigen Zwecken, XII, 290.

Stillicidium. Actio negatoria de stillicidio vel flamine, I, 453.'II, 297.

Stillschweigen. Bedeutung desselben auf ein briefliches Offert für dessen Annahme, IX, 376. X, 242. 245. XII, 420. Betrug, durch bloßes Schweigen begangen, XV, 130.

Stockwerke. Gibt es ein gesondertes Eigenthum an einzelnen Stockwerken eines Hauses? XII, 329. XIII, 193, s. Miteigenthum.

Strafklage des Beschädigten, s. System. Strafrecht, 17.

Strafrecht. Quellen des württemb. Strafrechts, I, 12. Entscheidungen des Obertribunals und des Kassationshofes über Fragen aus dem Strafrecht, s. Präjudizien.

Strafurtheil. Einfluß desselben auf den Civilpunkt, III, 160. X, 210. Mittheilung der Straferkenntnisse durch die Ortspolizeibehörden an die Ortsgeistlichen, IX, 256.

Strafverfahren. Quellen und Grundzüge des württemb. Strafprozesses vor und seit 1868, I, 18. XI, 292. 309. 313. Entscheidungen des Kassationshofes über Fragen aus dem Strafprozeß, insbesondere dem schwurgerichtlichen Verfahren, s. Präjudizien. Die sächsische Strafprozeßordnung im Vergleiche mit der württemb. von 1868, XII, 315. Literatur des württemb. Strafprozesses, I, 20. Strafverfahren der Gerichte in Handelssachen, VIII, 110.

Strafverwandlung durch die Schwurgerichte, s. Schwurgerichtshöfe.

Strafzeit. Einrechnung der Untersuchungshaft in dieselbe, IX, 268.

Streitgenossen sind vermuthete Sachwalter; Appellationsanmeldung durch dieselben, XI, 275.

Streitsucht. Beschwerderecht bei Strafen wegen solcher, III, 169.

Streitverkündigung, nur in Collisionsfällen regelmäßig nothwendig, IV, 162.

Streunutzungsrecht, s. Laubstreurecht.

Stummheit. Fällt deren Vorspiegelung unter die erschwerte Bettelei? IX, 271.

Superfiziarrecht, s. System. Civilrecht, II, O.

Suppression einer Kirchenpfründe; Zuständigkeit der Kirchenbehörde, IV, 442.

Synagoge, Eidesablegung in derselben; Beschwerderecht hiegegen, III, 167.

T.

Tagfahrten. S. System. Civilprozeß A. 11. s. O. 6.

Tagwechsel, s. Wechsel.

Tauschvertrag. S. System. Obligat.-Recht, 2. Theil, I, 2. Accise aus dem Aufgeld bei einem Tausch über Grundstücke, XIV, 293.

Täuschung bei Amtshandlungen, s. System. Strafrecht B. 36.

Telegraphenanstalt. Zuständigkeit in Rechtsverhältnissen mit ihr, XV, 74. 76.

Testament, Testamentsform, Testirer, s. System. Erbrecht O. D.

Testamentszeugen, s. Testamentsform.

Testirfähigkeit, s. System. Erbrecht O. 1.

Thatbestand bei der Beweisverfügung und dem Urtheil; dessen Abfassung. IX, 849. XI, 866. 367. 984. 388. 890.

Theaterkontrakte. Zuständigkeit der Civilgerichte für Streitigkeiten über solche? XV, 04.

Theilgemeinderath, s. Gemeinderath.

Theilnahme, unerlaubte eines öffentlichen Dieners an Verläufen, s. System. Strafrecht B. 37.

Theilung. Einrede der Theilung bei solidarischen Mitschuldnern ausgeschlossen, III, 890, im Falle der Haftung einer Unterpfandsbehörde zulässig, VI, 229. Einrede der Theilung gegen die Ueberbürgen, III, 394. Reale Theilung gemeinschaftlichen Eigenthums fällt nicht unter das Liegenschaftsgesetz, XII, 236. XV, 148.

Theilungsklage. S. System. Civilrecht II, A. 4. III, 2. Theil, I, 13.

Theilurtheil. Begriff und Voraussetzungen, XI, 285.

Todesstrafe. Gang der Gesetzgebung in Württemberg; Frage ihrer Beibehaltung oder Abschaffung, X, 289. XI, 456.

Todtschlag, s. Strafrecht B. 17, s. auch Fragestellung.

Tödtung. Durch vorsätzliche Körperverletzung verschuldete Tödtung, s. System. Strafrecht B. 18, s. auch Fragestellung. Fahrlässige Tödtung, s. Strafrecht B. 19, Haftung für Schadensersatz wegen Tödtung, insbesondere in Raufhändeln, s. System. Obligat.-Recht, 2. Theil, II, 1. Entziehung einer Erbschaft wegen Unwürdigkeit des Erben aus dem Grunde fahrlässiger Tödtung des Erblassers durch Mißhandlung, X, 203. XIV, 167.

Tradition, s. System. Civilrecht II, A. 3. a.

Transmission, s. Versendungsrecht.

Tratte, s. Wechsel.

Trauung, kirchliche, verschieden von der Einsegnung einer Ehe, II, 331, passive Assistenz zulässig, II, 333. Verweigerung der Trauung von Seiten des Geistlichen bei gemischten Ehen, II, 331. 335, bei rein evangelischen Ehen, II, 339. Beschwerde gegen diese Weigerung bei der vorgesetzten kirchlichen Behörde, II, 341. Giltigkeit der in einem Konkominalorte vollzogenen Trauung, V, 366.

Trebellianische Quart. Unstatthaftigkeit ihres Abzuges von dem sicherzustellenden Vermögen, VI, 250. Wahrung des Anspruches der Descendenten ersten Grades auf dieselbe bei Errichtung eines bürgerlichen Familienfideikommisses, II, 453. Recht des ungerecht enterbten Notherben, welcher Descendent ersten Grades ist, bei der nach Rescission des Testamentes ihm obliegenden Restitution der Erbschaft nicht nur den Pflichttheil, sondern auch die trebellianische Quart abzuziehen, XV, 396.

U.

Ueberbürge, s. Bürgschaft.

Ueberfahrtsrechte. Kompetenz zur Entscheidung über deren Fortbauer nach dem Gesetze vom 26. März 1862, VIII 135.

Ueberredung, arglistische, bei einer Testamentserrichtung; Eideszuschiebung XIII, 299.

Uebersetzung des in Verlag gegebenen Werkes; Recht des Autors hiezu, X, 151.

Uebertretungen, das Verfahren bei solchen in Bayern, VII, 359.

Uebertriebsrechte, s. Weiberrechte.

Ufer, Uferbau. Begriff des Ufers im Verhältniß zum Bett eines öffentlichen Wassers, XV, 440. Rechte und Verbindlichkeiten der Uferbesitzer zum Uferbau; cautio damni infecti, s. System. Civilrecht, VII, 3.

Umpfarrung. Folgen derselben für die kirchliche Baulast, II, 74.

Unbotmäßigkeit, s. System. Strafrecht B. 6.

Uneheliche Kinber, s. System. Civilrecht, 1'', D. Deren Erbrecht gegenüber dem Vater durch ein Testament besselben ausgeschlossen, XI¹, 265. Zuwendungen an das uneheliche Kind der zweiten Frau mit der Absicht der Liberalität unter dem Verbot der Bevorzugung der zweiten Ehegatten begriffen, XV, 399. Bürgerrecht der unehelichen Kinder, V, 358. 369. 370.

Ungehorsam. Aufforberung zum gemeinsamen Ungehorsam, s. Strafrecht B. 3. Ungehorsam im Civilverfahren: Beschränkung des Präjubizes der Rekognition auf den Wechselprozeß bei einem Regreß auf Sicherstellung, II, 500. Verspäteles Erscheinen eines Wechselbeklagten vor dem Oberamtsgerichte, IX, 130. Nichterscheinen des Beklagten am Termine; Appellation der ungehorsamen Partei, IX, 352. Ungehorsam und Einspruch nach der Civilprozeßorbnung von 1868, XI, 369. 371.

Unitas actus bei der Testamentserrichtung; Begriff; bei gerichtlichen Testamenten nicht erforderlich, XIII, 911. Einheit des Alles bei einem gemeinschaftlichen wechselseitigen Testament, XIII, 985.

Universalität des Ganzes, X, 367. 371.

Universalvermächtniß, s. System. Erbrecht G. 3.

Unmündigkeit. Zeugniß über Wahrnehmungen aus der Zeit der Unmündigkeit, IV, 197.

Unterlassungshandlungen. Ersatzpflicht wegen des durch solche verursachten Schadens, VI, 224.

Unterpfandsbuch, s. öffentliche Bücher.

Unterpfandsrecht, Unterpfandsbestellung, s. System Civilrecht, II, D. 1.

Unterpfandsbehörden. Deren Haftung, s. System. Civilrecht, II, D. 1.

Unterschlagung ober Diebstahl bei Dienstboten? IX, 297. Konkurrenz von Unterschlagung und Betrug, IV, 382.

Unterschlagung amtlich anvertrauter Gelber, s. System. Strafrecht B. 88.

Untersuchungshaft. Voraussetzungen der Verhängung der vorläufigen und der gerichtlichen Haft, V, 164. Einrechnung der während der Strafzeit erstandenen Untersuchungshaft eines Strafgefangenen in die Strafzeit; Kompetenz zur Berechnung der Strafzeit, IX, 258.

Untreue der Rechtsanwälte, s. System. Strafrecht B. 41.

Unvordenkliche Verjährung. S. System. Civilrecht I, G. Fortbauer der Unterhaltungslast des Staates in Bezug auf eine seit unvordenklicher Zeit unterhaltene Straße oder Brücke auf Gemeindemarkung trotz des Neusteuerbarteilsgesetzes, V, 428. 494.

Unwürdigkeit. Entziehung einer Erbschaft wegen solcher, s. System Erbrecht II.

Unzuchtsvergehen eines Verlobten als Grund zum Rücktritt des anderen Theiles vom Verlöbniß, XII, 261.

Urkunden. Postbriefmarken und Eisenbahnfahrkarten sind öffentliche Urkunden, IX, 273. Erfordernisse der Urkunde bei einer Faustpfandbestellung, s. Faustpfandrecht. Klage auf Vorzeigung von Urkunden, insbesondere von gemeinschaftlichen; Voraussetzungen für diese Klage, XI, 205. Folgen des Ungehorsams des verurtheilten Beklagten im Falle einer solchen Klage, XI, 210.

Urkundenbeweis, s. System. Civilprozeß C. 5.

Urkundenedition, s. Urkundenbeweis.

Urkundenfälschung, s. Fälschung.

Urtheil in Civilsachen, s. System. Civilprozeß D. Gleichzeitige Eröffnung der Urtheile und andern Ausfertigungen in Wechselsachen, II, 527, s. auch Gleichförmigkeit. Urtheile der Strafgerichte, s. System. Strafprozeß 11, s. auch Strafurtheil.

V.

Valuta, Einrede der mangelnden, II, 511.

Vasall, s. Lehenrecht.

Vaterschaft, eheliche, s. System. Familienrecht B. 1, außereheliche, s. Familienrecht D.

Väterliche Gewalt, s. System. Familienrecht B. 1.

Verbindungen, unerlaubte. Die Gesellschaft Burschenschaft gehört nicht mehr zu denselben, IX, 267.

Verehelichungsgesuche, Verehelichungsstreitsachen, s. System. Oeffentliches Recht I. 5. d.

Vergleich. Anfechtung eines solchen wegen Irrthums, IV, 161.

Verhandlungsmaxime. S. System. Civilprozeß A. 11. b.

Verjährung, s. Klagenverjährung, Erstlung, unvordenkliche Verjährung, Wechselverjährung. Verjährung in öffentlichrechtlichen Verhältnissen kein Grund für die Zuständigkeit der Civilgerichte, I, 411. II, 15. 142. 311. 315, XII, 311. XIV, 14. XV, 70. 62. 193. Verjährung als Grund für die Annahme eines öffentlichen Weges; Absicht, ein öffentliches Recht auszuüben, V, 396. 397. 419. 424. 435. 441. XV, 257. 263. 276. 278. 284. 289. 818. 865, s. auch Civilrecht VII. Verjährung in Strafsachen, s. System. Strafrecht A. 16.

Verlauf, s. Kauf.

Verlaufskommission, s. System. Handelsrecht 12.

Verkehrsanstalten, deren Autonomie in Bezug auf ihre Haftbarkeit, IV, 83.

Verlagsvertrag, s. System. Obligat.-Recht, 2. Theil, 1, 7.
Verleger. Dessen Rechtsverhältniß gegenüber dem Schriftsteller, s. Verlagsvertrag. Verpflichtung des Verlegers zur Zeugnißablegung in einer Disziplinaruntersuchung, XV, 346.
Verletzung über die Hälfte. Klage wegen derselben durch unentschuldbaren Irrthum nicht ausgeschlossen, III, 386.
Verlobte. Gemeinschaftliche Erwerbungen derselben gehören im Zweifel zur Errungenschaft, X, 164. III, 104.
Verlöbniß, s. System. Familienrecht A. 1.
Vermächtnisse, s. System. Erbrecht G. 2.
Vermögensbeschlagnahme. Kompetenz der Verwaltungsstellen zu deren Anordnung gegen widerspenstige Militärpflichtige, I, 124. VI, 422.
Vermögensbesitz. Gerichtsstand desselben, s. Gerichtsstand.
Vermögensübergabe, elterliche. Einwerfungspflicht bei derselben, X, 172.
Vermögensuntersuchung, s. System. Civilprozeß G. 10. a).
Verpachten eines Grundstückes, zum Nachweise des Eigenthumsbesitzes geltend gemacht, IX, 32.
Verpflegungsvertrag, s. Alimentation.
Verschollene, deren Erbfähigkeit; welches Recht entscheidet hierüber? VI, 141. Zuständigkeit für die Aufhebung einer über das Vermögen eines Verschollenen angeordneten Kuratel, XII, 406.
Verschwender, s. System. Civilrecht, I, E. 1. b. Familienrecht C. 2. Testirfähigkeit desselben, XIII, 275.
Versendungsrecht, ex jure deliberandi; dessen Voraussetzungen, VI, 251.
Versetzung der Staatsdiener vom Verwaltungsfache auf geringere Stellen, s. öffentliche Diener.
Versicherungsvertrag. S. System. Obligat.-Recht, 2. Theil, II, 15.
Versicherungspolice ist kein Inhaberpapier im rechtlichen Sinne; Amortisation, XIII, 462.
Versteigerung. Art der Theilung durch öffentliche Versteigerung oder Naturaltheilung? IX, 430. Wann ist der im Wege der Versteigerung eingegangene Vertrag als geschlossen zu betrachten? Beschwerderecht; Verweisung auf den Rechtsweg, III, 170. IX, 399. Fällt die Ersteigerung von Exekutionsobjekten durch den Schuldner selbst unter den Begriff des Kaufes? VI, 182. XII, 445, s. auch Exekutionsverfahren. Beschwerden wegen Zuschlages des Jagdpachts unter Ausschluß des Meistbietenden nicht unter Art. 1, Absatz 1, des Gesetzes vom 13. November 1855 gehörig; Befugnisse der

Staatsaufsichtsbehörde gegenüber den Gemeinden bei Verleihung der Jagd, XIV, 312.

Versuch, s. System. Strafrecht A. 9, Zuständigkeit der Schwurgerichte für denselben, IV, 11.

Vertheidigung, s. System. Strafprozeß 7.

Vertrag. Wirkung desselben unter den Kontrahenten, s. System. Obligat.-Recht, 1. Theil, III, A. 8. Wirkung desselben für Dritte, eod. 12. Vertrag über eine Realdienstbarkeit, s. System. Civilrecht, II, B. 3. Statutenkollision bezüglich der Form obligatorischer Verträge, IX, 364. XI, 176. XIII, 225. XV, 189. Die auf Vertrag beruhende Baupflicht enthält regelmäßig die Pflicht zur Erweiterung von Kirchen und Schulen nicht, II, 85. 8d. 93. Beschränkung der auf Vertrag beruhenden Besoldungslast auf das übernommene Maß, II, 97. Gerichtsstand des Vertrages, s. System. Civilprozeß A. 5. C. Einfluß von Verträgen in öffentlichrechtlichen Verhältnissen auf die Kompetenz, s. System. Oeffentliches Recht, 2. a).

Vertragsform. S. System. Oblig.-Recht, 1. Theil, III, 4.

Vertragsgegenstand, s. System. Obligat.-Recht, 1. Theil, III, 2.

Vertragsverhältnisse. Betrug in solchen, s. System. Strafrecht B. 27.

Verwaltung. Gerichtsstand derselben, s. System. Civilprozeß A. 5. d).

Verwaltungsjustiz, s. Administrativjustiz.

Verwaltungsrecht, Verwaltungssachen, s. Administrativsachen.

Verwaltungsrecht, elterliches, s. System. Familienrecht, B. 1. 2. d, des Ehemannes am Vermögen der Frau, s. Ehemann.

Verwaltungsstrafsachen. Fortdauernde subsidiäre Anwendbarkeit der St.Pr.O. von 1848 in solchen; Verpflichtung der Verleger, Drucker und Redakteure zur Zeugnißablegung in einer Disziplaruntersuchung, XV, 346.

Verwandlung von Strafen durch den Schwurgerichtshof, s. Schwurgerichtshof.

Verweisung, gerichtliche, ist keine Zahlung; insbesondere Folgen derselben für die Bürgschaft, III, 145.

Verweisungserkenntniß. Dasselbe ist die Grundlage für die Fragestellung an die Geschworenen, III, 348. 354. VII, 395. 429. XIII, 50. 54, s. auch Nichtigkeitsklage.

Verzug, s. System. Obligat.-Recht, 1. Theil, IV, 4. b.

Verzugszinsen, s. Zinsen, Verzug.

Vindikanten. Fallen sie unter den Präklusivbescheid, IX, 162.

Vis major, gleichbebeutenb mit casus, IV, 100.

Vitia possessionis. Abwesenheit berselben bei der 30-jährigen Servitutenersitzung nothwendig? V, 182.

Bizinalwege, s. Nachbarschaftswege.

Volljährigkeit. Gesetz in Betreff ihrer Herabsetzung, XII, 28. Voraussetzung für das Aufhören der Nutznießung am abventizlischen Sondergut mit der Volljährigkeit der Kinder, V. 246. Wechselunfähigkeit der Hauskinder; Einfluß der Volljährigkeit, XII, 145. s. auch Minderjährige.

Vollmacht, s. Bevollmächtigte.

Vollmachtgeber. Solidarische Haftung Mehrerer aus den von ihrem Bevollmächtigten gegenüber von Dritten übernommenen Verbindlichkeiten, XI, 1. XIV, 317.

Vollstreckungsverfahren, s. System. Civilprozeß F.

Vorausklage. Regreßklage bes als Selbstschuldner verpflichteten Bürgen gegen seine Mitbürgen; Einrebe der Vorausklage, III, 392. Der Ueberbürge bes als Selbstschuldner verpflichteten Hauptbürgen hat die Einrebe der Vorausklage nicht, III, 394. Verliert der Bürge schon durch das Ganterkenntniß die Vorausklage? IX, 232. X, 430.

Vorbehalt des Eigenthums, s. Eigenthumsvorbehalt. Bebeutung des Vorbehalts einer Realservitut bei der Veräußerung der fraglichen Sache, s. System. Civilrecht II, B. 3. a.

Vorbereitendes Verfahren in Civilsachen burch Schriftsätze, XI, 860. 367. 384, burch einen Kommissär, XI, 417.

Vorlaufsrecht, s. System. Obligat.-Recht, 2. Theil, 1. c.

Vorladung in Wechselsachen, s. System. Civilprozeß G. 5. Zustellung der Wechselklage ohne Vorladung unterbricht die Verjährung nicht. II, 503. X, 83. 99.

Vormund, Vormundschaft, s. System. Familienrecht O. Zuziehung der Vormünder der Kinder bei successorischen Eheverträgen, XI, 233.

Vormundschaftsbehörde, s. System. Familienrecht O, 1.

Vortriebsrecht des Verpächters einer Schafweide gegenüber bem Pächter, XV, 140.

Voruntersuchung, s. System. Strafprozeß 8.

Vorzugsrechte im Falle des Zusammentreffens mehrerer Forderungen, s. System. Obligat.-Recht, 1. Theil, IV, 5.

W.

Wahl- und Wählbarkeitsrechte. Einfluß des Ganies auf bieselben, X, 375. Ausschluß des Wählbarkeitsrechtes burch

Privatdienstverhältnisse; Begriff der letzteren, V, 201. 221. Sind Streitigkeiten über diese Rechte Administrativ- oder Administrativjustizsachen? V, 329. 333.

Wahnsinn, partieller. Einfluß auf die Testirfähigkeit, XIII, 279.

Wahrung der Rechte, durch Eintrag in die öffentlichen Bücher, s. Sicherung.

Wahrspruch der Geschworenen, s. System. Strafprozeß 10.

Waldholz. Die Entwendung von stehendem Waldholz außerhalb des Forstgrundes ist Forstfrevel, IX, 297. Beschädigung von Waldbäumen mit der Absicht der Zueignung, IX, 303.

Waldweg. Pflicht des Waldbesitzers zu dessen Unterhaltung, auch wenn der Weg in die Gemeindemarkung einverleibt ist, V, 432.

Waldweiderecht enthält nicht nothwendig das Laubstreurecht, IX, 63. XIII, 237, s. auch Weiderechte.

Wassergraben, Wässerungsgraben, s. Kanal.

Wasser. Oeffentliche und Privatwasser, s. System. Civilrecht, I, D. VII, 1. G.

Wasserlauf. Beränderung des natürlichen und hergebrachten, s. Actio aquae pluviae arcendae.

Wassernutzungsrechte. Deren Erwerb und gegenseitiges Verhältniß; Zuständigkeit, s. System. Civilrecht, VII 2. 4. 6, Oeffentliches Recht, 2. d). Die Speisung von Privatbrunnen aus öffentlichen Wasserleitungen im Zweifel widerruflich, XIV, 107. XV, 134.

Wasserrecht, s. System. Civilrecht, I, D. VII, Oeffentliches Recht, 1. 2. d) 7.

Wasserrechtsstreitigkeiten. Inwieweit haben die Administrativjustizbehörden im Gegensatz zu den Administrativstellen über solche zu entscheiden? V, 399. 936. Grenze in Bezug auf dieselben zwischen Administrativjustiz und Civilgericht, s. System. Oeffentliches Recht, 2. d, s. auch System. Civilrecht I, D. VII, Oeffentliches Recht, 7.

Wasserregal, s. System. Civilrecht, VII, 2.

Wasserwerke, s. Wassernutzungsrechte.

Wasserzins. Dessen Bedeutung für die Eigenschaft eines Wassers als eines privaten oder eines öffentlichen, I, 271. Dessen Auflegung begründet kein ausschließliches Wassernutzungsrecht, I, 257. 263. 274. 441. 418.

Wechsel. Erfordernisse einer Tratte, s. System. Wechselrecht zu Art. 4. Ratenwechsel, Datowechsel, eod, Sichtwechsel, s. Wechselrecht zu Art. 4, 19, 20, 28, 24, 50 s., 41 s., 93. Domizilwechsel s. zu Art. 29, 24, 30 s., 41 s., 99. Meßwechsel, Zahlungstag bei einem

solchen, II, 601. XIV, 1=1. Eigene Wechsel, s. Wechselrecht zu Art.
96—99. Beweis des Zeitpunktes der Ausstellung und Acceptation
eines Wechsels, XIII, 122. Bewirkt die Ausstellung oder Annahme
oder Hingabe eines Wechsels für eine bestehende Schuld eine Novation? XI, 150. (VI, 415) Zahlung mit Wechseln, XII, 191. Amortisation von Wechseln, VIII, 102.

Wechselacceptation, s. System. Wechselrecht zu Art. 21—
21. Acceptation eines nicht vollständig ausgefüllten Wechselformu-
lares, III, 421. IX, 363. Feststellung einer nur bedingten Verbindlichkeit des Acceptanten eines Wechsels zu dessen Einlösung durch
Vereinbarung desselben mit dem Wechselaussteller, XII, 800. Die
sogenannte Angsburger Acceptationsfrist gilt als nicht beigefügt, II,
409. Protesterhebung Mangels Zahlung durch den früheren Acceptanten statt des Inhabers, II, 602. Ort der Protesterhebung im
Falle der Benennung einer dritten am Wohnort des Acceptanten
wohnenden Person, bei welcher Zahlung erfolgen soll, durch den
Bezogenen bei der Acceptation, VI, 418. Ort der Protesterhebung
im Falle der Wohnortsveränderung durch den Bezogenen seit der
Acceptation, IX, 367. Zeit der Protesterhebung bei einem Sichtwechsel mit beschränktem Accepte, III, 425. Die Wechselklage gegen
den Acceptanten eines domizilirten und beim Domiziliaten Mangels
Zahlung protestirten Wechsels verjährt nicht in 3 Monaten, X, 267.
Ausschluß der Provision gegenüber dem Acceptanten, II, 600. Regreß auf Sicherstellung wegen Unsicherheit des Acceptanten, s. System. Wechselrecht zu Art. 29. Beweis des Zeitpunktes der Acceptation eines Wechsels, XII, 188.

Wechselarrest, s. Wechselprozeß.

Wechselbürgschaft. Klagerecht des den Wechsel einlösenden
Bürgen, II, 498. XII, 176. Die Haftung des Bürgen bedingt durch
die aus dem Wechsel selbst ersichtliche Beziehung der Bürgschaft zu
einer der anderen Wechselunterschriften, XV, 107. Klage gegen
einen Wechselbürgen auf Grund eines auf eine Wechselabschrift gesetzten Originalindossaments im Falle der Verweigerung der Herausgabe des Originalwechsels durch das Gericht, XII, 172. Zulässigkeit einer Civilklage aus einem zum Zwecke der Bürgschaft für die
Wechselsumme ausgestellten Wechselindossament im Falle der Verjährung oder Präjudizirung des Wechsels? II, 512. VI, 414. XV, 198.

Wechselinreden, s. System. Wechselrecht zu Art. 62.

Wechselfähigkeit, s. System Wechselrecht zu Art. 1.

Wechselfälschung, s. System. Wechselrecht zu Art. 75, 76.

Wechselformular. Die Einrede des Wechselschuldners, auf

einem nicht vollständig ausgefüllten Wechselformular unterschrieben
zu haben, unwirksam, III, 421. IX, 363.

Wechselgericht. Vorstand des Beklagten, resp. seiner Erben
vor demselben in Person, II, 518. V. 237. VI, 420. X, 279. Ausschluß der Rechtskonsulenten vom Vorstand bei demselben, II, 518.
Wechselgerichtsboten. Instruktion für dieselben, betr. die
Insinuation von Ladungen, II, 616.

Wechselindossamen L. S. System. Wechselrecht zu Art. 9 -
14, 17. Klage auf Grund eines auf eine Wechselabschrift gesetzten
Originalindossaments im Falle der Verweigerung der Herausgabe
des Originalwechsels durch das Gericht, XII, 172. Zulässigkeit der
Einklagung eines wegen Versäumung des Protestes präjudizirten oder
verjährten Wechsels gegen den Indossanten im ordentlichen Prozeß,
insbesondere wegen eines zum Zwecke der Bürgschaft für die Wechselsumme ausgestellten Indossaments? II, 512. VI, 414. Eine ununterbrochene Reihe von Indossamenten für die Wechselverpflichtung des
Unterzeichners eines Indossaments nicht erforderlich, II, 608. Simu-
lirtes Indossament, II, 510. Ein Inkassoindossament bloße Vollmacht, II, 519.

Wechselklage. Wechselmäßige Klage aus einem durch Cession übertragenen Wechsel, XII, 156. Klagerecht des den Wechsel
einlösenden Bürgen, II, 493. XII, 170. Legitimation des Erwerbers eines Wechsels nach ergangenem Wechselerkenntniß zur Klage
aus demselben, V, 250. Legitimation des Erwerbers eines protestirten Wechsels durch ein dem Proteste vorangegangenes Blankogiro,
V, 250. Die Legitimation nach Art. 17. der Wechsl.-Ordn. durch jede
civilrechtlich zulässige Art hergestellt, II, 493. III, 424. Der Aussteller des an die Ordre eines Dritten gezogenen Wechsels als solcher
zur Wechselklage gegen den Acceptanten nicht legitimirt, XII, 161.
Legitimation des Ausstellers und seiner Nachmänner durch den
bloßen Besitz des Wechsels, II, 501. Legitimation zur Regreßklage,
V, 268. Legitimation des Inhabers eines nicht acceptirten Rückwechsels zur Einklagung des protestirten Hauptwechsels, V, 268.
Klage gegen einen Wechselbürgen auf Grund eines auf eine Wechselabschrift gesetzten Originalindossaments im Falle der Verweigerung
der Herausgabe des Originalwechsels durch das Gericht, XII, 172.
Der Unterzeichner eines Indossaments Wechselverpflichteter, auch
wenn nicht durch eine ununterbrochene Reihe von Indossamenten
als Eigenthümer legitimirt, II, 508.

Wechselkopie. Klage gegen einen Wechselbürgen auf Grund
eines auf eine Wechselkopie gesetzten Originalindossaments im Falle

der Verweigerung der Herausgabe des Originalwechsels durch das Gericht, XII, 179, f. auch Wechselprotest.

Wechselpräsentation. S. System. Wechselrecht zu Art. 18, 19, 20. Präsentation zur Zahlung für die Erhaltung des Wechselrechtes gegen den Acceptanten einer Tratte und den Aussteller eines eigenen Wechsels nicht erforderlich, II, 514. V, 60. XII, 166. Ausnahme bei Domizilwechseln, in welcher kein Domiziliat bezeichnet ist? V, 61. Wenn der Wechselgläubiger selbst als Domiziliat bezeichnet ist? V, 62. 91. Die Präsentation Bedingung für die Forderung von Zinsen und Prozeßkosten, XII, 165. Feststellung des Präsentationstages bei Sichtwechseln, V, 263

Wechselprolongation. Zinsversprechen bei der Prolongation vom ersten Verfalltag an gültig, II, 497. Verbindlichkeit zur Bezahlung von Verzugszinsen vom ersten Verfalltag an bei der Prolongation, II, 503. III, 176. Klagbarkeit des vom Acceptanten prolongirten Wechsels, II, 409. Prolongation befreit nicht von der Pflicht zur Protesterhebung zur ursprünglichen Verfallzeit, II, 502. III, 175. Prolongation unterbricht die Wechselverjährung nicht, II, 502. III, 429. V, 275.

Wechselprotest. S. System. Wechselrecht zu Art. 41 f., 98, 99. Protestfrist nach englischem Recht, II, 513. Beurtheilung für die Legalität eines im Ausland aufgenommenen Protestes, X, 271. Zulässigkeit der Civilklage aus einem wegen Versäumung des Protestes präjudizirten Wechsel gegen den Indossanten? II, 512. VI, 414. Sicherheitsprotest, f. System. Wechselrecht zu Art. 29.

Wechselprozeß, f. System. Civilprozeß G. 5.

Wechselregreß. Regreß auf Sicherstellung, f. System. Wechselrecht zu Art. 25, 29. Regreß Mangels Zahlung, f. System. zu Art. 45, 47, 48, 49-51, 52, 53. Courswerth bei einer Regreßklage, II, 501. Einlösung eines Wechsels durch einen Bormann nach ergangenem Wechselerkenntniß gegen den Acceptanten legitimirt jenen zur Klage aus dem Erkenntniß, V, 250. Legitimation des Erwerbers eines protestirten Wechsels durch ein dem Protest vorangegangenes Blankogiro, V, 260, f. auch System. Wechselrecht zu Art. 41 f.

Wechselsachen, Gerichtsstand in solchen, f. Gerichtsstand.

Wechselverjährung, f. System. Wechselrecht zu Art. 77 f., 80.

Wechselvindikation. Art. 74 schützt den Besitzer eines Wechsels nur gegenüber von Dritten, nicht gegenüber seinem Autor, V, 272.

Wechselzahlung. Theilzahlungen müssen auf dem Wechsel abgeschrieben werden, I, 122. Das Verbleiben eines Wechsels bei den Untersuchungsakten als Beweismittel hindert die Zahlung nicht,

XII, 167. Der Wechselschuldner zur Ueberbringung oder Uebersendung der Wechselsumme an den Wechselgläubiger nicht verpflichtet; Folge für den Verzug und die Verbindlichkeit zur Zinszahlung, XII. 184. Wann ist die Buchung eines Mangels Zahlung protestirten und mit Retourrechnung zurückgesandten Wechsels als Zahlung im Sinne des Art. 79 der Wechs.-Ordn. zu betrachten? X, 268, s. auch Wechselelnreden.

Wechselzahlungsort, s. System. Wechselrecht zu Art. 4, 3. 8. Art. 6, 24, 41 f., 97. 99. Veränderung des Wohnortes durch den Bezogenen für die Bestimmung des Zahlungsortes unerheblich, IX, 867. Der Zahlungsort für die Berechnung der Provision maßgebend, II, 507. Veränderung des Zahlungsortes in der Wechselurkunde, IX, 371. XII, 175. 183. XIII, 189.

Wechselzahlungszeit, s. System. Wechselrecht zu Art. 4, 3. 4. Art. 21, 22, 24, 30 f., 96. 99. Aenderung der Verfallzeit in der Wechselurkunde, IX, 371. XII, 175. 183. XIII, 189. Einrede des Zahlungsaufschubes, II, 511, s. auch Wechselprolongation.

Wege, Wegbaulast, Wegabstellung, II, 131, System. Oeffentliches Recht, L. 2. d). 6.

Wegdienstbarkeit, s. Nothweg. Ueberfahrtsrechte.

Wegstreitigkeiten. Verhältniß der Verwaltung zur Verwaltungsjustiz, s. System. Oeffentliches Recht L. Grenze in Bezug auf dieselben zwischen Administrativjustiz und Civilgericht, s. System. Oeffentliches Recht. 2. d), s. auch eodem 6.

Weibliche Freiheiten. Ausschluß derselben im Falle der nachträglichen Verbindlichkeitserklärung einer Ehefrau für eine Sozialschuld, III, 142. XII, 398. Haftung der im Gante des Mannes zu den weiblichen Freiheiten zugelassenen Frau für die ganze unbestreitbar gebliebene ursprüngliche Hälfte der mit ihrem Manne kontrahirten Schuld, IV, 426. Anrufung der weiblichen Freiheiten Seitens der Wittwe resp. deren Erben ist ausgeschlossen, wenn nach dem Tode des Mannes resp. der Frau eine Eventualtheilung unterlassen wurde, XII, 395. 257.

Weiberechte, s. System. Civilrecht II, B. 2; Oeffentliches Recht 5. a. Schafweiderechte können auch durch Ersitzung nicht mehr erworben werden, X, 115. Gesellschaftsvertrag zur Haltung einer gemeinschaftlichen Heerde; Rücktrittsbefugniß, VIII, 123. Selbstständige Berechtigung des Vasallen zur Ablösung eines Uebertriebsrechtes, VIII, 116. Vortriebsrecht des Verpächters einer Schafweide gegenüber dem Pächter, XV, 140. Kompetenz der Civilgerichte resp. der Administrativjustizbehörden bei Streitigkeiten über Weiderechte, s. System. Oeffentliches Recht, 2. e. q. r.

Weihkessel, nicht durch den Kirchenbaupflichtigen herzustellen, II, 71.

Werkverdingung, s. System. Obligat.-Recht, 2. Theil, I, C.

Widerklage. Gerichtsstand derselben, s. Gerichtsstand.

Widerspenstigkeit der Militärpflichtigen; Kompetenz zur Vermögensbeschlagnahme, L 124. VI, 422.

Wiederangriff des Gemeinschuldners nach dem Eintritt besserer Vermögensumstände im Falle eines vorausgegangenen Nachlaßvergleiches, III, 226. Bedeutung der Erklärung eines Gläubigers, auf Befriedigung aus der Aktivmasse zu verzichten, unter Vorbehalt besserer Glücksumstände des Schuldners, insbesondere wenn der Sant durch Nachlaßvergleich erledigt wurde, III, 217. XIII, 169, s. auch XIV, 178.

Wiederaufnahme des Verfahrens in Schwurgerichtssachen, s. System. Strafprozeß 13. d).

Wiedereinsetzung in den vorigen Stand, s. Restitution.

Wiederverehelichung geschiedener Ehgatten; Dispensation I, 296. Sportel für die Erlaubniß zur Wiederverehelrathung des beklagten Theiles bei Quasidesertion, II, 856.

Willensbestimmung, Mängel derselben, s. System. Civilrecht, I. E. 8. Oblig.-Recht, I. Theil, III, A. 2.

Willenserklärung. S. System. Civilrecht, I. E. 8. Oblig.-Recht, I. Theil, III, A. 2.

Wirthschaftsgenossenschaften, s. Genossenschaften.

Wohnort, Wohnsitz. Gerichtsstand des Wohnortes, s. Gerichtsstand. Das Recht des Ehemannes auf den Wohnsitz der Frau an seinem Wohnort steht der Ausweisung nicht entgegen, V, 374.

Wohnungsrecht des Leibgedings berechtigten, s. Leibgedingsvertrag. Wirkung eines vom Gemeinderath für einen mittellosen Gemeindeangehörigen bestellten Wohnungsrechtes, I, 401.

Wöhr in einem öffentlichen Fluß. Ist es Gegenstand des Eigenthumes? I, 275. XI, 116. 116. XII, 305. Das Mühlwöhr Pertinenz der Mühle, XI, 116. Kompetenz bei Streitigkeiten über die Zuleitung öffentlichen Wassers vermittelst eines Wöhrs, X, 209. XI, 251, bei Streit über Eigenthum und Benützungsrecht eines Wöhrs, XI, 114. 254. XII, 804. XV, 71.

Wucherverbot. Unanwendbarkeit desselben auf wechselfähige Personen, XIII, 258.

Würzburg, Diözese. Angebliche Observanz derselben über die Baulast in Bezug auf die Kirchthürme, II, 62; über die Baupflicht der Laienzehnten, VI, 227.

3.

Zahlung, f. System. Oblig.-Recht, I. Theil, VI, I. IV, 2. Wann ist die Buchung eines Mangels Zahlung protestirten und mit Retourrechnung zurückgesandten Wechsels als Zahlung im Sinne des Art. 79 der b. W.O. zu betrachten? X, 268, f. auch Wechseleinreden.

Zahlungsaufschub. Zulässigkeit der Einrede desselben im Wechselverfahren, II, 511. Bei der Bitte um Zahlungsaufschub Wechselprotesterhebung nothwendig, II, 502, f. auch Borgfrist.

Zahlungsbefehl. Bewirkung eines Vorzugsrechtes durch einen solchen mit mehr als 30tägiger Zahlungsfrist, VI, 306. Unzulässigkeit eines Zahlungsbefehls vor Verfall der Forderung, VI, 316. Das Alter der ausgewirkten Zahlungsbefehle begründet bei Befriedigung der Gläubiger außerhalb des Ganles kein Vorzugsrecht, II, 470.

Zehnten. Der kleine Zehnten von der kirchlichen Baulast nicht befreit, II, 61, f. auch Kalenzehnten, Komplexlasten. Appellabilität bei einem Streit über das Bestehen einer auf den Bezug von Zehnten haftenden Baulast, II, 40.

Zeit, der Erfüllung, f. System. Obligat.-Recht, I. Theil, IV, 2. Bezeichnung des Tages des Vertragschlusses bei Liegenschaftsveräußerungen in der Urkunde; Berichtigung eines Schreibfehlers, XI, 170. XIII, 259. XV, 145. Beifügung einer auf den Tod des Erben gestellten Zeitbestimmung bei einem Vermächtniß, XIII, 432.

Zellenhaft, f. Einzelnhaft.

Zeugen. Zeugen im Strafprozeß, f. System. Strafprozeß C. Zeugnißpflicht der Verleger, Drucker und Redakteure in einer Disziplinaruntersuchung, XV, 346; im Civilprozeß, f. System. Civilprozeß C. 2. Zulassung von Einwohnern des Ortes, für welchen ein Weg beansprucht wird, als Zeugen in dem Wegstreit, V, 421, f. auch Solennitätszeugen, Testamentszeugen.

Zeugengebühren. Beschwerde gegen deren Durchstrich in schwurgerichtlichen Sachen, IV, 32. XIII, 81.

Zeugnißunfähigkeit des wegen Meineides Bestraften nach der Restitution der Ehrenrechte, IV, 373.

Zielerschulden, verzinsliche; Zahlung derselben vor Verfall, III, 191. XII, 65. 74.

Zinsen, f. System. Obligat.-Recht, I. Theil, II, I. IV, 2, und Wechselrecht zu Art. 7, 45, 49—51, 91, 92. Von welchem Zeitpunkt an hat der überlebende Gatte im Falle der Trennung der Errungenschaftsgesellschaft durch den Tod Zinsen aus seinem Beibringen anzusprechen? VI, 240.

Zollbehörde. Zuständigkeit in Rechtsverhältnissen mit derselben, XV, 74. 75.
Zubehörden, s. Pertinenzen.
Zuhälter. Einrede der mehreren. Kritische Zeit für die Vaterschaft zu einem unehelichen Kinde im Falle der Reise desselben, II, 415. III, 193. IX, 452. XI, 226. XIII, 273
Zurechnungsfähigkeit. Verfahren im Falle eines Zweifels, ob der Angeklagte zur Zeit der Schwurgerichtsverhandlung zurechnungsfähig ist, VI, 320. Deren anthropologische Momente, VI, 428.
Zusammenfluß, s. Konkurrenz.
Zusammentreffen mehrerer Forderungen, s. System. Obl.-Recht, 1. Theil, IV, 5.
Zuständigkeit, s. Kompetenz, Gerichtsbarkeit, Gerichtsstand.
Zustellung, Zustellungsbevollmächtigte, Zustellung von Verfügungen der Handelsgerichte; durch die Post, VIII, 07. IX, 130. 843. Zustellung an den Buchhalter einer Partei, an den Gehülfen eines Anwalts, IX, 843. Unterbrechung der Wechselverjährung durch Zustellung der Klage, s. System. Wechselrecht zu Art. 80.
Zutheilung heimathloser Personen. Verwaltungs- oder Verwaltungsjustizsache? III, 68. 73. V, 323. 867. XIV, 219.
Zwang, bei einer Testamentserrichtung; Elbezuschiebung, XIII, 293. Zwang der Polizei gegen Gewerbetreibende, in Nothfällen zu arbeiten und ihre Waaren zu verkaufen, auch nach der Reichsgewerbeordnung zulässig? XV, 81.
Zwangsenteignung, s. Expropriation.
Zweikampf, s. System. Strafrecht B. 12.
Zwischenurtheil. Wesen und Voraussetzungen, XI, 286.
Zwischenzinse. Abzug derselben, s. System. Obligat.-Recht, 1. Theil, IV, 2.

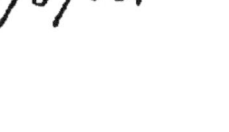

www.ingramcontent.com/pod-product-compliance
Lightning Source LLC
Chambersburg PA
CBHW021805190326
41518CB00007B/454